Manfred Neuffer
Case Management

W0045416

Grundlagentexte
Soziale Berufe

Manfred Neuffer

Case Management

Soziale Arbeit mit Einzelnen und Familien

2., überarbeitete Auflage 2005

Juventa Verlag Weinheim und München

Der Autor

Manfred Neuffer, Jg. 1944, Dr. phil., war Sozialarbeiter und ist Professor am Fachbereich Sozialpädagogik der Hochschule für Angewandte Wissenschaften, Hamburg. Er vertritt dort die Fachwissenschaft Soziale Arbeit. Seine Lehrgebiete sind Case Management, Systemische Beratung, Mediation und Soziale Netzwerkarbeit. Er ist zertifizierter Case Manager und Ausbilder für Case Management nach den Standards und Richtlinien der DGS/des DBSH/des DBfK und anerkannt als Mediator und Ausbilder der Bundesarbeitsgemeinschaft für Familienmediation (BAFM) www.manfredneuffer.privat.t-online.de

Bibliografische Information Der Deutschen Bibliothek

Die Deutsche Bibliothek verzeichnet diese Publikation in der Deutschen Nationalbibliografie; detaillierte bibliografische Daten sind im Internet über http://dnb.ddb.de abrufbar.

Das Werk einschließlich aller seiner Teile ist urheberrechtlich geschützt. Jede Verwertung außerhalb der engen Grenzen des Urheberrechtsgesetzes ist ohne Zustimmung des Verlags unzulässig und strafbar. Das gilt insbesondere für Vervielfältigungen, Übersetzungen, Mikroverfilmungen und die Einspeicherung und Verarbeitung in elektronischen Systemen.

© 2002 Juventa Verlag Weinheim und München
Umschlaggestaltung: Atelier Warminski, 63654 Büdingen
Printed in Germany

ISBN 3-7799-0733-X

Vorwort zur 2. Auflage

Nichts freut einen Autor mehr, als dass sein Werk und das Thema Anklang findet. Zwei Jahre nach der ersten Ausgabe kann festgestellt werden, Case Management boomt in der Fachdiskussion und bei der Übernahme in die Praxis. Immer mehr Arbeitsfelder widmen sich der Aufgabe, ihre Fallarbeit zu qualifizieren. Versicherungen, Ärzte, Krankenhäuser, die neuen Agenturen für Arbeit, Berufsbetreuer, um nur einige zu nennen, bringen in diese Szene eine starke Dynamik. Dies löst bei mir, als jemand der aus der Sozialen Arbeit kommt (aus der Case Management entwickelt wurde) nicht nur Freude sondern auch Sorgen aus. Was derzeitig als Fallmanagement bezeichnet wird, gleicht einem bunten Strauß von beliebigen Möglichkeiten. Insofern empfinde ich es für besonders wichtig, inhaltlich Kurs zu halten. Hilfreich wird dabei, dass drei Organisationen, die Deutsche Gesellschaft für Sozialarbeit (DGS), der Deutsche Berufsverband für Soziale Arbeit (DBSH) und der Deutsche Berufsverband für Pflegekräfte (DBfK) Standards und Richtlinien für die Weiterbildung in Case Management im Sozial- und Gesundheitswesen und für die Beschäftigungsförderung verabschiedet haben. Case Manager, Ausbilder für Case Management und Institute, die in diesem Sinne ausbilden wollen, können nunmehr zertifiziert werden und verpflichten sich dabei zusätzlich den Ethic-Codes der beiden Berufsverbände.

Inhaltlich wurde die 2. Auflage an einigen Stellen überarbeitet und deutlicher herausgestellt, dass es sich hier um ein Konzept für alle Arbeitsfelder im Sozial- und Gesundheitswesen handelt. Insbesondere wird die doppelte Aufgabe des Case Managers Fall- und Systemsteuerung zu übernehmen beleuchtet und kritisch bewertet.

Hamburg im Dezember 2004

Vorwort zur 1. Auflage

‚Gut Ding will Weile haben' oder die Stationen eines Buchprojekts, so könnte die Überschrift über das Vorwort lauten. Als ich vor fast 15 Jahren begann, die Geschichte der Sozialen Einzelhilfe bis Anfang der 70er Jahre nachzuzeichnen, war eine Erkenntnis: die konzeptionelle Weiterentwicklung dieser Methode der Sozialen Arbeit führte danach ein Schattendasein. Therapeutische Konzepte und eine wenig bereichernde Diskussion um einen Beratungsansatz für die Soziale Arbeit brachten keine Fortschritte. Vergessen wurde, dass es sich in der Sozialen Arbeit um in der Regel schwierige Fälle handelt und vergessen war, dass die Soziale Einzelhilfe zu Beginn der Berufsgeschichte bereits als Auftrag hatte, Einzelne und Familien mit ihrem Umfeld zu verbinden und umgekehrt.

Die ersten Informationen über Case Management, erste Fortbildungen über Hilfeplanung -ausgelöst vom § 36 des KJHG - und die wichtigen Hinweise von Kolleginnen und Kollegen aus der Sozialen Arbeit, dass für ihre fallorientierte Praxis zugeschnittene Konzepte und Interventionsformen fehlten, waren für mich Motor, Case Management für die verschiedensten Bereiche der Sozialen Arbeit zu formulieren. Orientieren wollte ich mich nicht ausschließlich an den Erkenntnissen aus den angloamerikanischen Ländern, sondern unsere eigenen Erkenntnisse und Erfahrungen mit Hilfeplanung sollten konzeptionell Eingang finden. Eine Reihe von Teilaspekten standen mir aus Veröffentlichungen zur Verfügung und konnten für das Case Management Konzept nutzbar gemacht werden. Inzwischen veränderten sich auch erheblich die Anforderungen an die fallorientierte Arbeit unter den Stichworten Effektivität und Effizienz.

Dieses Anwachsen von praktischen und theoretischen Erkenntnissen abgewartet zu haben, kommt diesem Case Management Konzept zu Gute.

Kurz nach dem das Buchprojekt Gestalt annahm, bekam ich die Leitung des Zentrums für Praxisentwicklung - ZEPRA - an unserem Fachbereich Sozialpädagogik übertragen und erlebte wie stark der Bedarf an Qualitätsentwicklung in der Sozialen Arbeit gestiegen ist. Allerdings brachte dies für mich einen Spagat zwischen Schreiben und Leiten.

Insofern danke ich allen Kolleginnen und Kollegen aus der Praxis einer Reihe von norddeutschen Städten, die mir ihre Arbeit im Rahmen von Fortbildungen geöffnet und die Realität hergestellt haben, und meinen Mitarbeiterinnen und Mitarbeitern von ZEPRA, die vor allem in der letzten Phase des Schreibens mir meine Leitungsfunktion erleichterten. Frau Stehn gilt besonderer Dank für die Unterstützung am PC und beim Basteln von Schaubildern, bei denen auch Georg mir immer hilfreich zur Seite stand.

Moritz und Pia danke ich für ihre Übersetzungen aus dem Englischen. Und mein besonderer Dank geht an Marion für ihren kritischen Blick auf den Text und ihre Geduld bei meiner Abwesenheit am Schreibtisch.

Inhalt

I. Case Management auf einen ersten Blick

1. Was ist von diesem Buch zu erwarten?

Was ist an Case Management letztlich so neu? Es würde der wohlfahrts-staatlichen Gemeinwesenarbeit ähneln. Die Beteiligung der KlientInnen spiele eine untergeordnete Rolle. Das Case Management bringe einen weiteren Kontrollbereich für KlientInnen mit sich. Es biete keinen Ausweg aus der psychosozialen Beziehungsarbeit und leiste wie die Soziale Einzelhilfe individuelle Anpassung (vgl. Galuske, 2001, S. 200 u. 201).

Wenn man nur zurückliegende Case Management Konzepte zu Grunde legt, könnte man einzelnen Kritikpunkten zustimmen. Allerdings wurde mit diesem einseitigen Blick weder die Veränderung des Konzeptes in den USA verfolgt, noch die einschlägigen Erfahrungen der heutigen deutschen Fallarbeit und Hilfeplanung berücksichtigt. Das alte Paradigma Individualhilfe als Anpassung versus politische Einmischungs- und Veränderungsstrategien wird in dieser Kritik hochgehalten, weit weg von der Realität der Sozialen Arbeit.

Einzelne und Familien in mehrfach belasteten Situationen profitieren nicht von diesem Paradigma. Unterstützung Einzelner und Familien wird im Case Management besonders unter dem Aspekt der eigenen Beteiligung gesehen, aber auch ihre eigene Mitverantwortung zur Veränderung ihrer Situation. Heute wird unter den Stichwörtern ‚Fördern' und ‚Fordern' darüber vielfach diskutiert. Sie wieder selbst zu bemächtigen, so schwer es in manchen Situationen sein mag, bringt ihnen mehr von ihrer Würde zurück, als der Hinweis auf notwendige gesellschaftliche Veränderungen. Diesen Aspekt greift das Case Management über personale und institutionelle Netzwerkarbeit auf und macht Gemeinschaft für KlientInnen wieder konkret erfahrbar. Unverständlich bleibt, warum Kontrolle per se ein die KlientInnen einengender Vorgang darstellt. Sie begreifen Kontrolle einer Sozialarbeiterin in aller Regel als unterstützend und als Interesse an ihrem eigenen Voranschreiten, wenn in jedem Gespräch zuerst auf die erreichten und nicht erreichten Schritte eingegangen wird und ganz offen geklärt wird, was nicht möglich war, warum und wie das Ziel neu gesetzt werden kann, damit ein Gelingen sich einstellt. Case Manager verantworten einen großen Etat an öffentlichen Mitteln, bei 10 - 15 Fällen ist ein Volumen von einer Million Euro schnell erreicht. Effektives und effizientes Handeln in der Sozialen Arbeit und Pflege darf daher kein Fremdwort bleiben, will sie sich in der sozialpolitischen Auseinandersetzung um Ressourcen behaupten. Case Management bedeutet im vorliegenden Konzept auch Beziehungsarbeit. Eine Beziehung im Hilfeprozess zu leugnen und deren Wirkungen und Auswirkungen nicht einzubeziehen, entspricht nicht professionellen Standards. Sie alleine erzielt allerdings nicht ausreichend Wirkung. Aus diesem Grunde wird die Wechselwirkung zum Umfeld und umgekehrt die Wirkung des Umfeldes auf die Fallkonstellation ausdrücklich Gegenstand der Arbeit des Case Managers. Soziale Arbeit und Pflege gewinnen ihr unverwechselbares Berufsprofil, wenn sie sich beiden Seiten professionell widmen und sich nicht auf ein ideologisch geprägtes Kompetenzgerangel einlassen. Handlungstheoretisch bietet die Systemtheorie für dieses Vorgehen und Konzept einen Rahmen. Die Übertragung auf die Bedingungen der Sozialen Arbeit und Pflege muss darüber hinaus geleistet werden.

Diesen theoretischen und konzeptionellen Ansatz prägen die nachfolgenden Ausführungen.

Von diesem Grundverständnis ausgehend gewinnt die Tatsache, dass KlientInnen oder ein Klientsystem zu einem ‚Fall‘ werden eine andere Bedeutung, als ausschließlich Handlungsobjekt der Sozialen Arbeit zu sein. Abgesehen davon, dass der Begriff ‚Fall‘ sich sprachlich durchgesetzt hat, fördern Case Manager „ein Verhältnis, das es dem Klienten ermöglicht, sich auf jeder Ebene der Intervention selbst einzubringen. Niemand hat je gefordert, den Klienten nicht einzubeziehen, oder dass der Sozialarbeiter das Recht haben soll, darüber zu entscheiden, was gut für den Klienten ist" (Falck, 1997, S. 56). Nicht zuletzt bieten die auf internationaler und nationaler Ebene beschlossenen Ethic-Codes Leitlinien für die Arbeit des Case Managers. Soziale Arbeit stellt vorerst noch keine freiberufliche Tätigkeit dar. In der Pflege nehmen freiberufliche Tätigkeiten zu. Case Manager haben es mit einem Typus ‚Fall von‘ mehr belasteter Lebenssituation zu tun. Daraus ergibt sich, dass im Fallgeschehen die KlientInnen oder das Klientsystem auch ein ‚Fall für‘ den Familienrichter oder die Pflegestation oder die Arbeitsvermittlung sein können. Aber wie erwähnt bleibt das Subjekt im Mittelpunkt, so dass es sich immer um einen ‚Fall mit‘ einer Jugendlichen, mit einem verschuldeten Mann, mit einer aidskranken Prostituierten, mit einer isolierten, kranken, älteren Frau handelt (vgl. Müller, S. 31).

In der fallorientierten Arbeit, aber auch in Gegenstandsbestimmungen Sozialer Arbeit und Pflege wird von einem ‚Problem‘ ausgegangen. Dieser Ausdruck wird auch nachfolgend immer wieder zu finden sein, doch soll ausdrücklich darauf hingewiesen werden, dass das, was ein Problem ist, nicht nur von den professionellen Helfern definiert werden kann und nicht nur von Außenstehenden, die anhand von Werten und Normen eine Situation als Problem bezeichnen. Auch KlientInnen sind in der Gefahr, zu schnell ihre Situation als Problem auszuweisen. Ein Case Manager wäre gut beraten, insbesondere in der Einschätzung, von belasteten Situationen auszugehen und diesen sich aus mehreren Sichtweisen zu nähern.

Die aufeinander aufbauenden Phasen des Case Managements stehen im Mittelpunkt dieses Buches. Davon sollen Studierende wie Praktikerinnen und Praktiker profitieren, um aus eventuell bereits bekannten Teilaspekten eine Systematik des Handelns zu entwickeln. Die beiden exemplarischen Fallbeispiele sollen Möglichkeiten eines Case Managements aufzeigen und die Frage der Effektivität und Effizienz illustrieren. Eine effektive Hilfe ist die Hilfe, die aus verschiedenen als die beste und wirksamste herangezogen wird. Effizienz bedeutet diese ausgewählte Hilfe so gut wie möglich, zielgerichtet, wirtschaftlich und ergebnisorientiert, zu bearbeiten. Kolleginnen und Kollegen aus der fallorientierten Praxis sollen mit diesem Konzept die Möglichkeit erhalten, ihre bestehenden Handlungskonzepte zu überprüfen, bestätigt zu bekommen oder sie verändern zu können. Leitungskräfte und Verantwortliche für soziale Dienstleistungen erhalten Hinweise für Voraussetzungen einer effektiven und effizienten Fallarbeit, die sie in Verbindung mit ihren Rahmenbedingungen und ihrem Sozialmanagement bringen können.

2. Lesehinweise

Soziale Arbeit steht hier für Sozialarbeit und Sozialpädagogik und repräsentiert damit gleichzeitig das Bemühen die getrennten Bereiche, die von einzelnen Fachwissenschaften historisch gesehen okkupiert wurden, wieder zusammenzufügen. Pflege repräsentiert einen weiten Bereich des Gesundheitswesens. Im Weiteren wird nur noch Soziale Arbeit genannt, Pflege immer einbezogen.

Care Management findet man vor allem in Großbritannien als analogen Begriff zu Case Management. „Amtlich wurde für den Aufgabenbereich die Bezeichnung ‚Care Management' anstelle von ‚Case Management' gewählt, weil der Prozess der Versorgung und nicht die einzelne Person als ‚Fall' zu managen sei" (Wendt, 1999, S. 18). Vor allem im Gesundheitsbereich werden dort Erfahrungen mit Care Management gesammelt.

Case Management wird in diesem Buch der Sozialen Arbeit gewidmet, auch als Möglichkeit das Konzept der Sozialen Einzelhilfe als klassische Methode zu verlassen und eine Arbeitsform der Sozialen Arbeit einzuführen, die in vielfältigen (siehe Kap. III) Arbeitsfeldern aufnahmefähig ist.

In enger Verbindung ist Case Management mit Sozial- und Pflegemanagement zu sehen. Case Management benötigt Rahmenbedingungen, interinstitutionelle Absprachen und Koordination. Es liefert einem Sozialmanager wichtige Daten für das Leistungsangebot einer Einrichtung und Region. Im Case Management befinden sich Anteile (Zielfindung, Controlling, Evaluation), die unmittelbar mit einem Sozialmanagement zu verflechten sind.

Eine systemische Handlungstheorie bildet den Background für dieses Case Management. Sie wurde bewusst an das Ende gestellt, damit Kompetenzen und Handlungskonzept im Nachhinein eine Überprüfung erfahren und nicht zu Anfang ein theoretischer Pflichtblock abgearbeitet wird.

Die Abbildungen sollen illustrieren, welche Bedeutung Dokumentationen annehmen und wie sie die face-to-face Arbeit qualifizieren können. Sie dienen darüber hinaus der Evaluation, die wiederum im Sinne einer permanenten Überprüfung von Effektivität und Effizienz unerlässlich ist. Technisch müssen Dokumentationen mit PC-Unterstützung bearbeitet werden. Im konkreten Fall heißt dies, dass die einzelnen Felder in den Dokumenten sich weiter aufblättern lassen. Die Abbildungen stellen daher keinen Hinweis auf Kürze oder Länge von Beiträgen dar.

Zuletzt sei darauf hingewiesen, dass in diesem Buch keine durchgehend gleiche Geschlechtsbezeichnung vorgenommen wurde. Die Abwechslung zeigt die Vielfalt auf, die allerdings sprachlich und stilistisch fragwürdig ist. Die professionell Handelnden in der Sozialen Arbeit sind überwiegend Frauen, darum wurde bei Sozialarbeiterinnen (Pflegekräfte eingeschlossen) die weibliche Form gewählt. Beim Begriff Case Manager wurde die englischsprachige Version herangezogen. Die Klientinnen und Klienten wurden in KlientInnen zusammengefasst, da auch diese Schreibweise oft gewählt wird und in diesem Fall beide Geschlechter gleichrangig, wenn auch stilistisch fragwürdig, vorkommen. Für alle anderen Berufsbezeichnungen wurde die männliche Form gewählt.

3. Fallbeispiel

Der Einstieg in eine Fallkonstellation der Sozialen Arbeit trifft in aller Regel auf ein Geflecht von Systemen, welches sich in Beziehungen, Situationen, beteiligte Institutionen, gesellschaftlichen Bedingungen und sozialen Problemen zeigt. Vorzufinden sind in der Regel mehrfach belastete Situationen von Einzelnen und Familien, die mit eigenen Ressourcen und derer ihres Umfeldes nicht mehr alleine klarkommen.

Das nachfolgende Fallbeispiel verdeutlicht die Komplexität einer Problemsituation und die mögliche Verflechtung verschiedener Arbeitsfelder.

Herr Dräger, 43 Jahre, wohnhaft in Hamburg-Harburg ist Informatiker. Er hat nach einem Autounfall undefinierbare starke Schmerzen im Rücken und Nackenbereich und befindet sich in ärztlicher Behandlung. Seit 16 Wochen ist er arbeitsunfähig gemeldet. Der Arzt zieht nun die Einleitung zur Berufsunfähigkeit in Erwägung. Der Arbeitgeber von Herrn Dräger hat bereits die Kündigung ausgesprochen (innerhalb der Probezeit). Die Rentenversicherung erklärte sich als nicht zuständig, da Herr Dräger krank geschrieben sei. Die Arbeitsstelle trat Herr Dräger vor 6 Monaten an, der Arbeitgeber ist ein früherer Kollege von Herrn Dräger. Zuvor arbeitete er bei einer Luftfahrtgesellschaft, verlor aber die Stelle, weil es Probleme mit dem Chef gegeben habe. Ihm sei ungerechtfertigterweise mehrfach verstärkter Alkoholkonsum während der Arbeitszeit vorgeworfen worden. Herr Dräger verwahrt sich mit aller Deutlichkeit gegen diesen Vorwurf. Der damalige Chef habe ihn trotzdem gezwungen eine Alkoholberatungsstelle aufzusuchen. Ab und zu nimmt Herr Dräger bei dieser Stelle noch Termine wahr.

Die Familie hat durch Schulden und Reduzierung der regelmäßigen Einkommen nun große finanzielle Probleme. Ab und zu organisiert die Sozialarbeiterin einer evangelischen Familienberatungsstelle über die zuständige Kirchengemeinde einen kleinen finanziellen Beitrag, der aber nicht nennenswert sei. Mit der Kirchengemeinde hat Frau Dräger regelmäßig Kontakt, da sie dort als freiwillige Helferin an den Altennachmittagen mitarbeitet.

Frau Dräger, 40 Jahre arbeitete als Verkäuferin bis vor 2 Monaten bei einem Discountgeschäft der Unterhaltungselektronik in Teilzeit zu ca. 60 %. Sie verlor die Stelle, weil die Filiale geschlossen wurde und für sie an einem neuen Standort nur noch eine Anstellung auf Abruf möglich gewesen wäre. Frau Dräger ist vor einer Woche aus dem Krankenhaus entlassen worden, nachdem sie von ihrem jüngeren Sohn nach einem Suizidversuch (Tabletten) in ihrer Wohnung ohnmächtig vorgefunden wurde. Nachbarn hätten dann den Notarzt verständigt. Es war bereits ihr zweiter Suizidversuch. Der Sozialdienst des psychiatrischen Krankenhauses hat sie sowohl bei ihrem ersten als auch beim letzten Aufenthalt dort mit einem Mitarbeiter einer Beratungsstelle für Suizidgefährdete in Verbindung gebracht. Sie sei sehr dankbar, so bemerkte Frau Dräger, dass sie im Krankenhaus wieder Besuch von diesem Mitarbeiter erhalten habe, da sie ihn nun schon kenne und ab und zu Gespräche mit ihm führe.

Mögliche Fragen: Wer analysiert die Situation von Herrn und Frau Dräger und wie, mit welchem fachlichen Blickwinkel? Aus der Sicht einer Erkrankung/Invalidität oder aus Sicht der Paar- bzw. Familiensituation oder aus der familiären ökonomischen Situation? Liegt möglicherweise die Notwendigkeit einer Krisenintervention vor? Wie kann das Umfeld (z.B. Kirchengemeinde) aktiv einbezogen werden?

Die Tochter Anja ist 16 Jahre alt. Sie ist das außerehelich geborene erste Kind von Frau Dräger. Der Vater ist nicht bekannt. Frau Dräger weigerte sich seinerzeit, den Vater zu benennen. Aus diesem Grunde wurde für die Tochter eine Pflegschaft eingerichtet. Anja macht eine Lehre als Druckerin in Lüneburg (ca. 30 km von Hamburg entfernt). Sie ist im ersten Lehrjahr und verdient 300,- € netto pro Monat. Sie muss das Mittagessen in einer Kantine einnehmen. Die Berufsschule besucht sie ebenfalls in Lüneburg. Sie ist sehr begabt und belegt zusätzlich an der Hochschule für Gestaltung in Hamburg einen freiwilligen abendlichen Zusatzkurs als Vorbereitung für ein Studium. Dieser Kurs kostet monatlich 100,- €. Das Verhältnis zwischen ihr und ihrem Stiefbruder Paul ist sehr angespannt. Die Mutter versteht das Verhalten ihrer Tochter gegenüber Paul nicht und meint, dass die beiden es doch so gut haben könnten miteinander, wenn sie nur wollten.

Frage: Ist in einem System (hier Familie) ein Familienmitglied, trotz persönlicher Stabilität, durch gestörte Beziehungen in Gefahr (möglicherweise Verlust der familiären Umgebung) und kann bzw. muss für Anja präventiv gearbeitet werden?

Der ältere Stiefbruder Paul (Sohn aus erster Ehe von Herr Dräger) ist eben 17 Jahre alt geworden. Er fing nach der Beendigung der Schulpflicht eine Lehre als Koch an. Der Ausbilder droht jetzt, das Ausbildungsverhältnis nach 12 Monaten abzubrechen, weil Paul unzuverlässig sei und sowohl im Betrieb als auch in der Berufsschule schlechte Leistungen erbringe. Paul konsumiere Drogen. In der Freizeit hänge er nur herum oder schaue Fernsehen. Paul lasse sich einfach nichts mehr sagen und mache was er wolle. Mehrere ambulante Entzugsversuche sind gescheitert und der Zugang zum Methadonprogramm wird ihm von der Drogenberatungsstelle verweigert. Es sind außerdem mehrere Strafverfahren wegen Drogenhandel und kleineren Diebstählen anhängig. Ein Gerichtsverfahren steht unmittelbar bevor.

Frage: Wer übernimmt im Falle von Paul die Fallverantwortung: eine Drogenberatungsstelle, die Jugendgerichtshilfe und wie stimmen sich diese Bereiche ab? Wie könnte ein erster Kontakt zu Paul gestaltet werden, um seine Ressourcen frühzeitig zu erfassen bzw. ihn zur Mitarbeit zu motivieren?

Benno der jüngste, gemeinsame Sohn von Herrn und Frau Dräger ist 9 Jahre alt. Er besucht die 2. Klasse. Frau Dräger erzählt, dass er noch regelmäßig das Bett einnässe. Sie sei deswegen schon mehrmals beim Kinderarzt gewesen, allerdings habe das nichts gebracht. Die Lehrerin habe sich bei ihnen gemeldet, weil er in der Schule auffällig sei, sich gegen seine Mitschüler und Mitschülerinnen aggressiv verhalte und sich schlecht auf die Arbeit konzentrieren könne. Sie habe ihn beim schulpsychologischen Dienst für eine Abklärung angemeldet.

Frage: Ändert sich die Situation bei Benno, wenn an der Familiensituation gearbeitet wird oder ist auch für ihn selbst direkte Unterstützung zu organisieren? Welche Ziele müssen in dieser komplexen Fallsituation herausgearbeitet werden? Wie kann die Schule in die Hilfeplanung eingebunden werden?

Die Familie Dräger zog vor 14 Monaten von Hamburg-Mitte nach Hamburg-Harburg um. Die Familie bewohnt eine 5 ½ Zimmer Altbauwohnung, die Kaltmiete beträgt 1.260,- € monatlich. Herr Dräger besitzt ein Auto Baujahr 2002.

Frage: Welche Bedeutung nimmt die ökonomische Situation in dieser Fallkonstellation ein? Wurden alle möglichen Ressourcen wie Arbeitslosengeld, Unterhalt, Krankengeld, Sozialhilfe, Wohngeld ausgeschöpft? Welche Per-

spektiven eröffnen sich insbesondere für Frau und Herrn Dräger in Bezug auf Existenzsicherung oder droht beiden langfristig Arbeitslosigkeit? Welchen ökonomischen „Erfolg" erzielt ein Case Management, wenn in diesem Fall eine Dauerabhängigkeit von staatlichen Leistungen verhindert werden kann?

In einer Helferkonferenz, die die Familienberatungsstelle einberufen hat, setzen sich der Hausarzt, ein Mitarbeiter des Sozialdienstes im Krankenhaus, der Drogenberatungsstelle, der Jugendgerichtshilfe, der Schulsozialarbeit und der Berufsberatung unter anderem damit auseinander, welche fachlichen Einschätzungen zur Fallsituation von Familie Dräger insgesamt vorhanden sind, wer die Gesamtfallverantwortung übernimmt bzw. ob ein Case Management-Team sinnvoll eingesetzt werden sollte und welche Absprachen zur Kooperation im Unterstützungsnetz notwendig sind.

Frage: Was und wie wird dokumentiert und wie soll das Fallgeschehen evaluiert werden? Wie lassen sich die Erfolge transparent machen? Ist lediglich eine fallbezogene Koordination notwendig oder müsste ein regionales Gesamtkonzept für den Einsatz von Case Management verabschiedet werden?

4. Leitende Fragestellungen

Wie zuvor aufgezeigt richten sich bedeutungsvolle Fragen aus dem Inneren und Äußeren eines Fallgeschehens zunehmend an die Soziale Arbeit, die sich nur mit einem professionellen Selbstverständnis beantworten lassen. Auf dem Hintergrund des oben skizzierten Fallgeschehens muss sich die *Praxis* zum Beispiel fragen lassen:

– Wer tritt als KlientIn in Erscheinung? Reicht es aus, das auffällige Mitglied eines Familiensystems in den Mittelpunkt der Handlungen zu rücken?
– Werden alle Informationen eingeholt und eingebracht und auf welche Ebenen beziehen sie sich?
– Was wird als Situation beschrieben, um einen Handlungszusammenhang herzustellen?
– Was wird unternommen, um alle aus dem Klientsystem zu beteiligen und verantwortlich einzubeziehen?
– Welche Ziele führen zu welchen Handlungsplänen und wie werden die Handlungen überprüft?
– Wie werden die fallbezogenen Vorgänge dokumentiert und ausgewertet?
– Welche institutionellen Rahmenbedingungen stehen zur Verfügung und welche Absprachen sichern das fallverantwortliche Handeln ab? Welche Konkurrenzen spielen eine Rolle?
– Welche Überlegungen gibt es, einen Fall effektiv und effizient zu bearbeiten - Ökonomie vor Qualität oder umgekehrt?

- Welche Konsequenzen werden aus dem Fallgeschehen in Bezug auf andere gezogen?

An die *Theorie*, die das professionelle Handeln mit beeinflusst, richten sich in gleicher Weise Fragen:

- Wie werden die festgestellten Probleme beschrieben und wie lassen sie sich erklären?
- Welche Kriterien der Be- und Auswertung eines Fallgeschehens muss eine Handlungstheorie, eine Theorie zur Verfügung stellen?
- Welche Machtverhältnisse, Werte und Normen beeinflussen das berufliche Handeln und die Verhaltensweisen der KlientInnen?
- Welche individuellen und gesellschaftlichen Bedingungen wirken auf die Komplexität des Fallgeschehens ein und aus welcher wissenschaftlichen und theoretischen Basis wird dies betrachtet?
- Welches Handlungswissen führt zu Maßnahmen und methodischen Vorgehensweisen?

Diese Fragen führen zu einem Theorie-Praxisgeschehen, das für die Soziale Arbeit kennzeichnend und prägend ist.

Über handlungstheoretische Erkenntnisse muss in der Sozialen Arbeit verstärkt ein überprüfbares und berufsethisch ausgerichtetes professionelles Handeln entwickelt werden. KlientInnen müssen unterstützt werden, sich ihres Leben wieder zu bemächtigen und motiviert werden, selbst Verantwortung zu übernehmen. Nachhaltige Qualität der Sozialen Arbeit steht vor kurzatmigen finanziellen Überlegungen. Die Vorgehensweisen in der Sozialen Arbeit müssen aber transparent gemacht werden, um ihre Effizienz überprüfen zu können. Eine Wissenschaft der Sozialen Arbeit (Pflegewissenschaft einbezogen) und eine Theorie der Sozialen Arbeit erhalten dafür eine unverzichtbare Garantenstellung, Erkenntnisse zu sammeln und diese als handlungsleitende Konzepte aufbereitet an die Praxis zurückzugeben. Sie müssen Aufschluss geben, unter welchen Bedingungen und mit welchen Ressourcen Erfolge erzielt werden können. Damit könnte die Soziale Arbeit im sozialpolitischen Rahmen ökonomisch gewinnen und mehr fachliche Anerkennung finden.

5. Case Management - ein erster Blick auf das Konzept

Die Fallarbeit mit Einzelnen und Familien rückt wieder verstärkt in den Mittelpunkt der Fachdiskussion. Die Anforderungen an sie werden durch die veränderten Lebenslagen der Menschen, den gewandelten und mehrbelasteten Problemsituationen und durch den gestiegenen (Rechts-) Anspruch auf professionelle Hilfestellungen immer höher. Komplexer gewordene Lebenssituationen, aber auch neue handlungstheoretische Erkenntnisse des systemischen Denkmodells fordern die Soziale Arbeit heraus, ganzheitliche Konzepte zu entwerfen, in der die durchgängige Fallverantwortung eine besondere Rolle spielen. Seit einiger Zeit konzentriert sich dieses Geschehen auf das Konzept des Case Managements, eine qualifizierte Fortschreibung der Sozialen Einzelhilfe.

Das hier beschriebene Konzept Case Management, das nicht nur öko-soziale und strukturelle Gesichtspunkte berücksichtigt, zeichnet sich aus durch:

- Effektivität und Effizienz in der Fallarbeit
- die Notwendigkeit von Beziehungsarbeit
- große Sensibilität hinsichtlich psychischer Bedürfnisse und Prozesse, die soziale und gesundheitliche Probleme begleiten
- ein dynamisches Verständnis von den Systemen, in denen sich die Betroffenen und der Case Manager begegnen und sich auseinandersetzen
- das Nutzbarmachen von persönlichen Ressourcen, Flexibilität und Eigenverantwortung bei KlientInnen und bei dem sie umgebenden Ressourcensystem.

Case Management in diesem Verständnis bietet also die Chance, einzelfallorientiertes Vorgehen mit personaler Netzwerkarbeit und Sozialraumorientierung ganzheitlich verbinden zu können. Der grenzüberschreitende Ansatz gibt den Betroffenen mehr Sicherheit differenzierte Hilfestellungen zu finden in ihren vielschichtigen Problemen, Belastungen und Benachteiligungen, in der auf sie zugeschnittenen Form und zum richtigen Zeitpunkt, bei gleichzeitig weniger zu leistenden Anpassungsbemühungen.

Ziel ist es, Hilfen anzubieten, die so wenig wie möglich in die bestehende und gewohnte Lebenswelt eingreifen. Die eigenen Ressourcen des Betroffenen und seines ihn umgebenden sozialen Netzes werden Ausgangspunkt für die Hilfen.

Bei Case Management handelt es sich um einen Arbeitsansatz, der in ganz unterschiedlichen Feldern der Humandienstleistungen zum Einsatz kommen könnte. Die Arbeitsbedingungen und Problemsituationen im Sozial- und Gesundheitsbereich unterscheiden sich, doch lässt sich dieses Konzept auch in die Arbeitsbereiche berufliche Integration, Pflege und Gesundheit übertragen.

Eine erste Definition von Case Management kann nunmehr getroffen werden:

> Case Management ist ein Konzept zur Unterstützung von Einzelnen, Familien, Kleingruppen.
>
> Case Management gewährleistet durch eine durchgängige fallverantwortliche Beziehungs- und Koordinierungsarbeit Klärungshilfe, Beratung, Zugang zu notwendigen Dienstleistungen und eine überwachte, qualifizierte Durchführung der Hilfen.
>
> Case Management befähigt die KlientInnen, Unterstützungsleistungen selbständig zu nutzen und greift so wenig wie möglich in die Lebenswelt von KlientInnen ein.

II. Leitideen und Anforderungen an eine fallorientierte Soziale Arbeit

Nach langen Umwegen bewegt sich die Soziale Arbeit und insbesondere die fallorientierte in eine eigenständige Richtung, befreit sich vom klassischen Konzept der Sozialen Einzelfallhilfe mit psychoanalytischem Background. Sie löst sich von fachfremden therapeutischen Konzepten und präzisiert die wenig konturierten Postulate - zumindest für die Soziale Arbeit - der so genannten Lebensweltorientierung. Eine richtungsweisende Diskussion um eine Wissenschaft und Theorie der Sozialen Arbeit findet seit einigen Jahren statt und manchmal nicht neue, aber neu und mit Nachdruck formulierte Leitideen befördern die Professionalisierung der Sozialen Arbeit. Die notwendige Vorläufigkeit und Veränderbarkeit dieser Diskussionen fordert allerdings mehr Struktur und Transparenz der jeweiligen Interessen heraus, die es Lernenden in der Aus- und Fortbildung möglich macht Zugang und Anschluss zu finden.

1. Systemisches Handeln in sozialen Problemen, in Krisen und Konflikten

„Alle Fürsorge besteht darin, dass man entweder einem Menschen hilft, sich in der gegebenen Umwelt einzuordnen, zu behaupten, zurecht zu finden - oder dass man seine Umwelt so gestaltet, verändert, beeinflusst, dass er sich darin bewähren, seine Kräfte entfalten kann. Persönlichkeitsentwicklung durch bewusste Anpassung des Menschen an seine Umwelt - oder der Umwelt an die besonderen Bedürfnisse und Kräfte des betreffenden Menschen." (zit. in Neuffer, 1990, S. 33)

Bereits 1926 formulierte Alice Salomon diese grundlegende Anforderung an die professionelle Soziale Arbeit. Ein Denkansatz, ohne den sich auch die Systemtheorie nicht entfalten könnte und der in der heutigen Diskussion wieder ausdrücklich Platz findet (siehe Kap. VII). Wesentlich ist ihr früher Hinweis auf ein unverwechselbares Kennzeichen Sozialer Arbeit: die Person und ihre Umwelt als Wechselwirkung im beruflichen Auftrag zu verankern und nicht einseitig nur die Person oder nur die Umwelt. Dieses frühe systemische Verständnis von Salomon verdeutlicht den so genannten ganzheitlichen Ansatz, wenngleich sie für heutige Verhältnisse direktiv formuliert. Der Unterschied der Sozialen Arbeit zu anderen Professionen wurde dadurch schon zu Beginn der Berufsgeschichte deutlich gezogen.

Dabei orientiert sich dieser berufliche Auftrag nach der jeweiligen Anforderung im Praxisgeschehen und nicht nach ideologischer Ausrichtung, wie wir sie in der Diskussion um eher vom „Feld zum Fall" oder mehr vom „Fall zum Feld" kennen. Wenn schon mit dieser Metapher versehen, dann müsste es richtig heißen, der „Fall im Feld". In dieser Auseinandersetzung konnte sich die einzelfallorientierte Hilfe nicht aus ihrer konzeptionellen Enge der ausschließlichen Beziehungsarbeit befreien und die feld- oder strukturorientierten Konzepte schlugen sich wenig in der individuellen Bewältigung sozialer Probleme nieder.

Diese Klammer Person und Umwelt verlor sich in der weiteren Konzeptdiskussion der Sozialen Einzelhilfe und verengte sich durch den Einfluss der Psychoanalyse und späterer Therapiekonzepte mehr auf das ausschließliche personale, individuelle Geschehen.

In der systemtheoretischen Diskussion wird selten auf die frühen Pionierinnen der Sozialen Arbeit zurückgegriffen. Eine Ausnahme bildet Silvia Staub-Bernasconi, die in einer Reihe von ihren Veröffentlichungen, Personen und Theorien geschichtlich zuordnet. Andererseits schält die systemtheoretische Diskussion den Kernauftrag der Sozialen Arbeit wieder im traditionellen Sinne heraus. Werden in einer Situationsanalyse, einer Zieloperationalisierung, einer Hilfeplanung beide Gesichtspunkte berücksichtigt, differenzieren sich automatisch deren Bestandteile und öffnen den Blick auf verschiedene System- und damit Handlungsebenen. Die Möglichkeit Systeme zu beeinflussen und ihre angenommene Fähigkeit sich autonom zu verändern soll hier noch nicht thematisiert werden, aber die Position zur professionellen Sozialen Arbeit von Alice Salomon spiegelt sich darin wieder. Diese Gesichtspunkte werden im theoretischen Teil (Kap. VIII) aufgegriffen und vertieft.

2. Ressourcenorientierte Soziale Arbeit

Ressourcen in einen Hilfeprozess einzubeziehen, heißt Stärken und positive Kräftefelder aufspüren, die alle Beteiligten, insbesondere die KlientInnen, motivieren Veränderungen in Angriff zu nehmen. Gerade in komplexen und mehrfach belasteten Situationen wird eine Antriebskraft benötigt, die Bewegung in Systeme und ihre Umwelt bringt. Heute wird dieses Vorgehen unter anderem mit dem Konzept Empowerment in Verbindung gebracht.

Definition: Empowerment befähigt Menschen Komplikationen, Belastungen, Unüberschaubarkeiten, Probleme in eigener Kraft zu bewältigen, eine eigenbestimmte Lebensregie zu führen und ein nach eigenen Maßstäben gelingendes Lebensmanagement zu realisieren kurz: „Menschenstärken" (vgl. Herriger,1996).

Mit den Elementen des Empowerments soll erreicht werden, dass KlientInnen ihre vorhandenen und verschütteten Stärken entdecken und kräftigen.

Diese Stärken in einen Hilfeprozess einzubinden, wird vor allem mit dem Ziel verfolgt, KlientInnen so bald wie möglich zu befähigen, ihr Leben selbst zu gestalten (vgl. a.a.O., 1996).

Mit den Stärken eines Klienten zu arbeiten ist ebenfalls nichts Neues, auch Alice Salomon formulierte:

> „Ziel ... sollte sein, seine Entwicklung zu fördern, seine Kraft zu mehren, seinen Charakter zu stärken - und dieses Ziel kann am besten erreicht werden, wenn ein Mensch seine Schwierigkeiten selber löst ..." (zit. in Neuffer, 1990, S. 33)

Wiederum greift Alice Salomon frühzeitig ein Grundprinzip Sozialer Arbeit auf, das heute aktuell in der Diskussion steht, nämlich ressourcenorientiert vorzugehen. Allerdings wiederholt sich auch hier die berufliche Geschichte. Angeleitet, fast könnte man formulieren verleitet, durch eine psycho-soziale Diagnose, die in aller Regel in der Fallarbeit defizitorientiert vorgeht, unterstützt durch rechtliche Bestimmungen, fällt es bis heute schwer, eine Hilfemaßnahme auf den vorhandenen oder zu stützenden Ressourcen aufzubauen. Häufig kehrt sich dies bis ins völlige Gegenteil um. Um eine Hilfe genehmigt zu bekommen, werden Problemsituationen dramatisiert und in den Mittelpunkt gestellt, die die KlientInnen gleichzeitig stigmatisieren und entmündigen. Wobei zusätzlich der Fokus in aller Regel auf das vordergründig auffällige System der einzelnen Person oder einer Familie gelegt wird.

In den Modewellen der Sozialen Arbeit schlägt das Pegel häufig und schnell auf die gegenläufigen Seiten, mal mehr zu der individualorientierten mal mehr zur strukturorientierten Seite.

Der Auftrag an die Soziale Arbeit ergibt sich aus bekannt gewordenen sozialen Problemen, Krisen, Konflikten und daraus abzuleitenden nicht erfüllten Bedürfnissen der KlientInnen. Problemkonstellationen nicht genau zu analysieren, könnte den Handlungsspielraum verengen, Erscheinungen wie Vernachlässigung verharmlosen, Machtkonstellationen verdecken und die KlientInnen in ihrer subjektiv empfundenen Notlage verunsichern. Die Tendenz nur noch ressourcenorientiert zu analysieren, wie in einigen Empowerment-Konzepten vorgesehen, wird den KlientInnen ebenso wenig gerecht. Ressourcenbereiche verkehren sich häufig in Problembereiche und umgekehrt oder stehen in enger Beziehung zu einander. Insofern macht es Sinn, Ressourcen und Probleme zumindest in der Analyse festzuhalten.

Ressourcen als Mittel der besseren Motivation und Beteiligung zur Selbsthilfe einzusetzen und sie in der späteren Hilfeplanung in den Vordergrund zu rücken, berücksichtigt dagegen fachliche und letztendlich berufsethische Standards.

Vielfach werden Ressourcen nicht unmittelbar, individuell bei KlientInnen in Betracht gezogen sondern nur in deren materiellen Bedingungen (Einkommen, Wohnraum) und in ihrem Umfeld, den sozioökonomischen und sozioökologischen Bereichen. Ohne die Kompetenzen der KlientInnen selbst zu berücksichtigen, können in der Fallarbeit keine direkten Lösungsansätze greifen, sie bedürfen der eigenen Aktivität seitens der KlientInnen.

Ressourcenorientierte Fallarbeit erfolgt daher auf mehreren Ebenen.

Persönliche Ressourcen: Dies sind Kompetenzen und Stärken, die sich in der Person zeigen. Diese können körperbezogen sein, im kognitiven Bereich liegen und in der Fähigkeit emotionale und soziale Beziehungen zu gestalten.

Familiäre Ressourcen: Der Fokus liegt hier auf den Wechselbeziehungen von Familienmitgliedern, die sich im Kommunikationsgeschehen, in den Teilsystemen (Eltern/Kinder/Koalitionen untereinander), in den vorhandenen Werten und Normen zeigen.

Sozioökologische Ressourcen: Unterstützende personale Netzwerke (Verwandtschaft/Freundeskreis), die eine Person oder Familie umgeben, können einem Fallgeschehen entscheidende Impulse geben. Sie tragen dazu bei, dass sich Beziehungen und Partizipation im Sozialraum oder im Milieu erweitern, in denen die KlientInnen ihren Alltag bestreiten und finden sich in der Nachbarschaft, in Selbsthilfegruppen und Bürgerinitiativen wieder.

Einzubeziehen sind institutionelle wie infrastrukturelle Faktoren im Sozialraum, die die persönliche wie familiäre Ausgangslage positiv beeinflussen können.

Sozioökonomische Ressourcen: Ausgehend von individuellen kognitiven Stärken, werden Ressourcen, die der Bildungsbereich, die ein Arbeitsplatz, die materielle Grundversorgung und damit gesetzliche Absicherungen bieten eine wichtige Rolle spielen.

Kulturelle Ressourcen: Zu wenig beachtet werden Ressourcen, die Menschen durch ihren kulturellen Hintergrund zur Verfügung stehen und durch die Werte und Normen herausgebildet werden. Zugehörigkeit und die darin zu findende Orientierung, Anerkennung und Begegnung können entscheidende Stärkefelder darstellen. Die kulturelle und interkulturelle Arbeit muss daher noch viel stärker als bisher in die kleinräumigen Hilfeprozesse der Sozialen Arbeit Eingang finden.

Im Case Management ergeben sich aus diesen Gesichtspunkten eindeutige Aufträge:

– Ressourcen (verschüttete und vorhandene) auskundschaften und einfordern
– Ressourcen erschließen und ausschöpfen
– Ressourcen neu herausbilden und schaffen

24

3. Beteiligung von KlientInnen

Die Beteiligung von KlientInnen und ihre zu stärkende Rechtsstellung drückt sich in mehreren gesetzlichen Bestimmungen aus.

Der allgemeine Rechtsanspruch fußt auf gründliche Information und Beratung, auf umfassende und sorgfältige Erörterung von Rechten und Pflichten, auf schnell e und umfassende Sozialleistungen (SGB I, § 14) und steht damit am Ausgangspunkt von Hilfestellungen. Weitere Bestimmungen im BSHG § 8 - Formen der Sozialhilfe z.b. persönliche Hilfe , § 17 - Beratung und Unterstützung, z.b. Schuldnerberatung, § 72 BSHG - Hilfen zur Überwindung besonderer sozialer Schwierigkeiten mit Hinweis auf evtl. zu erstellenden Gesamtplan (Abs. 2) oder im KJHG § 5 Wunsch- und Wahlrecht, § 8 Beteiligung von Kindern und Jugendlichen, § 41 Hilfe für junge Volljährige unterstreichen die Notwendigkeit der Partizipation der KlientInnen. Herauszugreifen ist als Beispiel der § 36 KJHG, der nicht nur die Frage der Beteiligung aufgreift, sondern dem Grunde nach ein Konzept von Case Management beinhaltet.

„(2) Die Entscheidung über die im Einzelfall angezeigte Hilfeart soll, wenn Hilfe zur Erziehung voraussichtlich für längere Zeit zu leisten ist, im Zusammenwirken mehrerer Fachkräfte getroffen werden. Als Grundlage für die Ausgestaltung der Hilfe sollen sie zusammen mit dem Personensorgeberechtigten und dem Kind oder dem Jugendlichen einen Hilfeplan aufstellen, der Feststellungen über den erzieherischen Bedarf, die zu gewährende Art der Hilfe sowie die notwenigen Leistungen enthält; sie sollen regelmäßig prüfen, ob die gewählte Hilfeart weiterhin geeignet und notwendig ist. Werden bei der Durchführung der Hilfe andere Personen, Dienste oder Einrichtungen tätig, so sind sie oder deren Mitarbeiter an der Aufstellung des Hilfeplans und seiner Überprüfung zu beteiligen." (KJHG, § 36, Abs. 2)

Motivierte KlientInnen in einen Hilfeprozess einzubeziehen, bedarf der Überlegung, mit welchen Interventionen das Geschehen transparent gemacht und wie die Motivation aufrecht erhalten werden kann. Aber auch motivierte KlientInnen können den professionellen Machtvorsprung von HelferInnen nicht ausgleichen und treten möglicherweise als Störfaktoren im professionellen festgezurrten Handlungskonzept auf. Weniger motivierten KlientInnen muss der Weg zur Beteiligung erst geöffnet werden, also ein doppelter Anspruch an die Hilfestellung, die eigene Machtposition einzuschränken und gleichzeitig Wege zu suchen, KlientInnen aktiv in den Hilfeprozess einzubeziehen. Die zu Beteiligenden sind je nach ihren Fähigkeiten in einem Beteiligungsprozess spezifisch einzubeziehen. Säuglinge und Kleinkinder, Jugendliche, behinderte Menschen, ausländische KlientInnen, ältere Menschen stellen nur einige Beispiele dar, die aufzeigen, wie jeweils für sie spezifische Beteiligungsformen entwickelt und praktiziert werden müssen. Geschlechtsspezifische Gesichtspunkte und Bedingungen innerhalb eines Beteiligungsprozesses, spielen gerade in der Sozialen Arbeit eine bedeutende Rolle. Insofern genügt es zum Beispiel in der Jugendhilfe nicht von der Rolle der Eltern auszugehen. Mütter und Väter müssen jeweils unterschiedlich einbezogen werden.

Aus den genannten Gründen muss Ziel und Wirkung von Partizipation daher sein:

- Das Einbeziehen der Betroffenen zu Beginn einer professionellen Hilfestellung soll weitergehende Maßnahmen verhindern oder dazu beitragen, so gering wie möglich in ihre Lebenswelt eingreifen zu müssen.
- Den Zugang zu den effektivsten und effizientesten Hilfestellungen zu ermöglichen.
- Die Beteiligung der Betroffenen soll sicherstellen, dass sie so schnell wie möglich wieder selbst bestimmt handeln können und eine Hilfemaßnahme größtmögliche Erfolgschancen hat.
- Je aktiver und akzeptierter ein Maßnahme von den Betroffenen mitgetragen wird, desto wirksamer und erfolgreicher kann sie sich entfalten.
- Die Entscheidungsprozesse und die Entscheidungen der HilfeempfängerInnen und der Anbieter werden dadurch qualifiziert.
- Die Konsequenzen einer Inanspruchnahme von Hilfestellungen werden offen gelegt.

4. Reduktion von Komplexität

Der systemischen Sicht und Vorgehensweise haftet der Vorwurf an, sofern das systemische Konzept über das System Familie hinausgeht, dass Situationen zu komplex erfasst werden, die dann nicht mehr in einem realistischen Handlungskonzept umgesetzt werden könnten.

Verschiedene Professionen - zum Beispiel Juristen, Mediziner, Biologen - analysieren ihre zu bearbeitenden Gegenstände auf Zusammenhänge, Zuordnungen, Ordnungskriterien, um aus dem komplexen Gegenstand ihres „Auftrages", den sichersten und qualifiziertesten Weg und die notwendige Begründung herauszufiltern. Mit diesem Vorgehen suggerieren sie im schlechtesten Fall, beweisen aber im besten Fall ihre Kompetenz. Sie nutzen herausgearbeitete Alternativen diskursiv in interdisziplinären Auseinandersetzungen, um ihren KlientInnen und ihrer Profession Vorteile zu verschaffen. Anerkannte Professionen nutzen demnach die Komplexität zum reduktiven, gezielten Einsatz. Sie leisten sich allerdings auch den notwendigen Aufwand für die Analyse bis hin zum forschenden Einsatz.

Sozialarbeiterinnen unterstellt man dagegen, dass sie eher aus dem Bauch heraus, aus vorhandener Erfahrung, zumindest im Rahmen kurzschlüssiger Entscheidungen, dem Grunde nach auch mit von Laien einzusetzenden Mitteln, handeln.

Insofern kann die Soziale Arbeit in gleicher Weise ihren oben geschilderten ganzheitlichen Blick, das Durchforsten der Komplexität eines sozialen Problems einsetzen, um einmal KlientInnen Klärungshilfe zu geben und zum anderen professionell gangbare und erfolgreiche Wege und ihre dazu gehörenden Arbeitsweisen und Techniken besser zu erkennen und einzusetzen. Der Mut, in Ruhe zu analysieren und der bewusst ausgesprochene Auftrag, zu Beginn einer Hilfestellung genau zu werden, führt daher zu den erfolgreichen Ergebnissen, die sich auch ökonomisch rechnen. Ein Jurist, der einen Prozess verliert, weil er bestimmte Einzelheiten übersehen hat, verliert schnell seine Reputation. Eine Sozialarbeiterin, die eine gründliche Situationsanalyse vornimmt, fährt dagegen den Vorwurf ein, ihre Verwaltungsarbeit und Aktenberge zu erhöhen.

5. Plan- und überprüfbare Soziale Arbeit anhand von Qualitätsstandards

Ein in der Systemtheorie geführter Streit (siehe Kap. VIII) über die möglichen Einflüsse auf ein System trifft die Soziale Arbeit an einer Nahtstelle ihres professionellen Verständnisses. Die zunehmenden Anforderungen an die Soziale Arbeit planmäßig, effektiv und effizient zu handeln (siehe § 36 KJHG), löst einen Katalog von Fragen aus, der sich um die Diskussion von Qualitätsstandards in den einzelnen Arbeitsfeldern der Sozialen Arbeit dreht.

Die Soziale Arbeit ist als Wissenschaftsdisziplin gefordert, den permanenten Zielkonflikt zwischen fachlicher Qualitätsoptimierung und ökonomischer Kostengestaltung konstruktiv zu begleiten. Dabei geht es um eigene praxisbezogene Handlungstheorien und fachliches Interventionswissen zu den komplexen Wirkungszusammenhängen zur Verfügung zu stellen und um Zielperspektiven für die Entwicklung und Kontrolle von Qualität zu entwickeln, die nicht von fachfremden Belangen der Nachbarschaftsdisziplinen beherrscht werden.

Die Soziale Arbeit benötigt eine eigenständige Wissenschaft und Forschung, um Konzepte zu entwerfen für eine:

- handlungsorientierte Praxisforschung
- professionsorientierte, reflexive angewandte Forschung
- eine wissenschaftliche, grundlagenbezogene Disziplinforschung mit den Aufgaben:
  - die Praxis Sozialer Arbeit zu effektivieren
  - Problemlösungen und Wissensproduktion zwischen Theorie und Praxis mit zu gestalten
  - komplexe Praxis- und Theoriebereiche zu reflektieren
  - die Praxis als eigenen forschenden Bereich zu unterstützen

Das heißt um eine Qualitätsdebatte zu führen, die auch politische Entscheidungsträger erreicht, die wiederum sozialstaatliche Hilfeleistungen und individuelle Daseinsfürsorge zu bestimmen haben, müssen wir leitende Fragestellungen unserer Fachdisziplin selbst beantworten.

Die Qualitätsdiskussion ist eine der ältesten philosophischen Auseinandersetzungen, die wir kennen. Schon die Griechen stritten darüber, ob es eine objektive oder eine subjektive Qualität gibt bzw. ob die Eigenschaften den Dingen anhaften oder ob sie ohne uns Menschen gar nicht existieren, weil wir den Dingen ihre Eigenschaften zuschreiben. Die moderne Theorie des Konstruktivismus gibt eine ähnliche Antwort, wenn sie behauptet, dass wir Menschen uns unsere eigene Welt konstruieren, sie entsprechend unserer subjektiven Wahrnehmung so, wie wir sie individuell und damit unterschiedlich sehen, definieren.

„Qualität ist ein Konstrukt, das außerhalb gesellschaftlicher und persönlicher Normen und Werte, Ziele und Erwartungen nicht denkbar ist." (Merchel, 1999, S. 27) Im Gegensatz zu technischen Produkten lassen sich Dienstleistungen der Sozialen Arbeit nicht in ein vergleichbares, überprüfbares, weitgehend objektiv bestimmbares Korsett stecken. Erfüllte Bedürfnisse der KlientInnen, berufsethisch und normativ getragene Handlungen der Sozialarbeiterinnen, effektive und effiziente Auftragsabwicklung und andere fiskalische Gesichtspunkte bei Trägern und Finanzgebern ergeben unterschiedliche Blickwinkel auf eine Dienstleistung, nach den Termini der neuen Steuerungskonzepte auch in der Sozialen Arbeit Produkt genannt.

Um in eine Qualitätsdebatte zu gehen, sollten folgende Fragen aufgeworfen werden:

– Kommen die sozialen Leistungen auch wirklich bei denen an, die sie brauchen?
– Sind sie als Dienstleistung so gestaltet, wie sie die Empfänger benötigen?
– Sind sie so gestaltet wie der Gesetzgeber sie fordert und werden Rechte nicht über Richtlinien vor Ort unterlaufen?
– Sind sie fachlich so ausgestattet und effektiv, dass sie auch wirksam werden?
– Sind sie so wirtschaftlich und effizient gestaltet, dass sie finanzierbar sind?
– Sind sie transparent für Bürger und Leistungsempfänger

Leider wurde die Qualitätsdebatte der Sozialen Arbeit fachfremd sozusagen aufs Auge gedrückt, weil sie sich selbst lange davor gedrückt hat. Betriebswirtschaftliche und ökonomische Konzepte und Denkweisen beherrschen das heutige Geschehen und kreisen um das Stichwort Ökonomisierung der Sozialen Arbeit. Dieses Denken wirkt sich zunehmend im sozialen Bereich aus, in der Schaffung von Wettbewerbsvorteilen, bei der Ressourcennutzung und -verteilung oder der Globalisierung und der daraus folgenden nationalen Anpassungsleistungen, insbesondere bei sozialen Standards, für Deutschland in der Regel mit niedrigerem Niveau verbunden.

Hier wird deutlich, die Handelnden in der Sozialen Arbeit stehen in einem permanenten Zielkonflikt zwischen fachlicher Qualität und der möglichst schnellen Selbstbemächtigung der KlientInnen. Werden diese Effekte bewusst angesteuert, berufsethisch sogar untermauert, ermöglichen sie andererseits einen Rückschnitt von Leistungen. Denn ein wirtschaftliches Verhalten und dessen Effekt wird in aller Regel nicht zur Erhöhung von Qualität eingesetzt, sondern zum Abbau der eigenen fachlichen Fundamente und Standards. Dies wiederum führt zu Demotivation und Resignation der Fachbasis.

Ist es also möglich, generell die fachliche Effektivität und die fachliche Weiterentwicklung mit dem Anspruch der Kostenträger nach effizientem, wirtschaftlichem Handeln zu verknüpfen?

Auf jeden Fall sind noch viele Widerstände vor dem Hintergrund berechtigter Skepsis, vor allem bei den Fachleuten an der Basis, zu überwinden. Sie erleben die Qualitätsdebatte als Bevormundung, als Kontrolle, als Verlust von Kreativität und Individualität, als Missachtung ihrer Erfahrungen, als bürokratisch überladen und als technizistisches Handeln, das letztlich die Kernaufgabe, Beziehungen zu KlientInnen zu gestalten, verhindert.

Die Qualitätsdebatte kann aber auch anders verstanden werden, als Suchbewegung nach Bezugspunkten und Verbindlichkeit, nach Sinnstiftung für ethische und praktische Diskrepanzen in einer orientierungsarmen Zeit.

Effekte aus diesem Zusammenhang werden noch zu wenig gesehen und sollten im Qualitätsmanagement der leitenden Fachkräfte verankert werden, die für die fallzuständigen Sozialarbeiterinnen zuständig sind:
- Die Betroffenen müssen besser einbezogen werden
- Sie können Leistungen zunehmend besser einfordern und ihre Bedürfnisse sind daher aktiver zu eruieren
- Ziele und Inhalte sind nun auszuhandeln und können nicht einseitig festgelegt werden (wobei die Einflussmöglichkeiten noch sehr unterschiedlich sind)
- Das Angebot ist ständig zu aktualisieren
- Fachliche und plausible Begründungen für Konzepte werden unerlässlich
- Ziele und Ergebnisse oder Erfolge und Misserfolge müssen transparent gemacht werden

Nach wie vor werden kontroverse Diskussionen um die Messbarkeit von Humandienstleistungen geführt. Der Kern einer fallorientierten Dienstleistung besteht in aller Regel in den Beziehungen zwischen professionell Handelnden und einzelnen KlientInnen, Familien und Netzwerken.

Kann gemessen werden, wann ein ausländischer Mitbewohner integriert ist, ob ein Obdachloser tatsächlich die Straße verlassen hat und will, ob die Kriminalitätsenergie eines Rechtsradikalen zurückgegangen ist, ob ein dementer Mensch am Leben noch teilnimmt?

Es können soziale Daten erhoben, Statistiken geführt, Raumtemperaturen gemessen, Kalorien gezählt werden und Ähnliches, aber schnell stößt man in der Sozialen Arbeit an Grenzen, wo man ohne Interpretationen, ohne die Berücksichtigung von Werthaltung und Situationskontexten nicht mehr weiterkommt.

Daher werden vor allem Qualitäts- und Wirksamkeitsdialoge unter Einbeziehung aller relevanten Beteiligten benötigt und Instrumentarien, die es ermöglichen qualitativ zu bewerten und zu beurteilen und die subjektive Einschätzungen zu qualifizieren.

Sinnvolle Qualitätsdialoge in diesem Kontext haben die Ebenen

– der *Strukturqualität*, also die Rahmenbedingungen der Dienstleistung,

– der *Prozessqualität* in der Arbeitsweisen, eine Interaktion, eine Beratung und Unterstützung im Sinne von Case Management transparent und überprüfbar werden

– und der *Ergebnisqualität* wie Zielerreichung, Wirkung und Kosten-Nutzen-Verhältnis

zu berücksichtigen.

Das Hauptaugenmerk richtet sich hierbei meist auf die Ergebnisqualität, denn alle Beteiligten interessiert vor allem die Wirkung einer Maßnahme, wobei deren Erfolg wieder aus den oben genannten Blickwinkeln unterschiedlich eingeschätzt werden wird und allenfalls eine gemeinsame Auswertung Konsens herstellen kann. Ergebnisse der Sozialen Arbeit lassen sich daher nur bedingt messen, da prozesshafte Vorgänge und keine linearen Ursache-Wirkungsverhältnisse vorliegen. Die Soziale Arbeit muss daher die Struktur- und Prozessqualität stärker in Betracht ziehen, als andere Berufsgruppen (vgl. Merchel, 1999, S. 29 ff.).

Die Haltung einer Sozialarbeiterin, ihr Engagement und die vertrauensvolle, zwischenmenschliche Beziehung zwischen Sozialarbeiterin und ihren KlientInnen sind letztendlich ausschlaggebende Variablen für die Wirksamkeit Sozialer Arbeit und damit schließt sich der Kreis in Bezug auf die Frage der Messbarkeit derartiger Dienstleistungen.

Folgende Faktoren beeinflussen die Qualität von Dienstleistungen in der Sozialen Arbeit und können Anhaltspunkte für Bewertungen darstellen:

Personale Faktoren: Ausbildung, handlungstheoretische Sicherheit, zusätzliche spezielle Fort- und Weiterbildungen; analytische, kommunikative und reflexive Fähigkeiten; fachliche Neugier, Erfahrung, Engagement, transparente Werte und Normen (Haltung).

Institutionelle Faktoren: Leitbild, kommunikative und offene veränderbare Strukturen, transparente Ablauforganisation, reflexives Arbeitskonzept mit darin verbindlich verankerter Evaluation; qualitätsförderndes Personalmanagement (Mitbestimmung, Delegation von Verantwortung, Teamarbeit, Fortbildung, Supervision); Räume und Sachmittel; Beteiligungsformen für KlientInnen.

Sozialräumliche Faktoren: Aktivierungs- und Beteiligungsmöglichkeiten seitens der KlientInnen; kontraktierte Koordination und Kooperation der Anbieter von Dienstleistungen im Sozialraum; infrastrukturelle Ausstattung; ehrenamtliche Mitwirkung, Sponsoring und politische Unterstützung.

Zusammenfassend müssen in der Qualitätsdebatte folgende Fragen aus Sicht von Wissenschaft, Forschung und Praxis der Sozialen Arbeit beantwortet werden:

- Wird sich die Reform der öffentlichen Verwaltung und die damit einher gehende Beschreibung der Leistungen am Stand der fachlichen Diskussion orientieren und damit fachliche Qualität mit finanziellen Aspekten verbinden? Oder führt sie zu einer rigorosen Sparpolitik, einer Bewirtschaftung, die sozialpolitische Gestaltungsräume weiter verengt?

- Woran orientiert sich die öffentliche Förderung beim wachsenden Wettbewerb sozialer Institutionen und Träger? Wird es verbindliche Qualitätsstandards geben? Welchen Einfluss werden Leistungsverträge auf Finanzierung und Ausgestaltung sozialer Angebote nehmen? Und: wer hat die Legitimation, Qualität und Qualitätsstandards zu fordern und durchzusetzen? Gehen fachliche Standards „den Bach runter", verstärkt sich die gesellschaftliche Spaltung, gibt es zukünftig Luxus-, Standard- und Billigangebote nebeneinander?

Der Forschung der Sozialen Arbeit obliegt aus einer professions- wie disziplinorientierten Perspektive nicht nur die Aufgabe, die Folgen der gesellschaftlichen Umbrüche für die Menschen und deren Lebenswelten ertragbar aufzuzeigen.

Biographische Verwerfungen von Menschen müssen ebenso transparent werden. Nur dann können für sie wieder gesellschaftlich anerkannte, selbst verantwortete Wege durch das Leben denkbar und möglich werden. Soziale Arbeit ist darauf angewiesen anhand von Forschungsergebnissen selbst und kritisch ihre Handlungskonzepte und ihre institutionellen Arrangements für Betroffene zu überprüfen.

Soziale Arbeit sollte darüber hinaus verstärkt mit den Bereichen der Gesundheit, Bildung, Technik, Informatik, Architektur, Wirtschaft, Kultur gemeinsam Schnittstellen bearbeiten, in denen sich Bedürfnisse und Probleme der Menschen kumulieren.

Die Profilierung der Sozialen Arbeit als wissenschaftliche Disziplin wie auch als berufliches Handlungssystem wird wesentlich davon abhängen, ob und inwieweit es gelingt, den Typus einer sozialarbeiterischen Forschung und ihre Forschungsmethoden schärfer als bisher herauszubilden und zu etablieren und über ein anerkanntes Disziplinprofil gleichwertiger Partner im wissenschaftlichen Diskurs zu werden, der dann unmittelbar der Profilierung der Praxis wieder zu gute kommt.

6. Berufsethische Grundsätze

Berufliches Handeln in der Sozialen Arbeit unterliegt Werten und Normen, die aus allgemeinen gesellschaftlichen Positionen, aus mehr oder weniger implizit formulierten Sichtweisen und Leitbildern von Trägern von sozialer Einrichtungen herrühren. Mit diesen Wert- und Normvorstellungen setzen sich Sozialarbeiterinnen vor dem Hintergrund der eigenen Biographie und Einbindung in Lebens- und Arbeitszusammenhängen auseinander, übernehmen sie für ihre berufliche Arbeit oder entwickeln Alternativen. Dieser Prozess ist zunehmend ein individueller geworden, findet eher im Stillen oder unbewusst statt.

Im Gegensatz zu anderen Ländern (USA, Niederlande) fehlt uns in Deutschland eine Berufsordnung und Instanz, in der Ethic-Codes in allgemeiner Form und für den gesamten Berufsstand festgeschrieben sind und die in letzter Konsequenz Fehlverhalten sanktioniert.

Der Deutsche Berufsverband für Sozialarbeit, Sozialpädagogik und Heilpädagogik e.V. (DBSH) verabschiedete 1997 berufsethische Prinzipien. Sie sind allerdings den Wenigsten bekannt, ebenso wie die schon länger existierenden internationalen Ethic-Codes. Dies trifft auch auf die Ethic-Codes des Deutschen Berufsverbands für Pflegekräfte (DBfK) zu.

Die Soziale Arbeit in Deutschland und die in ihr Handelnden haben genug Anlass über berufsethische Anforderungen und Fragen sich aktiv auseinanderzusetzen. Gerade in der fallorientierten Arbeit finden wir in der Vergangenheit Beispiele, die nicht nur zum Nachdenken anregen.

Wie konnte eine Fürsorgerin Ende der 30er Jahre in ihrer Arbeit mit Prostituierten sich am Unterdrückungs- und Vernichtungsprogramm des Nazi-Regimes beteiligen oder ihm zuarbeiten? Wie konnte sie Richtlinien so auslegen, dass jegliches Fachwissen zur Makulatur wurde? Wie konnte eine im Sozialen Bereich Verantwortung tragende Frau im Nationalsozialismus Karriere machen und diese fast übergangslos nach dem Zweiten Weltkrieg fortsetzen, wie zum Beispiel Käthe Petersen aus Hamburg. Sie war, dies ist nur eine Station, als leitende Fürsorgerin an Aussonderungsvorgängen von

Behinderten, Prostituierten, Obdachlosen beteiligt. Nach dem Zweiten Weltkrieg war sie zuletzt leitende Regierungsdirektorin in der Hamburger Sozialverwaltung und wurde sogar Vorsitzende des Spitzenverbandes der Sozialen Arbeit, dem Deutschen Verein für öffentliche und private Fürsorge (1970 - 1978) und nahm damit großen Einfluss auf die Sozialgesetzgebung der Bundesrepublik (vgl. Rothmaler,1987, S. 75 ff.).

Das Hineinschlittern unserer Vorgänger und Vorgängerinnen in eine menschenverachtende Fürsorge, muss mehr als nachdenklich machen. Umso mehr als die Begründerinnen der Sozialen Arbeit und Fürsorge in Deutschland wie Alice Salomon, Marie Baum, Siddy Wronsky bis 1933 für dieses Gebiet bereits ein hohes professionelles und ethisches Niveau erreicht hatten.

Man könnte meinen, heute wäre derartiges berufsständisches wie persönliches Handeln undenkbar. Ist es daher verständlich, dass seit längerer Zeit geschichtliche Entwicklungen und Aufarbeitungen schon in der Ausbildung kaum mehr Interesse finden? Eine offene und ehrliche Diskussion über ethische Prinzipien stagniert. Sie findet am ehesten noch Platz in Vorworten, Artikeln und Büchern. Der Individualismus und die Abkehr von Berufsorganisationen, die individuelles Handeln beeinflussen könnten, wird schon im Lehrbetrieb deutlich. Nur am Rande werden berufsethische Fragen aufgegriffen und Leitbilder der Sozialen Arbeit diskutiert und gestaltet. Die Praxis beschäftigt sich mit den sich immer schneller wandelnden Anforderungen an die Soziale Arbeit, besonders unter der Prämisse der Ökonomisierung der Sozialen Arbeit. Ethische oder Menschenrechtsfragen bleiben häufig genug auf der Strecke.

Gibt es also keinen Zugang, kein Interesse, keinen Anlass berufsethische Fragen in den Mittelpunkt zu rücken?

Gewiss, sie allein schon zu formulieren, geschweige denn in einer kritischen möglicherweise konträren Diskussion Positionen zu beziehen oder gar in praktisches Handeln umzusetzen, fällt angesichts gesellschaftlicher Differenzierungen nicht leicht.

Wie kann man zwischen Rechten und Pflichten, zwischen Opfern und Tätern klar unterscheiden, wer definiert die jeweilige Seite, mit welchem Blickwinkel, mit welchem Interesse? Kann es nicht sein, dass andere Jugendliche und Erwachsene vor Gewalt geschützt werden, wenn ein Jugendlicher in eine verbindlich untergebrachten Einrichtung (die geschönte Bezeichnung für geschlossene Unterbringung) eingewiesen wird oder führt eine derartige Unterbringung zu noch mehr Gewalt?

Kann man Verständnis für einen minderjährigen Flüchtling aufbringen, der sich mit Drogenhandel und anderer Kriminalität über Wasser hält und durch Untertauchen seine Ausweisung in eine desolate oft lebensbedrohende „Heimat" hinauszögert?

Muss man die Benachteiligung von Frauen bis hin zu freiheitseinschränkenden Handlungen fundamentalistisch ausgerichteter Männer hier in Deutschland akzeptieren oder werden diese Frauen in einen emanzipatorischen Prozess gedrängt, der sie dann aber zwangsläufig von ihrer Familie entfremdet?

Kann es zugelassen werden, dass Kinder aus sozial schwachen Familien häufiger krank sind und Depressionen erleiden und eine geringere Lebenserwartung haben, das obdachlose Menschen in einer reichen Stadt wie Hamburg trotz vielfältiger Hilfsangebote krank werden und ein hohes Lebensrisiko haben?

Genügend Fragen, die offensiv aufgegriffen werden müssen. Zwei der genannten Beispiele deuten daraufhin, dass seit langem nicht nur nationale soziale Probleme anzunehmen sind, sondern dass unmittelbar vor unserer Tür Belastungen anderer Nationen, Kulturen, der Dritten Welt präsent sind.

Das „Burn-out" in der Berufssparte der Sozialen Arbeit wird auf Überlastung, Überforderung der eigenen und den von außen gerichteten Ansprüchen zugeschrieben. Kann es nicht auch sein, dass Sozialarbeiterinnen an oben ausgeführten nicht offensiv bearbeiteten Fragen unbewusst leiden und ausbrennen?

Dass ethische Prinzipien fehlen, kann nicht bemängelt werden. Sie sind national und international formuliert, hin und her bewegt, verabschiedet und stehen zur ständigen Überprüfung an.

Ohne den Gegenstand oder die Aufgabenbereiche Sozialer Arbeit genauer zu bestimmen, lässt sich nicht ableiten inwieweit berufsethische Fragen überhaupt tangiert werden. Die „International Association of Social Workers (IASSW)" und die „International Federation of Social Workers"(IFSW) formulierten 1976, erweiternd 1982 und zuletzt auf der Konferenz im August 2000 den Auftrag und eine Definition Sozialer Arbeit wie folgt:

> „Soziale Arbeit ist eine Profession, die sozialen Wandel, Problemlösungen in menschlichen Beziehungen sowie die Ermächtigung und Befreiung von Menschen fördert, um ihr Wohlbefinden zu verbessern. Indem sie sich auf Theorien menschlichen Verhaltens sowie sozialer Systeme als Erklärungsbasis stützt, interveniert Soziale Arbeit im Schnittpunkt zwischen Individuum und Umwelt/Gesellschaft. Dabei sind die Prinzipien der Menschenrechte und sozialer Gerechtigkeit für die Soziale Arbeit von fundamentaler Bedeutung." (zit. nach Staub-Bernasconi, 2001, S. 4)

Aus dieser allgemeinen Definition der beiden internationalen Verbände der Sozialen Arbeit sind, um auf berufsethische Fragen zu kommen, Themen und verwundbare Gruppen herauszufiltern.

Aus dem Themen-Katalog Armut, Diskriminierung des Geschlechts, Rassismus, Religion und Umwelt und Entwicklung (Fachbereich Sozialwesen,

FH Ravensburg-Weingarten, 1997, S. 46 ff.) werden beispielhaft nur die ersten beiden Bereiche herangezogen.

Armut

Die ungleich verteilten Ressourcen national wie international zeigen sich beispielsweise an der Situation von Straßenkindern, von Obdachlosen und Rentnern. Trotz einer Sozialgesetzgebung, die im internationalen Vergleich meist als beispielhaft angesehen wird, von manchen sogar als überzogen gilt, hat Deutschland zunehmend mit Armuts- und Ausgrenzungsprozessen zu tun. Kinder kommen in Jugendhilfeeinrichtungen und müssen erst ihren Hunger stillen, vor allem Rentnerinnen wagen nicht Sozialhilfe zu beantragen, wenn ihre Rente zu gering ist, ausländische Jugendliche sind mit hohem Prozentsatz ohne Schulabschluss etc. Es erhebt sich die Frage, werden die Ausgrenzungsprozesse erforscht, beobachtet, skandaliert oder wendet sich die Soziale Arbeit eher den Bereichen zu, die mit Fördermitteln versehen, persönliche und institutionelle Anerkennung verschaffen. Mischen sich die Sozialarbeiterinnen in die Sozialpolitik ein und suchen unterhalb dieser Ebene pragmatische Lösungen für die KlientInnen? Wird nicht nur theoretisch der Zusammenhang zwischen Armut in anderen Ländern und dem oben erwähnten ausländischen Jugendlichen hergestellt, werden darüber hinaus Strategien der internationalen Intervention entwickelt?

Diskriminierung des Geschlechts

Im Arbeitsleben und der Entlohnung weist ein hoch entwickeltes Industrieland wie die Bundesrepublik Deutschland immer noch ungleiche Verhältnisse aus. Väter beantragen nur zu einem sehr geringen Prozentsatz den Erziehungsurlaub. Ein türkisches Mädchen, obwohl in Deutschland aufgewachsen, hat zusätzlich erhebliche Nachteile im Bildungsbereich, in dem schon die türkischen Jungen am unteren Ende des Bildungsgeschehens liegen. Gleichgeschlechtliche Paare erhalten nur in Ansätzen, trotz neuerer rechtlicher Verbesserungen, persönliche und gesellschaftliche Anerkennung.

Gerade internationale Erklärungen und Verträge (z.B. Konvention zur Beseitigung jeder Diskriminierung der Frau von 1979) zwingen uns, sich in Deutschland verstärkt mit Diskriminierung auseinanderzusetzen. Einwanderung fordert eine Haltung zwischen Akzeptanz von Kulturen und ihren Regeln und Einhaltung allgemeiner Menschenrechte heraus.

Allein diese beiden Bereiche Armut und Diskriminierung werfen eine Reihe von berufsethischen Fragen auf, die in einer Deklaration des DBSH ihren Platz finden.

Berufsethische Prinzipien des DBSH (Auszüge):

„Die Mitglieder des DBSH begegnen jeder Art von Diskriminierung, sei es aufgrund von politischer Überzeugung, nationaler Herkunft, Weltanschauung, Religion, Familienstand, Behinderungen, Alter, Geschlecht, sexueller Orientierung, Rasse , Farbe, oder irgendeiner anderen Neigung oder persönlichen Eigenschaft, eines Zustandes oder Status. Weder wirken sie bei solchen Diskriminierungen mit noch dulden oder erleichtern sie diese."

„Die Mitglieder des DBSH ermöglichen, fördern und unterstützen durch ihr professionelles Handeln in solidarischer Weise

– die Initiative der beteiligten Menschen, deren eigene Lösungen und ihre Mitwirkung

– die Einbindung der beteiligten Menschen in eine Netz befriedigender und hilfreicher Beziehungen

– bei den beteiligten Menschen Einstellungen und Fähigkeiten, mit denen sie zur Verbesserung der Welt beitragen können."

„Die Mitglieder des DBSH haben den beruflichen Auftrag, die strukturell bedingten Ursachen sozialer Not zu entdecken, öffentliche zu machen und zu bekämpfen."

„Die Fachlichkeit der Mitglieder des DBSH besteht in wissenschaftlich begründetem Handeln mit berufseigenen Verfahren."

„Die Mitglieder des DBSH erforschen soziale Not. Gestützt auf die Erkenntnisse der Sozialforschung machen sie öffentlich auf individuelle wie kollektive Problemlagen aufmerksam, verdeutlichen deren Ursachen und wirken auf Lösungen hin. Dabei arbeiten sie auf lokaler, nationaler und internationaler Ebene mit den am Problem beteiligten Menschen zusammen."

„Die Mitglieder des DBSH informieren ihr Klientel über Art und Umfang der verfügbaren Dienstleistungen sowie über Rechte, Verpflichtungen, Möglichkeiten und Risiken der sozialen Dienstleistungen und schließen einen Kontrakt..." (vgl. DBSH, 1997, S. 12 ff.)

Darüber hinaus weisen die Verfasser des Leitfadens „Menschenrechte und Sozialarbeit" zurecht darauf hin, dass sich Sozialarbeiterinnen zusätzlich mit verwundbaren Gruppen (vgl. FH Ravensburg-Weingarten, 1997, S. 54 ff.) beschäftigen, in denen sich weitere berufsethische Fragen erheben. Kinder, ältere Personen, behinderte Personen, Gefangene, Flüchtlinge, Migranten zählen dazu, die für sich selbst, aber in Verbindung mit den Bereichen Armut, Diskriminierung des Geschlechts, Rassismus, Religion, Umwelt und Entwicklung noch stärkere Benachteiligung und Ausgrenzung erleben.

Sexueller Missbrauch, Jugendkriminalität, Vereinsamung, Sterben in Würde, gesundheitliche Versorgung, Gewalt im Knast, Posttraumata von Flüchtlingen, zweifache Kultur und Identität stellen nur einige Themen dar, in denen berufliches Handeln in der Sozialen Arbeit an Grenzfragen kommt, wo Opfer und Täter sich vermischen, wo Verantwortlichkeit hin- und hergeschoben wird.

Die internationale und nationale Diskussion um Grundlagen und Prinzipien der beruflichen Sozialen Arbeit basiert auf einem längeren Bemühen, unterschiedliche Kulturen, Gesellschaftsformen, rechtliche Bedingungen, Traditionen auf gemeinsame Werte und Normen zu verständigen, die sich letztendlich auf die von der UNO formulierten Menschenrechte stützen.

Zumindest für Deutschland kann gesagt werden, dass diese Diskussion an der Fachbasis nur am Rande, allenfalls in anderen Zusammenhängen, mitgetragen wurde. Der geringe Organisationsgrad von Sozialarbeiterinnen in Berufsverbänden und Gewerkschaften deutet darauf hin, dass der Grad der gemeinsamen Verständigung auf berufliche Grundwerte wenig ausgeprägt ist. Dies heißt allerdings nicht, dass die beruflich tätigen Sozialarbeiterinnen in großen Maßen gegen diese vom DBSH formulierten ethischen Prinzipien verstoßen.

Für Deutschland fällt auf, dass die Frage, ob bei Menschenrechtsverletzungen Sozialarbeiterinnen sich auch in Gegensatz zu ihrem Arbeitgeber stellen, zurückhaltend in den DBSH Prinzipien formuliert wird. So steht im UNO-Manual (Human Rights. Teaching and Learning about Human Rights. A Manual for Schools of Social Work and the Social Work Profession, New York, 2. Aufl. 1994):

„Aufgrund des Berufskodexes sowie der Ausbildungsziele der (Hoch-) Schulen für Soziale Arbeit steht der Dienst gegenüber Menschen höher als die Loyalität zur Organisation" (vgl. Staub-Bernasconi, 1997, S. 335).

Der DBSH verpflichtet seine Mitglieder dagegen zur Zurückhaltung gegenüber dem Arbeitgeber.

„Die Mitglieder des DBSH sind zu konstruktiver und innovativer Zusammenarbeit mit dem/der Arbeitgeber/in verpflichtet. Bei einem Konflikt suchen sie mit dem/der Arbeitgeber/in zuerst institutionsinterne Möglichkeiten zur Beilegung."(DBSH, 1997, S. 17)

Unabhängig von dieser Position verlangt der DBSH allerdings in umfangreich formulierten Prinzipien korrekte Verhaltensweisen des jeweiligen handelnden einzelnen Mitgliedes, die sehr schnell in Widerspruch zum beruflichen Alltag stehen können. Bei Kollegen fehlen oft durch mühsame Detailauseinandersetzungen um bessere Rahmen- und Arbeitsbedingungen, die Kraft und aufgrund detaillierter Kenntnisse möglicherweise auch das

Verständnis für anscheinend unrealistische ethische Positionen. Je stärker bei ihnen auf individuelles korrektes Verhalten gedrängt wird und dies im Widerspruch zu ihren Arbeitsbedingungen, zum Verhalten von Leitungskräften, zu ökonomischen und politischen Setzungen steht, je mehr besteht die Gefahr, dass sie „dicht machen".

In der Konsequenz heißt dies, es werden kurze und verständlich formulierte Prinzipien benötigt. Dazu müssen Rahmenbedingungen genannt werden, in denen berufsethische Prinzipien umsetzbar sind.

Ebenso auf Skepsis und Ablehnung könnte stoßen, den Auftrag Soziale Arbeit als Menschenrechtsprofession zu verstehen. Der Bogen von lokalem Handeln zu internationalen Zusammenhängen kann in vielen Arbeitsfeldern mit interkultureller Ausrichtung der Sozialen Arbeit gezogen werden und zur Erklärung von Problemsituationen dienen. Den Einfluss auf internationale, interkulturelle Zusammenhänge aufzuzeigen, heißt, dies muss so konkret und plausibel dargelegt werden, dass die Reichweite des eigenen Handelns erkennbar wird. Empfehlenswert in diesem Zusammenhang sind die Ausführungen von Silvia Staub-Bernasconi (1997 und 2001). Sie zeigt mit unterschiedlichsten Beispielen auf, wie Sozialberichterstattung, Soziale Arbeit im Gemeinwesen, Soziale Arbeit mit Betagten in Russland, der Aufbau von Kooperativen im Senegal, das Nutzbarmachen von Menschenrechtsorganisationen in lokalem Handeln mit Internationalem sich verbinden lässt.

An die Ausbildungsstätten richtet sich vor allem die Forderung, Leitbilder Sozialer Arbeit und Berufsethik mehr in den Mittelpunkt von Lehre und Forschung zu stellen.

Den Auswirkungen der ökonomischen Globalisierung lässt sich mit dem Mittel der differenzierten Analyse von sozialen Problemlagen und deren Ursachenzusammenhängen am besten begegnen. Das Zusammenwirken von unterschiedlichsten Systemebenen (lokal bis international) muss Ausgangspunkt für lokales Handeln und Verstehen werden. Dabei sind Methoden zu entwickeln und einzusetzen, die den individuellen und kulturellen Bedürfnissen der KlientInnen entgegenkommen und die sie dabei nicht nur mit ihren Rechten sondern auch mit ihren Pflichten einbinden.

Weiterführende Literatur

Herriger, Norbert: Empowerment in der Sozialen Arbeit. Eine Einführung, Kohlhammer, Stuttgart, 1997
Projektgruppe Wanja: Handbuch zum Wirksamkeitsdialog in der Offenen Kinder- und Jugendarbeit, Votum, Münster, 2000
Spiegel, Hiltrud von (Hrsg): Jugendarbeit mit Erfolg, Votum, Münster, 2000

III. Case Management -
Rahmen und Strukturen

1. Soziale Einzelhilfe und ihre Linien
zum Case Management

Case Management entwickelte sich aus der klassischen Methode des Social Case Work (Kurzform Case Work) und knüpft auch in Deutschland an die Tradition der Sozialen Einzelhilfe, die wiederum eine Adaption des Case Work darstellt, an.

Mary Richmond begründete 1917 in den USA den Ansatz von Case Work mit ihrer Schrift ,Social Diagnosis'. Wesentliche theoretische Weiterentwicklungen erfolgten einmal durch Gordon Hamilton, eine Vertreterin der ,diagnostic-school', in der das Individuum im Mittelpunkt steht und weniger seine Umwelt. Jessie Taft begründete die ,functional-school', die im Case Work eine prozessorientierte Hilfe sieht. In den 50er Jahren nahmen auf das Konzept Einfluss: die Ich-Psychologie, die Arbeit mit Familien (Francis Scherz) und die ganzheitliche Betrachtung von Mensch und Situation (Kurt Lewin).

Case Work basierte zunächst auf Grundprinzipien wie Achtung der menschlichen Persönlichkeit, aktiver und bewusster Beteiligung der KlientInnen, Kenntnis der Sozialarbeiterin über sich selbst, Verantwortung des Einzelnen für die Gesellschaft. Die sich ausdifferenzierenden Schulen kennzeichneten folgende Grundannahmen: Die ,diagnostic-school' ging von der Problemlösungskompetenz des Einzelnen aus unter Zuhilfenahme der Sozialarbeiterin als Katalysator. Die Diagnose des Problems und eine Krisenintervention waren in diesem Konzept wesentliche methodische Mittel. In Erweiterung dazu formulierte Florence Hollis die Notwendigkeit der Mobilisierung der Stärken der KlientInnen und die Schaffung einer tragfähigen Beziehung zwischen Sozialarbeiterinnen und KlientInnen. In Absetzung davon bildete die professionell ausgestaltete soziale Dienstleistung und Beratung den Fokus der ,functional-school'. Die KlientInnen entscheiden hier in eigener Verantwortung über die Annahme des institutionellen Angebots und die Sozialarbeiterin übernimmt Verantwortung für den Prozess der Hilfestellung und die Entwicklung der KlientInnen.

Ausgelöst von sozialen Bewegungen und Programmen der 60er Jahre (z.B. Civil Rights-/Poor Peoples-Movements) veränderten sich Konzept und Praxis des Case Work. Spezifische Techniken (skills) richteten sich auf benachteilige Gruppen und spezielle Problemlagen wie Drogensucht oder Kindesmisshandlung. Beispiele praxistheoretischer Neuerungen waren: Kriseninterventation und Streetwork. Trotzdem blieb die therapeutisch-behandlungsorientierte Ausrichtung des Case Work vorrangig bestehen.

Die Differenzierung von Dienstleistungen und die daraus entstehende und notwendige Multidisziplinarität erforderten Anfang der 70er Jahre vom Case Work eine Orientierung auf Organisationsplanung, Vernetzung von Dienstleistungen, Beteiligung an Community-action Programmen und führte letztlich zu einem Zweig des Case Work, dem Konzept des Case Managements.

Case Work wurde Anfang der 20er Jahre von Alice Salomon nach Deutschland gebracht und als Soziale Einzelhilfe auf die deutschen Verhältnisse angepasst. Sie erarbeitete erste wissenschaftliche Begründungen für diese Methode der Sozialen Arbeit, in der Praxis als Fürsorge bezeichnet. Ihre Konzepte gingen von einem frühen Verständnis von Beziehungen der KlientInnen zu ihren Familien und ihrer Umwelt aus.

Danach nahm die Psychoanalyse immer mehr Einfluss auf dieses Konzept, analog zur Entwicklung in den USA. In Deutschland brach die methodisch-theoretische Weiterentwicklung (Siddy Wronsky/Arthur Kronfeld: Sozialtherapie; Marie Baum/Hans Scherpner: Methode der Familienfürsorge) mit der NS-Zeit ab.

Nach 1945 fand ein lebhafter Methodentransfer aus den USA statt. In der Aus-, Fort- und Weiterbildung erkannte man in Deutschland die Chance der Professionalisierung durch die Methoden der Sozialarbeit, neben der Sozialen Einzelhilfe, die Soziale Gruppenarbeit und die Gemeinwesenarbeit.

Die Ich-Psychologie bildete den Kern für die Soziale Einzelhilfe in der Nachkriegszeit: Die Stärkung des Ich als Hilfe zur Anpassung und die Arbeit im Hier und Jetzt stand im Vordergrund. Übertragungsphänomene wurden beobachtet, aber nicht aktiv bearbeitet. Der Hilfeprozess wurde in drei Phasen eingeteilt: Fallaufnahme (oder Anamnese bzw. Initialphase), psychosoziale Diagnose und Behandlung. Die helfende Beziehung zwischen KlientInnen und Sozialarbeiterin bildete die tragende Säule. Wissen, methodisches Können und professionelle Haltung waren Standards einer Feld- und Fachkompetenz, die besonders über Lehrfälle zu einer Kasuistik Sozialer Arbeit führen sollte.

Gerade diese Bemühungen gerieten Ende der 60er, Anfang der 70er Jahre in die sozialwissenschaftliche Kritik. Sie richtete sich gegen die Individualisierung von gesellschaftlich verursachten Problemlagen, gegen die Verknüpfung von Methode und Ziel und gegen das eklektizistische Verarbeiten von wissenschaftlichen Theorien (vgl. Neuffer, 1990).

Mehrdimensionale Problemdefinitionen wurden vermisst, wie die infrastrukturelle Gegebenheiten im Gemeinwesen, die ökonomischen Lebensumstände, die Grenzen und Möglichkeiten der Institution, der Sozialarbeiterin und der KlientInnen.

Therapeutische Schulen fanden danach über Weiterbildung und Zusatzausbildungen Eingang in die Praxis der Sozialen Einzelhilfe. In einem nächsten Entwicklungsschritt prägte der systemischen Ansatz die Beratung in der Sozialen Arbeit und qualifizierte die Arbeit mit Einzelnen und Familien, besonders erkennbar an der Sozialpädagogischen Familienhilfe, die mit der Einführung des KJHG zu einem Pflichtangebot der Jugendhilfe wurde.

Die zunehmende Spezialisierung der Sozialen Dienste rief auch in Deutschland neue eigenständige Überlegungen hervor. Die Möglichkeiten des Case Management wurden in Anlehnung an die Erfahrungen in den USA Ende der 80er Jahre in Deutschland aufgenommen.

In den 50er und 60er Jahren dauerte die Rezeption von Methodenkonzepten aus den USA in der Regel eine Dekade. Die seither eingetretenen technischen Veränderungen (Telefax, Computer) veränderten diese Verzögerung in der internationalen Fachdiskussion offensichtlich nicht. Auch Case Management benötigte fast zehn Jahre, bis es hier vorgestellt wurde.

Bevor Überlegungen angestellt werden können, inwieweit Case Management auf unsere Verhältnisse in der Sozialen Arbeit übertragbar ist, sollte die US-amerikanische Realität eingeblendet werden. Dort beruht Soziale Arbeit in hohem Maße auf den Aktivitäten einer Vielzahl, stark verzweigter, dezentralisierter und freiwilliger Träger. Die Finanzierung der Projekte ist meist in unmittelbarer Verantwortung des Trägers. Vor diesem Hintergrund entstand neben der fachlichen Differenzierung und Spezialisierung ein für die KlientInnen zum Teil undurchschaubares und auch ungesichertes, von der Qualität wie Quantität her gesehen, Angebot der Hilfen. Case Management als Reaktion entworfen, verfügt über ein eigenes Budget, aus dem Hilfestellungen bezahlt werden. Damit nimmt der Case Manager Einfluss auf die Hilfsangebote der jeweiligen Träger in seinem Zuständigkeitsbereich. Diese starke Position wird noch dadurch unterstrichen, dass Case Management nicht Teilaufgabe ist, sondern ein selbständiger Bereich der Sozialen Arbeit (man geht inzwischen von ca. 100.000 Case Managern in den USA aus).

In den USA schälten sich mehrere Modelle heraus. Das Generalisten-Modell in denen ein Case Manager die KlientInnen durch den gesamten Hilfeprozess führt. Dies ist der meist verbreitetste Ansatz. Therapeuten verknüpfen in einem weiteren Modell ihre auf die Beziehung gerichtete Arbeit mit indirekten weiteren Hilfestellungen. Case Management im Rahmen interdisziplinärer Teamarbeit hebt sich von diesen beiden Modellen ab, denn das Team übernimmt die auf das gesamte Geschehen gerichtete Arbeit (Generalistenfunktion), und das einzelne Teammitglied leistet in diesem Kontext spezielle Hilfe. Darüber hinaus werden Modelle erwähnt, die zum einen in breit gefächerten Service-Dienstleistungszentren mit eigenem Case Manager bestehen und zum anderen bei denen nichtprofessionelle Helfer oder Familienmitglieder als Case Manager auftreten und auf diese Aufgabe vorbereitet werden.

Die mit der Budgetverwaltung verbundene Machtstellung, als im Hilfeprozess besonders herausgestellte Funktion von Case Management, führte offensichtlich dazu, dass sich das Konzept von seinen eigentlichen Zielen entfernte und die Rolle des Case Managers sich änderte. In einer bilanzierenden Replik beschrieb 1988 Carol D. Austin aus Ohio anlässlich der Jahresversammlung der National Association of Social Workers Entwicklungen in diesem Arbeitsfeld. Die Möglichkeit von Case Management über wirtschaftliche Ressourcen auf die Art der Hilfegewährung Einfluss zu nehmen, habe den Zugang für andere betriebswirtschaftlich orientierte Berufsgruppen und Helfern (Case Management auf Honorarbasis oder über eine Gebührenerhebung) geöffnet. Das eigentliche Konzept, die Betreuung der KlientInnen und die Koordination von Sozialen Diensten, wäre dabei oft verlassen worden. In gleichem Maße hätten sich professionelle Sozialarbeiterinnen wieder von diesem Berufsfeld abgewandt. Austin stellte die Frage: Ist Case Management noch ‚gute, altmodische' Sozialarbeit? Antwort von ihr: Ja, wenn Sozialarbeiterinnen sich an das eigentlich Konzept halten, nein, wenn sie immer anderen Vorlieben zu schnell nachgehen und damit Case Management anderen Berufsgruppen überlassen. Weitere Widersprüche sieht sie darin, dass die ausführende Soziale Arbeit zu sehr von der Frage des vorhandenen und gewährten Geldes abhängig gemacht wird. Die Machtposition des Case Managers könne missbraucht werden zur Veränderung von Hilfeleistungen, die dann weniger im Sinne der KlientInnen positiv inhaltlich ausgerichtet seien, sondern mehr auf Effizienz. Case Manager könnten den Charakter vorhandener Dienste und deren Entwicklung und Ausdehnung ausschließlich aus finanzieller Sicht steuern und festlegen (vgl. Austin, 1990).

In der Fachdiskussion in den USA wird diese Fehlentwicklung aus sozialarbeiterischer Sicht seit einigen Jahren korrigiert und die eigene Professionalität wieder mehr ins Spiel gebracht. Folgende Aspekte konturieren das Konzept: die Notwendigkeit von Beziehungsarbeit; größere Sensibilität hinsichtlich psychischer Bedürfnisse und Prozesse, die soziale Probleme begleiten; ein dynamischeres Verständnis von den Systemen, in denen sich die Betroffenen und der Case Manager begegnen und sich auseinandersetzen; das Nutzbarmachen von Flexibilität und Eigenverantwortung bei den KlientInnen und die sie umgebenden Ressourcensysteme. Case Management in diesem Verständnis bietet also die Chance, einzelfallorientiertes Vorgehen mit sozialer Netzwerkarbeit verbinden zu können. Der grenzüberschreitende Ansatz gibt den Betroffenen die Sicherheit, in vielschichtigen Problemen und Benachteiligungen differenzierte Hilfestellungen zu finden, in der richtigen Form und zum richtigen Zeitpunkt. Ziel ist es, Hilfen anzubieten, die möglichst wenig in die bestehende und gewohnte Lebenswelt eingreifen. Die eigenen Ressourcen der Betroffenen und das sie umgebende Netz werden Ausgangspunkt für die Hilfen. Die traditionellen Werte der Sozialen Arbeit wie Selbstbestimmung, Würde und gegenseitige Verantwortung sollen auch im Case Management Leitlinien sein. Das Hauptmerkmal des Konzeptes, die Fragmentierung von Hilfestellungen zu überwinden, erfordert Beziehungsarbeit als Teil der Intervention, um die emotionalen Probleme der KlientInnen, die zum Beispiel Vertrauens-, und Funktionsverlust und Stress auslösen, zu beheben (vgl. Vorlekis/Greene, 1992, S. 11 ff.).

Insofern steht die unmittelbare Beziehungsarbeit nicht in Konkurrenz zu effektiver und effizienter Fallarbeit. Der These von Wendt „Über die Wirksamkeit Sozialer Arbeit wird nicht in unmittelbarer mitmenschlicher Hilfe, sondern in der Gestaltung und Neugestaltung des ganzen dienstlichen Vorgehens entschieden" (Wendt, 1998, S. 181) muss insofern widersprochen werden, es gilt ein sowohl als auch. Verhängnisvoll wäre es, Fallarbeit mit falsch verstandenem Case Management als bloße Koordination und Fallbegleitung zu verstehen. Durchgehende Fallverantwortung erfordert Beziehungsarbeit, um das Vertrauen der KlientInnen zu erreichen, so dass sie von Beginn bis zum Ende einer Hilfestellung emotional und inhaltlich den Hilfeprozess reflektieren, Eigenkräfte entwickeln (Empowerment) und eine verantwortliche Ansprechperson ohne Hemmschwelle konsultieren können. Insofern erfordert dies vom Case Manager nicht nur fremde Dienstleistungen anzuregen, zu entwickeln und zu koordinieren, sondern sich dieser ganzheitlichen Aufgabe mit dem eigenen personalen Angebot selbst zu stellen.

2. Rahmenbedingungen

Case Management vorwiegend anhand der Erkenntnisse und Erfahrungen in den angloamerikanischen Konzepten, wobei dort ohnehin keine einheitlichen Konzepte vorliegen, hier in Deutschland zu diskutieren, verkennt die Stärke, aber auch das Beharrungsvermögen der hiesigen Strukturen im sozialen Bereich und die gewachsenen Standards der fallorientierten Arbeit.

- Nach dem KJHG, um ein Beispiel zu nennen, liegen vielfältige Erfahrungen mit Hilfeplänen vor,
- der wichtige Bereich von Zielformulierungen ist konzeptionell bearbeitet,
- Soziale Netzwerkarbeit, Organisationsentwicklung und Soziales Management gewinnen zunehmend an eigenständiger Bedeutung,
- Theorie und Konzeption der Evaluation wurden hier intensiv ausgearbeitet,

– handlungstheoretische und theoretische Konzepte für die Soziale Arbeit liegen vor (Staub-Bernasconi, Obrecht, Engelke, Klüsche u.a., um nur einige zu nennen)

Aus diesen Praxis- wie Theoriebereichen kann ein für unsere Verhältnisse eigenständiges Case Management konzipiert werden, das die reichhaltigen Erfahrungen aus England und den USA registriert, sich aber nicht danach ausrichtet.

Gerade in der Sozialen Arbeit findet die fallorientierte Arbeit vielfach in Ämtern statt (Jugendamt, Sozialamt, Gesundheitsamt, Arbeitsamt) oder in den größeren, aber zu hohem Anteil staatlich finanzierten Wohlfahrtsverbänden, die eine breitere Angebotsstruktur vorhalten oder im Rahmen des Subsidiaritätsprinzips weitgehend Aufgaben des öffentlichen Sektors erledigen. An einigen Stellen, insbesondere im grundlegenden Verhältnis von staatlicher/kommunaler Trägerschaft und freien Trägern, verschiebt sich der Anteil zugunsten der freien Träger, da die Verantwortlichen für den öffentlichen Sektor eine Aufgabenreduzierung befürworten. Dieses neue Verhältnis hat positive und negative Folgen. Aufgabenentlastung im öffentlichen Sektor der sozialen Dienstleistungen steht immer wieder unter dem Diktat Kosten zu reduzieren und über Vereinbarungen, die Budgets für die Jugend- und Sozialhilfe zu ‚deckeln‘ bzw. zu reduzieren. Freie Träger sehen sich damit untereinander einem Konkurrenzdruck ausgesetzt, der inhaltlich positive Veränderungen mit sich bringt (schnellere Reaktion auf Bedürfnisse von KlientInnen), wenn aber die Globalzuweisungen des öffentlichen Sektors insgesamt gekürzt werden, müssen die Angebote zu Ungunsten des Klientels eingeschränkt, mit weniger qualifizierten Fachkräften versehen werden und die Arbeitsplatzsituation der Sozialarbeiterinnen wird unsicherer (Zeitverträge). Die fallorientierte Soziale Arbeit hat im Gegensatz zu eher präventiven Bereichen den Vorteil, dass sie auf der Grundlage von gesetzlich verankerten Pflichtleistungen agiert. Insofern wird sie, dort wo es nicht um ein einmaliges oder inhaltlich spezialisiertes Beratungsangebot geht, in diesem Kontext staatlich finanzierter Leistungen bleiben.

Trotzdem müssen sich zunehmend auch die Sozialen Dienste der Ämter der Frage nach Effektivität und Effizienz ihrer Arbeit stellen. Das Neue Steuerungsmodell gab dazu seit 1993 den Anlass und machte mit den Themen dezentrale Ressourcenverantwortung, Budgetierung, Wettbewerb, Kundenorientierung, Produktbeschreibung Furore, wobei die Einschätzungen bis jetzt nicht von einem durchschlagenden Erfolg bei Struktur- und Aufgabenänderung ausgehen. Die Umsetzung in den einzelnen Kommunen führte vielfach zu Fehlentwicklungen, Widerständen an der Fachbasis. Meist hervorgerufen durch die Tatsache, dass die vorweggenommene Einsparquote als einziger Punkt deutlich umgesetzt wurde (Stichwort Haushaltdeckelung) und die anderen Themen ohne qualifizierte technische und personale Unterstützung (Fort- und Weiterbildung) bewältigt werden sollten bzw. überhaupt nicht umgesetzt wurden.

Fallorientierte Soziale Arbeit wird die Arbeit mit den Menschen - Einzelnen oder Familien - nicht verlassen und wird sich im besten Falle an den berufsethischen Prinzipien ausrichten, die eine lediglich wirtschaftliche Betrachtung ausschließen.

Das hierarchische System, das dazugehörende Finanzierungssystem des öffentlichen Sektors lässt eine völlige und alleinige Ressourcenverantwortung der Fachbasis nicht zu. Case Management benötigt allerdings, um seine Stärken entfalten zu können, bessere Strukturen im Binnenverhältnis eines Trägers und im Außenverhältnis bei der Koordination und Kooperation von Dienstleistungen. „Case Manager fungieren, wenn sie ihre Arbeit beginnen, in den gegebenen Strukturen des Dienstleistungssystems. Es soll mit der neuen Arbeitsweise flexibler und effizienter werden; seine starren Strukturen können aber auch verhindern, dass sich in ihm so handeln lässt. Dann verweigern beispielsweise einzelne Dienste die (horizontale) Zusammenarbeit mit dem Hinweis auf ihre festgelegte Zuständigkeit. Oder von oben nach unten werden Arbeitsanweisungen erlassen, die den Beteiligten auf der Ebene der direkten Zusammenarbeit jeden Handlungsspielraum nehmen" (Wendt, 1999, S. 134). Daher müssen die Case Manager einen genauen Einblick über und einen Einfluss auf die finanziellen Ressourcen haben, sonst können sie nicht inhaltlich steuern oder ökonomische Gesichtspunkte beachten. Um die oben beschriebene Situation mit den Notwendigkeiten des Case Managements in Einklang zu bringen, ist eine vertragliche Verankerung erforderlich: die durchgängige Fallverantwortung, die Reflexion der Arbeit, die verantwortliche Koordination und Kooperation des Case Managers im Außenverhältnis. In den einzelnen Arbeitsbereichen staatlich/kommunaler und freier Träger, die in aller Regel in den Arbeitsfeldern der Sozialen Arbeit gemeinsam wirken, haben sich in einem übergreifenden Case Management Konzept auf diese Grundvoraussetzungen zu verständigen, die die Handlungsfähigkeit des Case Managers sicherstellen. Träger von Maßnahmen, die diesem Konzept nicht zustimmen, werden seitens des Case Managers nicht mehr in die Hilfeleistungen einbezogen. Dies bezieht nicht nur finanzielle Fragen ein, sondern auch Fragen des Datenschutzes, die inhaltliche Überwachung von qualifizierter Arbeit, die Beteiligung der KlientInnen und die Absprache, wie in Konflikten zu verfahren ist. Vereinbarungen mit diesen Grundlinien müssen möglicherweise noch regional präzisiert und zugeschnitten werden. Diese Grundlinien werden die Aufgabe und Funktion des Case Managers in das gesamte Hilfegeschehen integrieren, so dass die unterstützende Funktion allen zugute kommt, vor allem den KlientInnen, und dadurch auch das Controlling des Case Managers leichter akzeptiert wird. Die Trägheit und Veränderungsresistenz größerer staatlicher/kommunaler Bereiche, auch bei größeren freien Träger zu erkennen, sollte zu realistischen Einschätzungen der Veränderungsmöglichkeiten von Strukturen führen. Ein wirkungsvolles Konzept von Case Management heißt aber von diesen Grundlinien so wenig wie möglich abzuweichen.

Trotzdem können Sozialarbeiterinnen in der fallorientierten Arbeit eine Reihe der in diesem Konzept vorgeschlagenen Arbeitsweisen übernehmen und damit ihre Arbeit qualifizieren. Diese ‚schleichende' Übernahme führt möglicherweise schneller zu strukturellen Veränderungen als der von oben diktierte große Wurf.

Die Budgetierung des Aufgabenbereiches eines Case Managers, ob im Rahmen des Neuen Steuerungsmodells oder mit anderer Ausrichtung, fällt in einen Kompetenzbereich, der Sozialarbeiterinnen eher fremd ist. Neben vielschichtigen ambivalenten Gründen wird befürchtet, dass mit Übernahme von finanzieller Verantwortung der inhaltliche Spielraum verengt wird. Das Achten auf Kosten „fällt zunächst schwer, die Verantwortung zu akzeptieren, die für finanzielle Offerten und für die Neuerungen übernommen werden muss, die nötig sind, um die beste Unterstützung mit den verfügbaren Ressourcen zu erreichen" (Vass, zit. in Wendt, 1991, S. 148). Lange Zeit flossen zu einfach die Mittel im sozialen Bereich, trotz Einsparwellen und Restriktionen und führten nicht zu einem effektiven optimalen Mitteleinsatz. So hielt die kameralistische Haushaltsführung gerade dazu an, am Ende des Jahres die Gelder aufzubrauchen, ob es Sinn machte oder nicht.

Es ist zu befürchten, dass eine Budgetierung weder zu einem positiveren Verständnis Sozialer Arbeit führt, dass Auseinandersetzungen um die Haushaltsöpfe ausbleiben, dass eine zentrale Kontrolle wegfällt, noch dass erwirtschaftete Mittel reinvestiert werden können (vgl. a.a.O, S. 150 und 151). Vass schlägt für den Bereich der Budgetierung Grundregeln vor:

– die Abgabe von Budgets ersetzt nicht eine straffe zentrale Kontrolle

– Anreizsysteme für den Case Manager und die Dienstleister müssen eingebaut sein

– delegierte Budgets dürfen keine Beeinträchtigungen für andere Bereiche bedeuten und für die Leitungsebene

– übertragene Budgets sollten so eingerichtet sein, dass aus ihnen Leistungen für andere bestritten werden (vgl. a.a.O., S. 158 ff.).

Für das Case Management in den Sozialen Diensten und Wohlfahrtsverbänden wird das Thema Budgetierung nicht zu umgehen sein und in vielen Bereichen werden die Vorbereitungen dazu getroffen oder sind schon vollzogen. Sozialarbeiterinnen müssen bereits in der grundständigen Ausbildung als auch in Fortbildungen mit wirtschaftlicher Kompetenz ausgestattet werden, damit sie in dieser entscheidenden Frage auf gleicher Ebene mit anderen Berufsgruppen (ver-)handlungsfähig sind.

Allgemein wird davon ausgegangen, dass 75% der Sozialen Arbeit im Bereich der Arbeit mit Einzelnen und Familien liegen soll. Anhand der Vielzahl von Beratungsstellen und Sozialen Diensten dürfte diese Zahl der Realität in der Praxis entsprechen. Case Management erfordert eine Fallkonstellation, die aus mehrfach belasteten Situationen besteht, in der eine längere, über eine Kurzberatung hinausgehende Hilfe und Unterstützung zu investieren ist. Angesichts der Tatsache, dass die Konflikt- und Belastungsbereiche immer differenzierter werden und der Wegfall traditioneller Systeme wie Großfamilie, funktionierende Nachbarschaft, Mitgliedschaft in Kirchen und Verbänden zusätzliche Lücken reißt, ist von einer Zunahme der genannten Fälle auszugehen. Der Bedarf nach Case Management müsste demnach steigen.

3. Einsatzbereiche von Case Management

Die Vielfältigkeit der Einsatzbereiche für Case Management ergibt folgendes Bild:

Arbeit mit Kindern, Jugendlichen und Familien - Jugend- und Familienhilfe:
Der Allgemeine Soziale Dienst (ASD) in den Jugendämter (teilweise auch mit zuständig für den Erwachsenenbereich) ist prädestiniert für Case Management. Jugendhilfeverbünde freier Träger könnten zusätzlich zu ihren Angeboten im Bereich der Hilfen zur Erziehung Case Manager einsetzen, die unabhängig von den einzelnen Hilfen das Fallmanagement übernehmen. In gleicher Weise könnten Jugendgerichtshelfer dieses Konzept nutzen. In Frage kommen auch der Adoptions- und Pflegekinderdienst. Im Feld der Jugendhilfe muss in jedem Fall die Arbeit des ASD in Betracht gezogen werden bzw. geklärt werden inwieweit dessen Aufgaben auf andere übertragen werden können.

Arbeit mit Erwachsenen:
Die Schuldnerberatung, die Betreuung von von Obdachlosigkeit Gefährdeten und Wohnungslosen, die Arbeit mit Prostituierten, die Wiederbemächtigung von Sozialhilfeempfängern, die Integration von Migranten, die Arbeit in der Bewährungshilfe und mit Straffälligen stellen Bereiche dar, die in entsprechenden Beratungsstellen, im Sozialamt, oder in einer Strafanstalt das Case Management einsetzen können.

Arbeit in der beruflichen (Re-) Integration:
Mit der Zusammenlegung von Arbeitslosenhilfe und Sozialhilfe (SGB II) und den Leitlinien von Hartz IV „fördern und fordern", aber auch mit den gesamten Anstrengungen, Menschen in Ausbildung und berufliche Tätigkeit zu vermitteln, eröffnet sich seit einiger Zeit ein weites Arbeitsfeld für „Fallmanagement". Bildungsbegleiter, persönliche Ansprechpartner, Fallmanager sind Begriffe, die auf die Notwendigkeit aufmerksam machen,

Menschen mit Bildungsbenachteiligung und Vermittlungsschwierigkeiten zu unterstützen. Wobei die Vorstellungen von Case- oder Fallmanagement, wie später noch bearbeitet, weit auseinander gehen.

Arbeit im Gesundheitsbereich - klinische Soziale Arbeit:
Mitarbeiter im Gesundheitsamt, in der Behindertenarbeit, in der Sucht- und Drogenhilfe, in der Aids-Hilfe, in der Psychiatrie, in der Rehabilitation, im Krankenhaus-Sozialdienst, im Sozialen Dienst von Krankenkassen haben beste Möglichkeiten bei Langzeitfällen im Sinne von Case Management ihre Dienste neu zu strukturieren und eine vernetzte Arbeit zu installieren.

Arbeit mit älteren Menschen - Altenhilfe:
Um ältere Menschen länger in ihrem angestammten Lebensumfeld zu belassen, die Pflege von Familienangehörigen zu erleichtern, Soziale Arbeit mit Pflegeleistungen zu verbinden und die Integration in einer altersgerechten Unterbringung zu organisieren und zu begleiten, wenn die eigene Wohnung nicht mehr in Frage kommt, arbeiten in der Altenhilfe seit längerem Case Manager. Die Betreuung von Demenzkranken und ihren Angehörigen wird in diesem Arbeitsbereich zunehmen.

Arbeit mit zu betreuenden Personen:
Berufliche Betreuer, die meist im Rahmen eines richterlichen Auftrags Verantwortungsbereiche des alltäglichen Lebens oder spezifische Aufgaben in einem Betreuungsverhältnis übernehmen, befinden sich in einer klassischen Fallarbeit. Ihr Aufgabenbereich, ihre Rolle und Funktion wird zwar vom Gesamtrahmen her gesehen fremdbestimmt, andererseits erledigen sie diesen Auftrag häufig in einer selbstständigen Tätigkeit. Berufsbetreuer nehmen damit eine Vorreiterrolle in Bezug auf selbständige Fallarbeit ein, wie wir es bei Case Managern unter anderem in den USA vorfinden. Der innere Ablauf einer Betreuungtätigkeit kommt der Vergehensweise des Case Management sehr nahe. Eingeschränkt wird diese Tätigkeit durch zu enge Zeitbudgets und der noch nicht allgemein festgelegten Fall- und Systemsteuerungsfunktion. Das haben sie aber mit anderen Arbeitsfeldern gemeinsam. Das Interesse am Case Management-Konzept in diesem Arbeitsfeld nimmt aufgrund der gewünschten Professionalisierung zu.

Aus dieser Auflistung von Einsatzbereichen des Case Management in der Sozialen Arbeit und den nachfolgenden Ausführungen zum Konzept lässt sich ablesen, dass ein Case Manager vielfältige und unterschiedliche Rollen übernimmt. Als *Anwalt* für seine KlientInnen, um ihre Interessen und Bedürfnisse durchsetzen zu helfen, sofern sie dabei Unterstützung benötigen. Über den gesamten Prozess des Case Managements fungiert er als *Berater* seiner KlientInnen und gibt ihnen damit die Möglichkeit sich rückzuversichern, Fortschritte bestätigen zu lassen und das Vertrauen zu nutzen für schwierige Passagen im Hilfeprozess. In Konflikten des Klientels mit anderen Personen und Institutionen, bei interinstitutionellen Konflikten kann er als *Mediator* wirken. Sollte eine anderweitige Krisenintervention nicht einsetzbar sein, übernimmt er die Funktion eines *Krisenmanagers*. Vor allem nach dem Erstellen des Hilfeplanes besteht eine wichtige Aufgabe für ihn, personelle und institutionelle Netzwerke zum Einsatz zu bringen, sie zu koordinieren, zu ergänzen oder neue zu schaffen. Damit und in Netzwerkkonferenzen wird er unmittelbar zum *Netzwerker*. Bei Fallkonstellationen die eine konzentrierte Vermittlungstätigkeit und Motivationsarbeit bei den KlientInnen hervorrufen, besteht sein Einsatz in Form eines *Coach*. Diese Rollen und Funktionen übt eine Case Manager häufig nebeneinander aus und hat dabei die Aufgabe, für sich und die anderen Beteiligten die momentane Rolle transparent zu machen und eine Rollenübernahme bewusst zu gestalten.

Allein diese Ausführungen aber auch die nachfolgenden werden die Frage auslösen, wie kann eine Fachkraft diese unterschiedlichen Aufgaben, Rollen und Funktionen in einer Person verwirklichen, wobei ein Case Management im Team ebenfalls in Betracht gezogen werden kann. Ist hier ein unrealistischer Berufstypus mit Omnipotenzansprüchen erforderlich? Ohne Zweifel setzt das Case Management hohe Anforderungen, die nicht nur die beschriebenen Kompetenzbereiche (Kap. VII) umfasst und der Einsatz entspricht nicht der in Deutschland vorgesehenen Bezahlung. Dies tangiert aber die ohnehin geringe materielle und ideelle Anerkennung der Sozialen Arbeit. Andererseits dürfte das Konzept Case Management eine erfolgreiche fallorientierte Arbeit bewerkstelligen, die bei den KlientInnen und in ihrem Umfeld Zufriedenheit auslöst. Die Vielfältigkeit deutet darauf hin, dass ein Case Manager eine interessante Tätigkeit übernimmt und ausübt. Die grundständige Ausbildung zur Sozialarbeiterin beinhaltet, wenn die Ausbildungskonzepte die neuen Anforderungen in der Praxis aufgreifen und die Wissenschaftlichkeit der Sozialen Arbeit vorantreiben, dass der Grundstock für die Tätigkeit als Case Manager gelegt ist. Zusätzlich werden, wie sich bereits abzeichnet, unterschiedlichste Fort- und Weiterbildungsformen entstehen und angefordert. Überlegungen eine Zusatzausbildung oder ein Aufbaustudium analog zum Sozialen Management vorzuhalten, wird von der Weiterentwicklung des Konzeptes in Theorie und Praxis, der Implementierung in den genannten Arbeitsfeldern und den Bedarfen her zu entscheiden sein.

Weiterführende Literatur

Klug, Wolfgang: Mit Konzept planen – effektiv helfen. Ökosoziales Case Management in der Gefährdetenhilfe, Lambertus, Freiburg, 2003

Löcherbach/Klug/Remmel-Faßbender/Wendt (Hrsg.): Case Management. Fall- und Systemsteuerung in Theorie und Praxis, Luchterhand, Neuwied, 2003, 2. Aufl.

Wendt, Wolf Rainer: Case Management im Sozial- und Gesundheitswesen. Eine Einführung, Lambertus, Freiburg, 1999, 2. Aufl.

IV. Ablauf und Phasen des Case Managements

In verschiedenen Handlungskonzepten Sozialer Arbeit findet sich eine phasenorientierte Struktur. Einerseits deutet sich damit an, dass es sich hier sowohl um planbare Arbeitsweisen handelt als auch um prozesshaft angeordnete Arbeitsabläufe. Andererseits, und dies trifft auf das Grundkonzept des Case Managements zu, soll erreicht werden, dass Hilfestellungen in der Sozialen Arbeit, die in aller Regel komplexe Vorgänge sind, zusammengefügt werden. Oft sind soziale Dienstleistungen zersplittert oder spezialisiert. In den vorliegenden Konzepten von Case Management werden unterschiedliche Begriffe für die Phasen verwendet. Häufig orientieren sie sich an denen von David Moxley (vgl. Moxley, 1989): *Assessment* (Einschätzung), *planning* (Planung), *intervention* (Durchführung), *monitoring* (Überwachung) und *evaluation* (Be- und Auswertung). Diese grundlegende Struktur ergibt sich aus einer inneren Logik jeglicher Arbeitsvorhaben und ist daher übertragbar. Differenzierungen, die in vorliegendem Konzept vorgenommen werden, nehmen bisherige und zukünftige Anforderungen an eine Fallarbeit, ein beziehungs-, prozess - und systemorientiertes Case Management in der Sozialen Arbeit auf. Sie lassen sich ohne Weiteres auch auf den Pflege- und Gesundheitsbereich anwenden.

Die Phasen sind nicht strikt abzuhandelnde Teilstücke, sondern versuchen die Komplexität zu erfassen, Komplexität durch strukturierte Vorgehensweisen zu reduzieren, um an den Kern von Problemstellungen zu gelangen und die effektivste und effizienteste Hilfe herauszuarbeiten. Im Hilfeprozess kann es sehr wohl sein, sogar notwendig werden, eine zurückliegende Phase erneut aufzugreifen, wenn sich zum Beispiel während einer Hilfestellung Situationen erheblich verändern (Trennung, Arbeitsplatzverlust, Krankheit, Tod). Dann muss erneut analysiert, oder neue Ziele gesetzt, oder ein Handlungsplan verändert werden.

Doch nicht nur der Rückgriff auf eine Phase ist bedeutungsvoll. Jede der nachfolgend beschriebenen Phasen und deren inhaltlichen Anforderungen und Ergebnisse müssen im Hilfeprozess als prinzipiell vorläufig gelten und ständig ergänzt werden. Dies mindert nicht die Verbindlichkeit von Zielen und Vereinbarungen, aber die Praxis der Sozialen Arbeit zeigt, dass sich immer wieder neue Erkenntnisse und Informationen ergeben, die die Hilfestellung beeinflussen können und selbst am Ende einer Fallbearbeitung macht es Sinn, die anfängliche und möglicherweise im Laufe der Hilfestellung ergänzte Problem- und Ressourcenanalyse zu komplettieren, um eine

CASE MANAGEMENT - FALLARBEIT
Rahmenkonzept

KONTAKTAUFNAHME INTAKE KLÄRUNGSHILFE	• Erstgespräch • Klärungshilfe • Beginn einer Arbeitsbeziehung • Beratung über Angebote
ASSESSMENT ANALYSE/PROFILING EINSCHÄTZUNG	• Problem- und Ressourcenanalyse • Profiling • fachliche Einschätzung • Einschätzung durch die KlientInnen • Einschätzung Dritter • Hypothesen/Prognosen
HILFEBEDARF FÖRDERBEDARF PFLEGEBEDARF	• Ziele der Hilfestellung • Ermittlung Hilfebedarf • Indikatoren für Erfolg • Entwurf möglicher geeigneter und notwendiger Hilfen/Maßnahmen
HILFE-/ FÖRDER-/ PFLEGE-/ PLANUNG	• Antrag auf Hilfestellung • Hilfe-/Pflege-/Förderkonferenz • Auswahl und Festlegung der Hilfen • Hilfeplangespräch
	• Hilfe-/Pflege-/Integrationsplan • Kontrakt • Überleitung in die Maßnahmen • Festlegung der eigenen Interventionen des Case
DURCHFÜHRUNG CONTROLLING RE-ASSESSMENT	• Überprüfung Ziel – Wirkung • Akzeptanz bei den Klienten • Überprüfung, Steuerung, Kooperation der hilfeleistenden Institutionen • Fortschreibung und /oder
ABSCHLUSS EVALUATION	• Bewertung durch alle Beteiligten • Fortführung oder Beendigung • Vermittlung in andere Hilfen • Evaluation Erfolg – Aufwand • Auswertung für die Sozial- und Gesundheitsplanung

Abb. 1: Übersicht Phasen Case Management

nachfolgende Hilfestellung zu erleichtern oder der Sozial- und Jugendhilfe-planung adäquate Daten übergeben zu können.

Die dargestellten Phasen des Case Managements gehen von einer inneren Logik aus und bedingen sich gegenseitig. Trotzdem können für andere Handlungskonzepte der Sozialen Arbeit einzelne Elemente übernommen werden. Ein engerer Zusammenhang ergibt sich zu den Konzepten der nachfolgend beschriebenen Schlüsselqualifikationen (Kap. VI), die alle e-benfalls auf einem systemtheoretischen Bezugsrahmen basieren und durch ähnliche Phasenabläufe strukturiert werden. Letztendlich sind sie kompatibel, müssen allerdings anhand der konkreten Aufgaben und Zielen einge-passt oder modifiziert werden. So spielt, um ein Beispiel zu nennen, in der Beratung und Mediation das Controlling keine oder eine geringere Rolle. Trotzdem muss der Beratungs- und Mediationsprozess ein Überprüfungs-element beinhalten, das allerdings einen engeren Zusammenhang zu getrof-fenen Regelungen der KlientInnen herstellt und weniger zu parallel einge-richteten Hilfestellungen wie im Case Management.

1. Phase: Kontaktaufnahme, Intake, Klärungshilfe

Die Komplexität von Problemstellungen und die unübersichtliche Speziali-sierung der sozialen Dienstleistungen gebietet es, zu Beginn von zweiten Seiten einer Fallarbeit Klärungen stattfinden zu lassen. Das gesteckte Ziel dieser Phase weist ebenfalls mehrere Aspekte auf. Vorrangig und dafür tritt Case Management im Besonderen ein, geht es darum, den KlientInnen oder dem Klientsystem den bestmöglichen Zugang zu Hilfestellungen zu geben, gleichzeitig aber die KlientInnen von Beginn an nicht als Bittsteller, sondern als NutzerInnen von Dienstleistungen anzuerkennen. Dazu benötigen sie nicht nur grundlegende Informationen über mögliche Hilfestellungen, son-dern auch einen selbstreflexiven Erkenntnisprozess über die eigenen Hilfe-bedarfe. Für die Träger von sozialen Dienstleistungen und deren Mitarbeiter muss im Vordergrund stehen, so wenig wie möglich nach dem Prinzip „trial and error" vorzugehen. Soziale Dienstleistungen, die zu viel wiederkehren-de Klärungsprozesse in Bezug auf den richtigen Zuschnitt einer Hilfe auf-weisen, binden Arbeitszeit, Kosten und fördern die Resignation der Sozial-arbeiterinnen, abgesehen von den parallelen Auswirkungen auf die Nutzer.

Dienstleistungsangebot Case Management

Die Soziale Arbeit wandelt sich immer mehr im Sinne eines Dienstleis-tungsbereiches. Allerdings findet der Paradigmenwechsel, der sich in der fallorientierten Sozialen Arbeit am gravierendsten auswirkt, nur schwerfäl-lig statt. Der Wechsel von einem staatlich geprägten Fürsorgedenken hin zu einer Orientierung auf die Bedarfe der KlientInnen und ihren Anspruch auf ein selbstbestimmtes Leben, erfordert bei Organisationen und deren Mitarbeiter ein Umdenken. Die Auswahl und die Durchführung von Hilfestellungen finden meist unter Vorrang der professionellen Sichtweisen statt. Die strukturell und finanziell festgelegten Angebote bestimmen weitgehend das Hilfegeschehen. KlientInnen, häufig in einer desolaten Lebenssituation, können diesen Vorgaben, außer Verweigerung, zumeist nichts entgegensetzen.

Insofern gilt es vor Beginn einer Tätigkeit im Rahmen eines Case Managements institutionell wie personell eine auf diese Anforderungen abgestellte Haltung zu entwickeln, sei es in einem diskutierten Leitbild, sei es in einer Evaluation, die diese Einstellungsfrage mit berücksichtigt.

In den USA wird die Einstiegsphase als „engagement" bezeichnet. Die besser verankerten berufsethischen Grundsätze führten zu diesem Verständnis. Sich zu engagieren, KlientInnen der jeweiligen Zielgruppe zu erreichen, heißt, abzugehen von einer Haltung: wir sind als Helfende wohl vorhanden, haben aber viel zu tun. KlientInnen, insbesondere mit schwierigen und belasteten Situationen, mehr oder weniger unterschwellig abzuweisen oder sie an andere zu verweisen, hat keinen Platz in dem Arbeitsverständnis von „engagement". Klarzustellen ist an dieser Stelle, dass Träger und Sozialarbeiterinnen die Kapazitätsfrage zu klären haben und sie nicht dem Zufall überlassen. In der Jugendhilfe kann davon ausgegangen werden, dass ein Case Manager 10-15 Fälle übernehmen kann, je nach Fallsituation und vorhandenen Maßnahmeträgern.

Eine gründliche und zügige Abklärung inwieweit eine Klientin die richtige Stelle angelaufen hat oder ob sie an eine geeignetere Einrichtung aktiv zu vermitteln ist, bleibt trotzdem das Ziel dieser Klärungsphase. Sich zu engagieren für eine Klientin heißt nicht darauf zu verzichten, fachlich fundiert zu klären welche Hilfestellung, welche Einrichtung für die geschilderte Problemstellung angebracht wäre. Unter dem Druck die eigene Einrichtung auszulasten, werden nicht nur Hilfestellungen unnötig verlängert, sondern schon zu Beginn werden fachlich nicht nachvollziehbare Entscheidungen getroffen, die sich nicht an den Interessen und Notwendigkeiten seitens der KlientInnen ausrichten. Unter dem ökonomischen Druck, der immer mehr die Soziale Arbeit bestimmt, werden auch in anderer Hinsicht, nur um Kosten zu sparen, undeutliche Vorgaben (einschränkende Informationen zu möglichen Hilfestellungen) für die Klärungsphase gegeben, die auch die Rechtspositionen von KlientInnen tangieren.

Um die vorgesehen Zielgruppe zu erreichen, ist eine offensive und verständliche Öffentlichkeitsarbeit erforderlich. Potentielle Interessenten, Nutzer, Angehörige und im Umfeld tätige Berufsgruppen sollten frühzeitig wissen, was ein Angebot der Sozialen Arbeit, was ein Case Management für Vorteile und Grenzen hat.

Meist bleibt es bei einem mühsam formulierten und mehr oder weniger aufwendig gestalteten Flyer, den allerdings in der Regel nur andere professionelle Helfer lesen und interpretieren können. Aber auch klient- und ziel-gruppengerechte Flyer reichen nicht aus, um ein Case Management Angebot zu präsentieren. Case Management bewährt sich in einer Netzwerkarbeit. Von daher gilt es Multiplikatoren anzusprechen, die regional verankert sind. Damit sind nicht nur professionelle Dienste der Sozialen Arbeit gemeint. Je nach Zielgruppe können ehrenamtlich arbeitende Gruppen, Vereine, Kirchen, Kontaktpersonen im Milieu und Stadtteil wie Hausverwalter, Frisöre, Kneipiers, Taxifahrer wichtige Vermittler darstellen. Auch außerhalb der Sozialen Arbeit tätige Berufsgruppen wie Lehrer, Pfarrer, Ärzte, Pflegekräfte, Rechtsanwälte können ihr Klientel auf die Möglichkeit eines Case Management hinweisen und Kontakte herstellen.

Streetworker sich als Case Manager vorzustellen fällt in unserem Hilfesystem noch schwer (Doppelcharakter Hilfe und Kontrolle). Doch läge in einer Verbindung von Streetwork und Case Management die Chance, die KlientInnen zu erreichen, die aus unterschiedlichen Gründen Hilfestellungen dringend benötigen, den Weg in eine Einrichtung aber nicht finden. In einer Sozialen Arbeit, die sich an Grundprinzipien einer therapeutischen Beratung orientiert oder eine ablehnende Haltung gegenüber kontrollierenden Tätigkeiten einnimmt, wurde die Haltung geprägt, KlientInnen sollten zu einer Einrichtung kommen. Aufsuchende Soziale Arbeit zum Beispiel in Form von Präsenz an Aufenthaltsorten von KlientInnen bis hin zu Hausbesuchen rücken jedoch wieder mehr in das mögliche Handlungsrepertoire von Sozialarbeiterinnen.

Engagement für eine Zielgruppe kann auch mit anderen Zeichen signalisiert werden. Einfache und begehbare Kommunikationswege, wie klare, verständliche, ermutigende Auskünfte am Telefon, in gleichem Sinne gestaltete Web-Site im Internet, ansprechende Räume, Sprechzeiten oder Erreichbarkeit an Wochenenden drücken eine nutzerorientierte Dienstleistungshaltung aus. Niedrigschwelligkeit stellt sich daher nicht nur ein, wenn eine Einrichtung vor Ort verankert ist. Nicht nur die KlientInnen sollten leichten Zugang zu einer Hilfestellung finden, umgekehrt muss der Weg zu den KlientInnen leicht begehbar sein. Das heißt nicht nur eine Komm-Struktur vorzuhalten sondern eine Geh-Struktur zu kultivieren, die vorrangig das Interesse, das Engagement an den KlientInnen ausdrückt und nicht die sanktionierende Kontrolle.

Ähnlich wie das Thema Macht, wird Kontrolle in der Sozialen Arbeit über die Doppelseitigkeit der Sozialen Arbeit „Hilfe und Kontrolle" als ein negativ belasteter Aufgabenbereich gesehen. Kontrolle im Rahmen eines Hilfeprozesses kann bei sexuellem Missbrauch, bei Vernachlässigung, bei Gefahr der Selbstschädigung eine notwendige schützende Funktion einnehmen. Sanktionierende Kontrolle, die nicht immer umgangen werden kann, und schützende Kontrolle müssen auseinander gehalten und den KlientInnen entsprechend nachvollziehbar erklärt werden.

Kontaktaufnahme

Kontakte werden im Fallgeschehen, wie aus den zuvor geschilderten Situationen erkenntlich, sehr unterschiedlich zustande kommen. KlientInnen oder Beteiligte aus ihrem Umfeld telefonieren, kommen in eine Sprechstunde, seltener wird ihrerseits schriftlich ein Erstkontakt hergestellt. Flyer von Einrichtungen könnten erste Informationen geben, die Fehlanfragen vermeiden helfen. Mehrsprachige Flyer könnten ausländische Mitbürger in besondere Art und mit Rücksicht auf kulturelle Besonderheiten Hilfestellungen aufzeigen. Flyer erleichtern den Erstkontakt für KlientInnen, wenn darauf hingewiesen wird, was in einem Erstkontakt von ihnen an Informationen und eigener Bereitschaft erwartet wird. Sozialarbeiterinnen laden schriftlich oder telefonisch zu einem Termin ein, bieten Sprechstunden in ihrem Einzugsbereich an, machen einen Hausbesuch oder suchen Orte auf, an denen sich ihre Zielgruppe aufhalten könnte.

Beim Telefonieren in diesen Zusammenhängen reicht eine Alltagskompetenz nicht aus. Aus dem Konzept der Telefonseelsorge kann abgeleitet werden, wie wichtig es ist, die Anrufenden einfühlend anzunehmen und gleichzeitig Informationen in gebotener Kürze, verständlich weiterzugeben. Eine Telefonschulung für Intaker erscheint daher sehr sinnvoll. Abschreckend, wie heute jeder einmal erfährt, wirken Telefonwarteschleifen, ständige Weitervermittlungen, abweisende Bemerkungen auf Zuständigkeit oder Nichtzuständigkeit. Gleichzeitig hat ein Telefonat, das den Erstkontakt herstellt, das Ziel, so zügig wie möglich einen face-to-face Termin zu vereinbaren.

Intake

Bedeutungsvoll für die Bearbeitung eines Falles wird der Einstieg in die Fallsituation sein. Er entscheidet, ob ein Zugang zu den KlientInnen gefunden wurde, ob die KlientInnen mit ihrer Problemsituation angekommen sind und ob die Weichen für eine Problemlösung richtig gestellt werden.

In den einzelnen Arbeitsfeldern und verschiedenen sozialen Organisationen werden sich hinsichtlich der Fallannahme im Rahmen eines Case Management Konzeptes unterschiedliche Konstruktionen ergeben, ausgelöst durch die Personalstruktur, die Aufgabenstellung und organisatorische Notwendigkeiten. Ein Intake-Verfahren benötigen alle. Im Idealfall übernimmt die fallzuständige Fachkraft (Case Manager) den Erstkontakt zu den KlientInnen und geht, nachdem abgeklärt ist, ob diese Anlaufstelle in Frage kommt, in das eigentliche Case Management Verfahren über. Eher wird es so sein, dass eine zuständige Fachkraft oder ein Intake-Team die ersten Klientenkontakte ausübt. In diesem Falle ermöglicht ein dokumentierter Erstkontakt und eine fachlich standardisierte Übergabe den qualifizierten Einstieg in die eigentliche Fallarbeit (siehe Kap. V - Intake-Protokoll). Hieraus wird erkenntlich, dass die Einrichtungen, die Case Management anbieten, ein Intake-Konzept festlegen und auch dieses Verfahren dokumentieren und evaluieren müssen.

Ein Erstkontakt zu einer sozialen Einrichtung erfolgt seitens der KlientInnen aus vielschichtigen Motiven: der in ihrem Alltag erlebte Problemdruck bei der Erziehung von Kindern, bei Schwierigkeiten im Paarsystem, bei nicht ausreichenden Fähigkeiten Notlagen selbst oder mit Hilfe von Angehörigen zu bewältigen, durch Krankheiten, durch Behinderungen.

Informierte und aufgeklärte Menschen haben die Möglichkeit, einen eigenen Hilfebedarf zu erkennen und halten Ausschau nach einer Beratungsstelle oder anderen sozialen Einrichtungen. Sie suchen also von sich aus Hilfe und wissen in aller Regel, wo und wofür sie Beratung und Unterstützung benötigen. Sie bewältigen auch höhere Schwellen des Zugangs (keine unmittelbare Nähe zum Wohnumfeld, Aufnahmekriterien, zeitliche Vorgaben wie Warte- und Sprechzeiten) zu einer Einrichtung. Treffen sie auf ein Angebot, das im vorgenannten Sinne engagiert auf sie und ihre jeweilige Klientengruppe ausgerichtet ist, herrschen zu Beginn einer solchen Fallarbeit Bedingungen, die eine Problemlösung zielgerichtet und von beiden Seiten motiviert beginnen lässt.

In der fallorientierten Sozialen Arbeit und damit ebenso bei den Fällen des Case Managements wird es sich in aller Regel um eine andere Ausgangssituation handeln. Sie ist konfrontiert mit Menschen, die in verschiedenste und komplexe Problemsituationen verstrickt sind, die kulturell nicht imstande sind, das Hilfegeschehen der Sozialen Arbeit einzuordnen und zu verstehen, denen Informationen vorenthalten werden oder die noch mit sich und ihrer Situation kämpfen oder die bereits resigniert haben. In diesen Situationen erhalten Menschen häufig Anstöße von außen, dass sie sich um Hilfe bemühen sollen. Diese Anstöße entstammen unterschiedlichen Motiven. Angehörige sorgen sich um die weitere Lebenssituation ihrer Anempfohlenen. Lehrer wenden sich an Eltern und Jugendamt, weil ihnen Verhaltensweisen von Schülern auffallen. Familienrichter empfehlen Eltern bei Streitigkeiten die Vermittlung von Dritten zu suchen. Aufmerksame Sachbearbeiter in Arbeits- und Sozialämtern erkennen an Hand ihrer Daten und Eindrücke, dass sich ihre KlientInnen nicht mehr alleine helfen können. Nachbarn bemerken die Not eines alten Menschen. Ersichtlich wird an diesen Beispielen, dass hier aufmerksame und verantwortliche Mitmenschen jemanden in Not sehen und ihm einen ersten Hinweis auf seine Hilfebedürftigkeit geben.

Alle diese Beispiel lassen sich auch negativ formulieren. Andere können Fehlverhalten nicht mehr akzeptieren und fordern die jeweilig Betroffenen mehr oder weniger sanktionierend auf, endlich Hilfe zu holen. Menschen werden damit bereits im Vorfeld zu KlientInnen der Sozialen Arbeit, aufgrund von Einschätzungen Anderer, die und das wäre zu Beginn einer Fallarbeit als eine wichtige Aufgabe zu klären, eventuell selbst zum Klientsystem gehören. In beiden unterschiedlich motivierten Konstellationen wenden sich die Fremdmelder an entsprechende Einrichtungen oder informierte Personen und erhalten von dort Informationen, welche Hilfe angeboten werden kann, wie sie sich verhalten können oder übergeben ihre Einschätzungen mit der Bitte, dass die jeweilige soziale Einrichtung sich um die Angelegenheit kümmert. Im nächsten Schritt wenden sich diese Einrichtungen, sofern sie sich zuständig fühlen, an die genannten Personen und bieten ihre Dienstleistung an. Kommt aufgrund dieses Vorganges ein erster Kontakt zustande, ist zu Beginn zu thematisieren, welche Informationen über die KlientInnen bereits vorliegen und ob eine Unterstützung gewünscht wird.

Einige Fallsituationen entstehen dadurch, dass Betroffene mehr oder weniger gezwungen sind, sich einer Hilfemaßnahme zu stellen oder sie anzunehmen, um weitere Nachteile zu vermeiden. Soziale Arbeit im Zusammenhang mit Vernachlässigung und Missbrauch von Kindern, Straffälligkeit, Wohnungsverlust, Schulden sind Beispiele, die für eine beginnende Beratung oder Unterstützung die schlechtesten Ausgangsbedingungen herstellen. Der Fallbeginn und die Fallbearbeitung kann mit einer sanktionierenden Kontrolle verbunden sein, selbst wenn diese Absicht in der Hilfestellung nicht vorrangig besteht. Auf jeden Fall haben KlientInnen mit weiteren Nachteilen oder Einschränkungen zu rechnen. Vorrangig für den Beginn dieser Fallsituation ist es daher, zuerst offen zu legen, welche Informationen und Daten bereits vorhanden sind, welche Sanktionsmöglichkeiten sich in der eigenen Arbeit oder einer nachfolgenden Stelle ergeben oder sich einstellen können, wenn die KlientInnen eine Maßnahme verweigern. Trotz der Drucksituation ist zu klären, ob bei den KlientInnen überhaupt eine Bereitschaft sich helfen zu lassen vorliegt.

Harro D. Kähler kategorisiert diese Ausgangssituationen mit erbetenen, angebotenen und angeordneten Erstgesprächen (vgl. Kähler, S. 53 ff.).

Erstgespräche in der Sozialen Arbeit - auch Intake genannt - bilden den Ausgangspunkt für ein Fallmanagement oder sie führen zu anderen Hilfestellungen. Der angedeutete Paradigmenwechsel in der fallorientierten Sozialen Arbeit zeigt sich bereits darin, wie Erstgespräche oder Erstkontakte konzeptionell gestaltet werden. Um Kunden anzuwerben, setzen Wirtschaftsunternehmen erhebliche Mittel ein, schulen ihre Mitarbeiter, schaffen kundengerechte Strukturen und Räume. Bedrängende Vorgehensweisen, die sich in diesem Geschehen zeigen, gilt es in der Sozialen Arbeit zu vermeiden. Mit dem neuerdings angestellten Versuch KlientInnen mit Kunden gleichzusetzen, wird ohnehin nur eine Teilrealität hergestellt. KlientInnen der Sozialen Arbeit können sich ihre Dienstleistung in der Regel nicht kaufen. Soziale Probleme mit ihren Status-, Macht- und Ressourcenfragen auf ein freiwilliges Marktgeschehen umzumünzen, geht manchmal an die Grenzen von Zynismus. Doch ein echtes Bemühen KlientInnen zu erreichen, ihnen frühzeitig Informationen zu geben, ihre Situation zu klären und Konsequenzen von Hilfen aufzuzeigen, lassen ein verantwortungsvoll konzipiertes Sozial-Marketing vertretbar machen, einschließlich von Techniken, die in der Wirtschaft erfolgreich sind.

Fachliche Standards müssen für Erstgespräche in den sozialen Einrichtungen konzipiert und eingehalten werden, die einen respektvollen Umgang mit den KlientInnen als oberstes Ziel oder Haltung implizieren. Doch benötigt der einzelne Case Manager einen individuellen Handlungsspielraum, um auf die jeweilige Fallsituation eingehen zu können.

Nachfolgend werden die Aufgaben, Ziele und Vorgehensweisen von Erstgesprächen dargestellt.

Ziele und Aufgaben des Erstgesprächs

Bereits im ersten Gespräch verfolgt ein Case Manager mehrere Ziele und gestaltet diese Gespräche sowohl zeitlich als auch inhaltlich anhand dieser Vorgaben.

Vorrangig geht es in einem Erstgespräch darum eine Vertrauensbasis herzustellen, die erste Klärungsprozesse zulässt. Vertrauen stellt sich ein, wenn auf beiden Seiten so offen wie möglich agiert wird. Sozialarbeiterinnen sind auf Grund ihrer professionellen Kompetenz in der Lage, zu sich selbst, zu ihrem Aufgabenfeld, zu ihrer Einrichtung und zu bereits vorhandenen Informationen über die Klientsituation so viel in das Erstgespräch einzubringen, dass die KlientInnen einschätzen und überlegen können, ob sie mit ihrem Anliegen hier richtig sind. Andererseits gilt es den KlientInnen zuzugestehen, dass sie sich zurückhalten. Sie sind in einer von Hilfe abhängigen Lage und haben sehr persönliche Informationen einzubringen. Was dazu führen kann, dass sie bewusst Situationen verschweigen oder in aggressiver oder devoter Weise versuchen, Einfluss auf das auf sie gemünzte Geschehen zu nehmen. Mit einer kompetenten Gesprächsführung sollten diese ersten Hürden bewältigt werden. Trotz möglicher Zweifel werden die Schilderungen der KlientInnen Ausgangspunkt für das weitere Handeln. Erst in einer vertrauteren Atmosphäre können Widersprüche und anderweitig erhaltene Informationen zum Gegenstand von Erörterungen werden.

Zum wichtigsten inhaltlichen Teil des Erstgesprächs zählt die vorläufige Abklärung des Problems. Je nach Fallsituation (siehe oben angeführten Kategorien) muss es gelingen, dem Anlass Gestalt zu geben und ihn zu verstehen. Erst wenn ich als Sozialarbeiterin das Gefühl habe, zu verstehen, um was es den KlientInnen geht, kann ich umgekehrt ihnen Verständnis signalisieren und bin auch dann erst handlungsfähig. Dazu gehört, das gesamte Klientsystem zu fassen zu bekommen, es mit einzubeziehen und nicht nur vordergründig auf die vor einem Sitzenden einzugehen. Informationen über bereits unternommene Anstrengungen, an dem Problem zu arbeiten oder es zu lösen, seitens der KlientInnen und anderer, geben wichtige Aufschlüsse über Motivation und Problemrealität der KlientInnen, über bereits eingeschaltete Institutionen, über Personen in ihren Netzwerken.

Nach dieser ersten Situationsschilderung hat die Sozialarbeiterin erste fachliche Einschätzungen zu treffen und diese unmittelbar mit den KlientInnen zu erörtern. Liegt eine Krisensituation vor (siehe Kap. VI), die in aller Regel unmittelbares Handeln erfordert, übernimmt der Case Manager, wenn dies in seinem Arbeitskonzept verankert ist und die KlientInnen einverstanden sind, das Krisen-Case Management, mit einem dem Case Management ähnlichen Phasenverlauf, aber direktiver und in einem Zeitraffer. Schildern die KlientInnen einen Konflikt (ein Jugendlicher streitet mit einem Elternteil) und es ist realistisch, den jeweilig anderen Konfliktpartner einzubinden, kann der Case Manager eine Mediation (siehe Kap. VI) anregen, in diesem noch frühen Stadium der Fallbearbeitung auch selbst übernehmen. Zu einem späteren Zeitpunkt, wenn bereits parteiliche Unterstützungen stattgefunden haben, wird eine für die Mediation allparteiliche bzw. neutrale Haltung nur schwierig einzunehmen sein. Ergibt die Problemschilderung, dass ein intensiver Beratungsprozess als Hilfestellung in Frage kommt, bevor weiterführende Maßnahmen sinnvoll erscheinen, ist zu klären, wer diese Beratung übernimmt, oder ob in einer bestimmten Situation sogar parallel eine therapeutische Hilfe notwendig wird. Dann allerdings beginnt bereits die Arbeit des Case Managers.

Diese Klärungen vorzunehmen, verfolgen ein weiteres Ziel. Zu Beginn einer Fallarbeit sollte den KlientInnen und den professionell Handelnden genügend Zeit eingeräumt werden, eingreifende Maßnahmen zu verhindern, ambulante Hilfen, Hilfen im Umfeld und die noch mögliche Selbsthilfe vorrangig zu thematisieren und umzusetzen. Der Grundsatz so wenig wie möglich einzugreifen wird eingehalten und selbst aus ökonomischen Gründen lohnt sich dieser Zeitaufwand. Aus diesem Grund sind Erstgespräche nicht als einmalige Termine zu verstehen, sondern sie können mehrere Termine umfassen, bis Klarheit über die Fallsituation herrscht. Akute Krisensituationen erfordern allerdings sofortiges Handeln.

Anhand der ersten Informationen und Situationsschilderungen lässt sich der grundsätzliche Hilfebedarf abklären und bewerten. An dieser Stelle ist es notwendig, das Unterstützungsangebot des Case Managers nun detaillierter darzustellen, Fragen und Konsequenzen dazu zu erörtern. Nicht zuletzt ist jetzt der richtige Zeitpunkt, die KlientInnen über ihre Rechtssituation aufzuklären. Nur anhand dieser Information können sie, da sonst in aller Regel keine Rechtskenntnisse vorliegen, ihre Rechtsansprüche aber auch ihre Pflichten in ihr Hilfebegehren einfließen lassen.

Sind die KlientInnen in der Lage anhand des Erstgesprächs zu entscheiden, ob sie Hilfe in Anspruch nehmen wollen, kann mit ihnen ein Kontrakt geschlossen werden. Die Bedeutung eines Kontraktes wird schon an dieser

Stelle deutlich. Es geht nicht darum, die KlientInnen an sich zu binden, sondern vor allem die beidseitige Verpflichtung am Hilfeprozess mitzuwirken frühzeitig zu dokumentieren. Im Erstkontakt beginnt die für das Case Management unverzichtbare Falldokumentation von ersten Daten, ersten Einschätzungen und Vereinbarungen (siehe Kap. V - Stammblatt). Zu überlegen ist ob ein Kontrakt, der wenn irgend möglich schriftlich abgefasst werden sollte, bereits im ersten Gespräch unterzeichnet wird. Gerade beim Case Management ergibt sich eine längere Bindung von KlientInnen zum Case Manager. Ihnen eine Zeit des Überlegens einzuräumen, ob sie den Kontrakt eingehen wollen, könnte die Entscheidung, Hilfe anzunehmen qualifizieren. Im nächsten Termin wäre in diesem Fall als Erstes der Kontrakt zu besprechen und zu unterzeichnen.

Auch die einfachere Form des Kontraktierens sei hier erwähnt. Jede Vereinbarung in einer Besprechung sollte schriftlich oder ausdrücklich mündlich festgehalten werden. Zum Beispiel wenn es notwendig ist, für das weitere Vorgehen bestimmte Informationen einzuholen oder mit Beteiligten im Umfeld zu sprechen.

Das Erstgespräch, wie jeder weitere Kontakt, endet mit einer kurzen Reflexion. Hierbei geht es nicht darum Probleme oder deren Lösungen anzusprechen, sondern im Sinne von Metakommunikation das Gespräch zu reflektieren. Konnte etwas nicht angesprochen werden, gab es Störungen, war das Tempo zu langsam, zu schnell, blieb etwas unklar, die Einrichtung, die Sozialarbeiterin betreffend. Mit welchen Erwartungen, Hoffnungen, Bedenken geht der Klient weg. Diese Reflexion sollte nicht länger als zehn Minuten in Anspruch nehmen. Positive Aspekte, wie Motivation, bisherige Lösungsversuche, das sich Einlassen auf Argumente sollten den KlientInnen positiv rückgespiegelt werden, als mutmachendes Element. Tauchen schwerwiegende inhaltliche Fragen auf, werden sie protokolliert und beim nächsten Mal als erstes thematisiert.

Checkliste: Erstgespräch

1. Kontakt herstellen
2. Eröffnung und Erläuterung der Dienstleistung
3. Klären von Erwartungen und Fragen der KlientInnen
4. Explorieren der geschilderten Fallsituation
5. Vorläufige Bewertung der Anliegen
6. Vereinbarung für die nächsten Schritte
   (Ziele, Zeitraum, Ort, Vertraulichkeit)
7. Reflexion des Gesprächs - Betonung positiver Aspekte der Sitzung

---

Zusammenfassend bedeuten alle Erstgespräche:

– Hilfe abklären statt Rat geben
– Tempo herausnehmen - Zeit nehmen für eine gründliche
  Bestandsaufnahme

- Sofortige Hilfe (außer bei Krisen) ablehnen
- Reflektierte Nicht- Intervention, aber Wünsche akzeptieren
  und Grenzen aufzeigen
- Prüfen statt unterstellen
- „Neugier" an KlientInnen zeigen

Weiterführende Literatur

Culley, Sue: Beratung als Prozess, Beltz, Weinheim, 1996
Kähler, Harro Dietrich: Erstgespräche in der sozialen Einzelhilfe, Lambertus, Freiburg, 1993, 2. Aufl.

2. Phase: Assessment – Analyse, Profiling und Einschätzung

Jeder Arbeitsschritt im Case Management trägt eine spezifische Bedeutung in sich. Kommt nach dem Erstgespräch (oder mehreren) ein Kontrakt zustande, der die grundlegende Unterstützung verbindlich macht, folgt eine Phase, die im Case Management eine herausgestellte Rolle und Funktion einnimmt. Das eigentliche Hilfegeschehen, der Hilfeprozess steht in starker Abhängigkeit von der zuvor analysierten Problemsituation einer Person oder eines Klientsystems. Selbst Letzeres klärt sich erst in einer qualifizierten Situationsanalyse, nämlich ob die einzelnen KlientInnen oder ein Klientsystem als Ausgangspunkt für die Hilfestellung in Frage kommt.

Traditionell und in Anlehnung an andere Berufsgruppen erfolgt an dieser Stelle in der fallorientierten Sozialen Arbeit üblicherweise eine Diagnose mit vorausgehender Anamnese. Mary Richmond umriss bereits Anfang des 20. Jahrhunderts das Konzept einer sozialen Diagnose. „Das Bemühen, zu einer möglichst exakten Definition der sozialen Situation und der Persönlichkeit eines Menschen, der in einer sozialen Notlage ist, zu gelangen - in Beziehung zu anderen Menschen, von denen er in irgendeiner Weise abhängt oder die von ihm abhängen, und auch in Beziehung zu den sozialen Institutionen seiner Gemeinde" (Richmond, 1917, zit. nach Harnach-Beck, S. 19). Alice Salomon übernahm dieses Konzept, ergänzte und erweiterte es für Deutschland als erste methodische Anweisung für, wie sie damals bereits formulierte, ‚soziale Arbeiter'. „Aus der Ermittlung von Tatbeständen wirtschaftlicher oder anderer Art ist eine soziale Diagnose geworden, die alle Seiten des menschlichen Lebens, die Anlage und Entwicklung, Milieu und Schicksal in das rechte Licht setzen und zu einem Gesamtbild vereinigen soll, das für die Hilfeleistung den Ausgangspunkt abgibt und das Ziel bestimmt"(Salomon, 1926, S. 6).

Auch hier wieder unverkennbar, die frühen systemischen Grundgedanken und die geforderte ganzheitliche Aufgabenstellung für die Soziale Arbeit.

Der zunehmende Einfluss der Psychologie auf das Konzept der Sozialen Einzelhilfe führte im Weiteren zur dort verankerten psychosozialen Diagnose, eingebettet in den aus der medizinischen und therapeutischen Arbeit stammenden Dreischritt Anamnese - Diagnose - Behandlung. Vernachlässigt wurden in aller Regel die Beziehungen und Zusammenhänge zum Umfeld von KlientInnen und die Bedeutung der sozialen Institutionen am Problemzusammenhang. Eine auf das Individuum zugeschnittene pyschosoziale Diagnose wird auf dem Hintergrund der jeweiligen Psychologierichtung erstellt, die die Sozialarbeiterinnen in Aus- und Weiterbildungen kennenlernten. Im Mittelpunkt stehen die innerpsychischen Zusammenhänge und wenn eine systemische Sicht vorhanden ist, wie in der Familientherapie, beschränkt sie sich auf die internen Abläufe des Familiensystems. Weitergehende soziale Aspekte, wie in der psychosozialen Diagnose zumindest begrifflich verankert, nehmen eine Randposition ein und gelten höchstens als mögliche zusätzliche Erklärungshintergründe. Nur am Rande werden die äußeren Lebensumstände (strukturelle Defizite im Lebensumfeld, Netzwerkbeziehungen, materielle Situation) in Betracht gezogen. Die häufig geäußerte Kritik von Diagnostik-Anhängern an der Sozialen Arbeit bezieht sich darauf, dass Sozialarbeiterinnen ihrer Ansicht nach auf die innerpsychischen Zusammenhänge eines Fallgeschehens nur oberflächlich eingehen. Ein Indiz dafür wäre, so wird behauptet, dass häufig zusätzlich psychologische Gutachten zum Erhellen von Problemen eingesetzt werden müssten. Analysen von Hilfeplänen in der Jugendhilfe bestätigen diese Kritik über einen zu oberflächlichen Einstieg in eine Fallarbeit. Allerdings kommt diese aus einem fachfremden und häufig borniertem Verständnis, nämlich der Vorstellung, nur eine psychologische Diagnostik könne die Soziale Arbeit qualifizieren. Gerade hier wird deutlich, welche Bruchstellen entstehen, wenn eine auf fachfremdem Hintergrund entstandene Diagnose das sozialarbeiterische Handlungskonzept bestimmt, versehen mit anderen Zielen, Aufgaben und Funktionen als in einer klinischen, therapeutischen Tätigkeit eines Psychologen oder einer therapeutisch arbeitenden Sozialarbeiterin. Um Missverständnisse zu vermeiden, eine im Case Management stattfindende Analyse und Einschätzung kann sich sehr wohl dem Erklärungswissen der Psychologie bedienen und kann zu einer therapeutischen Hilfe führen, die dann in einem Gesamtkonzept Teil des gesamten Hilfeprozesses ist.

Psychosoziale Diagnosen weisen ein weiteres Defizit auf. Sie konzentrieren sich auf die problematischen, defizitären Situationen. Selbst wenn die Problemsituation mehr in den Vordergrund gerückt wird und nicht die Person, wurden die in der Person aufzufindenden schädlichen, auffälligen Verhaltensweisen Aufhänger und Korsett für nachfolgende Interventionen.

Diese Einschränkung führt zu einer weiteren Kritik an der psychosozialen Diagnose. Eine Stigmatisierung der KlientInnen ist in der Sozialen Arbeit immer als Gefahr gegeben. Eine psychosoziale Diagnose aus einem fachfremden Verständnis und aus verkürzter Sicht kann diese Gefahr zusätzlich erhöhen. Einmal aktenkundig leiten sich spätere Handlungspläne immer wieder aus dem anfänglich diagnostizierten Problemkreis ab. Gerade in der Sozialen Arbeit wissen alle Beteiligten wie komplex Lebenssituationen sich darstellen, wie schnell sich Veränderungen einstellen können und wie schwer es ist, sich (Sozialarbeiterin und KlientInnen) von einer einmal gefassten Hilfestellung zu verabschieden. Die theoretischen Vertreter einer psychosozialen Diagnose sprechen seit längerem von der Vorläufigkeit des Geschehens, doch die Praxis der Sozialen Arbeit und das unmittelbare Hilfegeschehen wird nicht konsequent überprüft, insofern auch nicht die anfänglichen Diagnosen.

Gehrmann/Müller erweitern die Kritik um den Aspekt des Eigeninteresses bei den Diagnostizierenden. „Wenn die Bedürfnisse der Kunden nicht auf diese methodischen Vorgaben passen, werden neue Kundschaften gesucht, die dann möglicherweise nichts mehr gemein haben mit den Kunden, die in dieser Gesellschaft am dringendsten professionelle soziale Unterstützung brauchen" (Gehrmann/Müller, 1998, S. 64). Und sie kritisieren therapeutische Zusatzausbildungen als Verstärker von Fehlentwicklungen in der Sozialen Arbeit. „Sicher kann eine Zusatzausbildung in Familientherapie oder Gesprächsführung dann nicht schaden, wenn der Blick weiterhin sozialarbeiterisch und ganzheitlich bleibt. Fatal ist jedoch, dass diese Ausbildungen sehr kostspielig und langjährig sind. Wodurch der Blick von der genuinen Sozialarbeit auf Therapie und Psychozentrierung gelenkt wird" (a.a.O, S. 64).

Auf die in der psychologisch orientierten Diagnose liegenden Gefahren, gesellschaftliche Probleme und deren Auswirkungen zu individualisieren, weist Harnach-Beck selbstkritisch hin. „Durch Einzeldiagnosen von Kindern können gesellschaftliche Probleme (z.B. Arbeitslosigkeit, Armut, Ausländerfeindlichkeit, Werteverlust, zu große Schulklassen, unwirtliche Schulbauten, Gewalt in den Medien) pädagogisiert und psychiatrisiert, also individualisiert werden" (Harnach-Beck, 1995, S. 29). Weiterhin kritisiert sie, dass die Zuverlässigkeit von Diagnosen nicht befriedigend gelöst ist und therapeutische Interventionen aufgrund fehlender institutioneller Ressourcen und Möglichkeiten häufig nicht von den Diagnosen abgeleitet werden (vgl. a.a.O., S. 29).

Ganzheitliche auf die Soziale Arbeit ausgerichtete diagnostische Konzepte, die das Familiensystem, das Lebensumfeld mit seinen strukturellen Faktoren und die Beziehung zu sozialen Institutionen einbeziehen, können in neueren Ausführungen trotzdem verzeichnet werden. Harnach-Beck geht darüber hinaus auf das Verhältnis von Diagnostiker und KlientInnen als interaktives Geschehen ein. „Die Fragen des Sozialarbeiters geben dem Klienten Anstöße zu gezielter Introspektion, Beobachtung des eigenen Tuns, Nachdenken über dessen Gründe usw. Andererseits wird die Fachkraft durch das, was der Klient in den Prozess hereinträgt, zu Fragen und Beobachtung angeregt. Während der Sozialarbeiter sein Fachwissen einbringen kann, hat der Klient einen Wissensvorsprung in den ihn speziell betreffenden Angelegenheiten." (a.a.O., S. 33)

Peter Pantuček unterstreicht den Vorrang der Klientensicht im diagnostischen Geschehen und nennt weitere Funktionen. „Diagnosen sollten stets als vorläufige aufgefasst werden und keine Persönlichkeitsdiagnosen sein, also nicht aus Zuschreibungen von ‚Eigenschaften' bestehen. Sie sollen den Blick auf die Stellung der Person in der Situation richten" (Pantuček, 1998, S. 137).

Wolf Rainer Wendt bleibt auch bei dem Begriff der Diagnose, obwohl er die professionelle Vorrangstellung in diesem Geschehen einschränkt und den Unterschied von Assessment im Case Management und der Diagnose deutlich macht. „Eine gemeinsame Abklärung bleibt darum nicht bei der fachlichen Diagnose stehen (was nicht heißt, dass auf diagnostische Feststellungen verzichtet wird)" (Wendt, 1999, S. 110).

Es erhebt sich die Frage, warum der Begriff psychosoziale Diagnose falsche Vorzeichen impliziert oder handelt es sich nur um einen begrifflichen Streit?

Eine Diagnose erstellen impliziert im alltäglichen und professionellen Geschehen, dass man weiß, was vorliegt, also etwas durchschaut. Je stärker der professionelle Status ausgeprägt ist, um so bedeutungsvoller wird dieses fachliche Urteil und prägt folglich entscheidend das nachfolgende Hilfegeschehen. Das ohnehin asymmetrische Verhältnis KlientInnen-Helfer verstärkt sich durch dieses skizzierte diagnostische Vorgehen. Der von Harnach-Beck und Pantuček geforderte gemeinsame Analyseprozess von KlientInnen und Sozialarbeitern beinhaltet demnach eine Schieflage, die professionell auszugleichen ist. Die Gefahren von Stigmatisierung, Anpassungszwang an Hilfen, Defizitorientierung, Individualisierung von gesellschaftlichen Situationen ergeben sich aus der passiven Rolle der KlientInnen, die ihre Situation im Rahmen der psychosozialen Diagnose nicht gleichgewichtig einbringen und ausdrücklich bewerten können. Obwohl im Assessment ähnliche Fehlentwicklungen eines Fallverlaufes eintreten können, wird hier eindeutiger Vorsorge getroffen.

Das im Case Management verankerte Assessment geht von den Grundgedanken der Sozialen Arbeit und den sozialen Problemen ihrer Klientengruppen aus und stellt damit eine adäquate professionslogische Vorstufe zur eigentlichen Hilfestellung dar. Assessment vereint eine Analyse der Situation, eine Einschätzung und eine Prognose.

Die tragenden Säulen des Assessments spiegeln die Leitideen (Kap. II) wider: Systemisches Vorgehen, größtmögliche Beteiligung der KlientInnen und des Umfeldes, Ressourcenorientierung, Akzeptanz der ganzheitlichen

Situation bei gleichzeitiger Reduktion von Komplexität, plan- und überprüfbare Verfahren.

Ziele und Aufgaben im Assessment

- *Ganzheitliche systemische Analyse* der Situation, das heißt individuelle, familiäre und umfeldbezogene Faktoren werden erfasst
- Ermittlung und Analyse der in der Situation und in den Personen liegenden *Ressourcen*
- *Biographische Aspekte* der Problemsituation und bereits erfolgte Lösungsversuche
- *Gemeinsame Einschätzung* der Situation, der Beziehungen, der personalen und institutionellen Netzwerke
  a. durch die KlientInnen
  b. durch die Beteiligten im Umfeld und bereits tätigen sozialen Institutionen (mit Einverständnis der KlientInnen) und
  c. durch die zuständige Fachkraft, den Case Manager
- Akzeptanz der möglichen Veränderungen der Problemsituation, der *Vorläufigkeit* der Einschätzungen durch entsprechende konzeptionelle Vorkehrungen (z.B. vereinbarte Zielüberprüfungen, Zwischenreflexionen)

Systematisches Erfassen von Problemen und Ressourcen

Ein weiteres Fallbeispiel soll die Verflechtung von individuellen, familiären, umfeldbezogenen und institutionellen Gegebenheiten darstellen und den Bezug zu einzelnen Konzeptteilen herstellen. Gleichzeitig zeigt es auf, wie verschiedene Systeme ineinander greifen und nicht getrennt voneinander betrachtet werden können.

Fall „Sabine W."

Vorgeschichte
Sabine W. (heute 16 Jahre alt) ist aufgewachsen in einer so genannten „intakten" Familie. Sabines Mutter (44 Jahre) ist seit der Geburt ihrer Kinder Hausfrau; der Vater (46 Jahre) ist berufstätig als Elektriker. Sabine hat zwei Brüder. Daniel (Handwerker) ist 20 Jahre alt und lebt nicht mehr zu Hause. Fabian ist 14 Jahre alt und besucht die Hauptschule. Die Entwicklung und Erziehung der Brüder verlief unproblematisch. Nach Angaben der Mutter löste Sabine bis zur 6. Klasse der Hauptschule keine Probleme aus. Sie sei altersentsprechend entwickelt und interessiert gewesen, habe sich regelmäßig mit Freundinnen getroffen und sei gut integriert gewesen.

Problemlage - eine Analyse des ASD im Jugendamt
Mit Eintritt in die Pubertät (12 Jahre) hat Sabine gesteigertes aggressives Verhalten in der Schule gezeigt. Sie war häufig in Prügeleien mit anderen Mitschülern verwickelt gewesen. Im Unterricht ist sie ihren Lehrern zu-

nehmend mit provokanten Äußerungen und Störverhalten entgegengetreten. Den Unterrichtsinhalten gegenüber zeigte sie sich desinteressiert. Ihre schulischen Leistungen haben sich rapide verschlechtert. Fehlzeiten häuften sich. Gespräche zwischen der Klassenlehrerin und der Mutter, um das problematische Verhalten besser verstehen zu können, sind erfolglos geblieben.

Sabine hat sich zunehmend von ihren langjährigen Freundinnen zurückgezogen und neue Kontakte zu jungen Erwachsenen in einer Clique aufgebaut. Sabine habe mit diesen Alkohol und Haschisch konsumiert. Sabine sei mehrfach bei Kaufhausdiebstählen erwischt worden. Immer häufiger sei sie auch über Nacht von zu Hause weggeblieben. Die Eltern hätten nicht gewusst, wo sie Sabine suchen könnten. Es sei zu heftigen Streitigkeiten zwischen Sabine und den Eltern gekommen. Der Einfluss der Eltern auf Sabine sei immer geringer geworden. Sie habe sich an keine Regeln und Absprachen mehr gehalten. Die Eltern hätten auch nicht mehr gewusst, was sie machen sollten. Sie hätten sich macht- und einflusslos gegenüber Sabine gefühlt.

Verlauf der bisherigen Kontakte zu Hilfsinstitutionen
Sabine wurde mit 14 Jahren von der Polizei in die Kinder- und Jugendpsychiatrie gebracht, nachdem sie versucht hatte, sich nachts von einer Brücke zu stürzen. Sie wurde zur Krisenintervention stationär aufgenommen.

Während der stationären Behandlung wurde offenbar, dass Sabine sich seit längerem an den Unterarmen mit scharfen Gegenständen „ritzt". Sabines Eltern wurden in die Behandlung mit einbezogen, standen einer längeren therapeutischen Behandlung von Sabine aber ablehnend gegenüber. Seitens der Kinder- und Jugendpsychiatrie wurden psychische Erkrankungen oder Schizophrenie ausgeschlossen. Sabine selbst wollte nicht länger in der „Klapse" bleiben. Es wurde erstmals Kontakt zum ASD des Jugendamtes aufgenommen.

Zunächst kehrte Sabine zu ihrer Familie zurück. Die Konflikte zwischen Sabine und den Eltern spitzten sich jedoch schnell wieder zu. Die Schule besuchte Sabine überhaupt nicht mehr. Die Eltern fühlten sich der familiären Situation nicht mehr gewachsen. Sie hatten schon darüber nachgedacht, das Sorgerecht für Sabine abzugeben. Über das Jugendamt wurde die Fremdunterbringung von Sabine in einer Jugendwohnung eingeleitet.

Während dieser Erziehungsmaßnahme kam es zu vier Notaufnahmen von Sabine in der Kinder- und Jugendpsychiatrie wegen starker Selbstverletzungen in suizidaler Absicht. Weil für die Jugendwohngemeinschaft dieses Verhalten nicht mehr tragbar erschien und Sabine sich kaum noch in der Gruppe aufhielt, sondern bei Freunden Unterschlupf suchte, wurde diese Erziehungsmaßnahme beendet.

Sabine befindet sich nun seit einiger Zeit (3 Monate) im Kinder- und Jugendnotdienst. Es sollte mit dem ASD geklärt werden, wo sie langfristig untergebracht werden kann. Diese Klärung hat noch nicht abschließend stattgefunden.

Sabine hat, seit sie sich im Kinder- und Jugendnotdienst aufhält, auf eigene Initiative Kontakt zur Beratungsstelle des Kinderschutzbundes aufgenommen. Regelmäßig angebotene therapeutische Kontakte konnte Sabine nur kurzfristig aufrecht erhalten.

Der Kontakt zu ihren Eltern und ihren Geschwistern hat sich auf die Distanz hin wieder etwas entspannt. Die Eltern wären bereit an einer Lösung mitzuarbeiten. Der ältere Bruder Daniel ist ebenfalls sehr besorgt über die Situation seiner Schwester. Die ehemaligen Freundinnen fragen immer wieder mal nach Sabine.

Zuletzt wurde Sabine mit einer schweren Alkoholintoxikation von der Polizei am ZOB des Hauptbahnhofes aufgefunden.

Am Beispiel von Sabine W. zeigt sich die schwierige und verantwortungsvolle Aufgabe, ihre Situation so klar zu legen, dass ein weiterer „Verschiebebahnhof" innerhalb der für sie zuständigen Institutionen nicht mehr statt finden kann. Konzentriert sich eine Analyse und Einschätzung auf Sabine selbst, können wohl deren Motivation, ihre bisherigen Erfahrungen und ihren selbst definierten Hilfebedarf fokussiert werden. Nachfolgende Hilfestellungen werden dann allerdings ausschließlich bei ihr ansetzen. Wo bleiben aber die möglichen Veränderungen und Ressourcen in ihrer Familie, bei ihren ehemaligen Freundinnen? Könnte eine Reintegration in die Schule gelingen? Welche Rolle spielt die Kooperation und Koordination von sozialen Institutionen? Um diese Fragen zu klären muss in die Analyse und Einschätzung das gesamte Klientsystem und das Umfeld mit einbezogen werden.

Nach einer ersten auf 4-6 Wochen zeitlich befristeten und intensiven Krisenintervention (siehe Kap. VI) im Falle von Sabine W. (ein Krisenmanagement im Sinne von „Familie im Mittelpunkt" könnte hier zum Einsatz kommen) wird bei ihr eine systematische und ordnende Situationsanalyse erforderlich sein, die bereits in der Krisenintervention beginnen kann.

Das systemisch ausgerichtete Case Management kann seine nachfolgenden Aufgaben und Arbeitsweisen nur entfalten, wenn eine Fallsituation systematisch und strukturiert erfasst wird und aus diesen Fakten heraus eine Einschätzung und Prognose vorgenommen wird. Erst ein Gesamtbild ermöglicht die nachfolgende Strukturierung und Fokussierung der belasteten Situationen, also die Reduktion der Komplexität. Über ein Zielfindungsverfahren lässt sich dann ein abgestimmtes, gestuftes (in einer sinnvollen und mit den KlientInnen festgelegten Reihenfolge) und planvolles Vorgehen aufbauen.

Insofern benötigen Sozialarbeiterinnen ein Raster für die systematische Erfassung und Einschätzung der Ressourcen und der Problemsituation (siehe Kap. V - Problem- und Ressourcenanalyse), wobei ihre ordnende Hand auch den KlientInnen dienlich sein kann, auf ihre Ressourcen und belasteten Situationen einen anderen Blick zu werfen. Ein Raster dient nicht nur der inhaltlichen Qualität im Sinne von fachlichen Standards, es erlaubt Vergleiche anzustellen und erleichtert den Austausch im Fachteam und der kollegialen Beratung.

Systemische Denkfigur

Das Konzept der „Systemischen Denkfigur" kommt diesen Anforderungen am nächsten. „Silvia Staub-Bernasconi hat - als Sozialarbeiterin und Soziologin - mit der ‚Prozessual-systemischen Denkfigur' (PSDF) ein Modell entwickelt, das Dimensionen sozialer Probleme, wie sie sich in der Sozialarbeit manifestieren, erfassen und beschreiben lässt" (Geiser, 2000, S. 18). Kaspar Geiser führt in seinem Buch ‚Problem- und Ressourcenanalyse in der Sozialen Arbeit' umfassend und weiterführend in die Systemische Denkfigur (der verkürzte Begriff ist gebräuchlich geworden) ein. Der Sozialen Arbeit steht damit ein fachlich qualifiziertes Instrument für eine Analyse und Einschätzung zur Verfügung, das nicht nur Problemsituationen erfasst, sondern auch die darin liegenden personellen und institutionellen Ressourcen.

Über die Systemische Denkfigur lässt sich die Situation eines Individuums als bio-psychosoziales System analysieren und bewerten, als Komponente eines Klientsystems oder anderen sozialen Systems. Über das Individuum hinaus können mit diesem Assessment Klientsysteme und andere soziale Systeme, wie die darin relevanten Beziehungen, mit Hilfe der Systemischen Denkfigur erfasst werden. In diesen Prozess der Analyse und Bewertung fließen vergesellschaftete Werte in Form von Normen und Standards ein. Auf unterschiedlichen Ebenen ordnet und strukturiert die Systemische Denkfigur Erkenntnisse in der Fallarbeit. Sie kann allerdings auf jede andere spezifische Aufgabenstellung der Sozialen Arbeit ebenso angewandt werden.

Die Systemische Denkfigur strukturiert das Assessment in folgende Bereiche:

Individuelle Eigenschaften und soziale Bedingungen

Unabhängig ob der Ausgangspunkt einer Hilfestellung sich auf eine einzelne Person oder eine Familie oder eine Gruppe bezieht, die jeweilig beteiligten Personen stehen im Mittelpunkt der Fallarbeit. Über sie lässt sich nicht nur ihre eigene Situation verändern, denn sie bilden mit Anderen - wenn mehr als zwei Personen zusammenkommen - soziale Systeme, im Falle der

Sozialen Arbeit häufig ein Klientsystem, in denen auch Probleme und Ressourcen vorliegen. Bleibt die Analyse beim Individuum stehen, stellen sich möglicherweise die Gefahren ein, die im Zusammenhang mit der psychosozialen Diagnose erörtert wurden. Die Systemische Denkfigur leitet dazu an, sich nicht auf die individuelle Ebene zu beschränken.

Individuelle Eigenschaften und soziale Bedingungen des Einzelnen können mit folgenden Kategorien systematisiert werden. Eine weitere Untergliederung in neutrale Daten, belastete Bereiche und Ressourcen hilft die Situation noch schneller und qualifizierter zu erfassen.

a. körperliche und psychische Faktoren: wie Geschlecht, Alter, Hautfarbe, Gesundheit, Entwicklungsstand, Wesen, Eigenarten

b. kognitive, emotionale und wegtreibende Eigenschaften: wie Aufnahme und Verarbeitung von Informationen (denken, wahrnehmen); Reaktionen und Stimuli aufgrund von Sehen, Hören, Riechen, Schmecken und Bewegungen; die Fähigkeit Vergangenheit, Gegenwart und Zukunft zu beschreiben, zu erklären und zu bewerten; Bedürfnisse, Werte, Motive

c. motorisch, willentliches Handeln und Verhalten: wie kommen Wissen, Bedürfnisse und Motivation zum Ausdruck

d. Sozioökonomische, soziokulturelle und sozioökologische Bedingungen: wie Bildung, Einkommen, Arbeit, Status, Schicht; Sprache, Nationalität, Ethnie, Religion; städtische oder ländliche Herkunft und Wohnsituation (Immisionen, Wohnung, Verkehr); Infrastruktur für soziale, kulturelle und gesundheitsbezogene Belange, Mitgliedschaften in sozialen Systemen

Aus diesen zusammengetragenen Eigenschaften und der Ausstattung von Individuen kann ein differenziertes Bild von ihnen entstehen, wie sie sich selbst sehen, als ein Baustein im Assessment. Das Zusammentragen von Daten erfolgt immer mit der jeweiligen Person und in ihrem Einverständnis mit Dritten. Bestimmungen des Datenschutzes müssen gerade in diesem sensiblen und intimen Bereich präsent sein. Die Systemische Denkfigur regt dazu an, sich rascher und präziser in eine Fallsituation versetzen zu können. Umfang und Schwerpunkte eines Assessments bestimmen das Fallgeschehen, die soziale Problemsituation und die KlientInnen selbst. Nicht in jedem Falle ist es angebracht von vorneherein oder überhaupt alle Bereiche vertiefend zu erhellen.

Soziale Beziehungen

Im Rahmen einer systemischen Fallanalyse kommt eine weitere Betrachtungsebene zum Tragen. Die vorhandenen oder gewünschten Beziehungen des Individuums zu anderen Systemen und zu seiner Umwelt rücken ins Blickfeld. KlientInnen der Sozialen Arbeit mangelt es häufig an sozialen

Beziehungen bis hin zu Vereinsamungserscheinungen bei älteren Menschen. Sie finden keine adäquaten Wege Beziehungen aufzunehmen, verstricken sich in Konflikten und lösen Beziehungen aus unterschiedlichen Gründen wieder auf.

Soziale Arbeit und insbesondere die Fallarbeit bietet Hilfe in Beziehungskonflikten an. Sozialarbeiterinnen begeben sich selbst in diese Beziehungsgeflechte. „Nicht zuletzt sind Beziehungen, in die Menschen eingebunden sind, die sie pflegen und auf die sie angewiesen sind, Voraussetzungen für das, was ‚soziale Integration' genannt wird ..." (Geiser, 2000, S. 144). Beziehungsarbeit beschränkt sich allerdings nicht auf die face-to-face-Situation. Beziehungen in personalen Netzwerken gilt es aufzubauen, zu stützen oder neu zu organisieren. Möglicherweise bezieht sich die Hilfe darauf Beziehungen aufzulösen (z.b. Familienmediation). In einem Assessment muss dieses Beziehungsgeflecht beachtet werden. Im Gegensatz zu anderen Case Management-Konzepten impliziert, wie bereits erwähnt, dieses Konzept die Aufgabe, in und mit Beziehungen zu arbeiten.

Soziale Systeme erhalten insofern Bedeutung, da die Quantität und Qualität ihrer Beziehungen ausschlaggebend für eine Hilfestellung sein kann. Ein Paar, eine Familie, eine Freizeitgruppe, eine Nachbarschaft, ein Team im Berufsleben, um einige zu nennen, gehen Verbindungen ein, die von ihrer Wechselseitigkeit geprägt sind. Probleme und Konflikte entstehen, wenn diese Wechselseitigkeit unbefriedigend wird, wenn der gegenseitige Austausch einseitig wird, wenn die Einen über die Anderen Macht ausüben wollen oder ausüben. Typische Probleme, umrahmt von fehlgeleiteter oder blockierter Kommunikation und Kooperation, zeigen sich dann unter anderem in Sexualproblemen, Konflikten zwischen Eltern und Kindern, Rollendiffusität in Gruppen, Statuskämpfe in Teams.

In diesen sozialen Systemen und sozialen Beziehungen liegen andererseits unausgeschöpfte, häufig nicht erkannte Unterstützungsmöglichkeiten. Die personenbezogenen Netzwerke (auch natürliche genannt) weisen Potentiale aus, die einen professionellen Einsatz ergänzen oder gar ersetzen könnten. Möglicherweise liegt im Letzteren der Grund, dass professionelle Helfer bewusst oder unbewusst in einer Fallanalyse diese ressourcenorientierten Aspekte vernachlässigen, um ihren eigenen beruflichen Auftrag und ihre Existenz nicht in Frage zu stellen (siehe Netzwerkarbeit Kap. VI).

Über diese personalen (Netzwerk-) Beziehungen hinaus, gilt es in einem Assessment sowohl bei einem Individuum, einer Familie oder einer Gruppe deren Beziehungen zu institutionellen Systemen (auch künstliche Systeme genannt) einzubeziehen. Institutionelle Systeme repräsentieren gesellschaftliche Funktionen meist durch entsprechende Regelwerke wie Gesetze und Ordnungen. Verstöße wie Schulschwänzen, abweichendes Verhalten, Kriminalität, Verwahrlosung, Verweigerung von Autoritätsansprüchen sind häufig Anlass für das Tätigwerden von Sozialarbeiterinnen. Dies beinhaltet dann nicht nur Hilfe anzubieten, sondern kontrollierend einzugreifen. Ein genaues Assessment lässt diese Kontrolle für alle Beteiligten transparent werden und damit auch Korrekturen zu.

Abhängigkeiten und Macht in Beziehungen ziehen sich durch personale und institutionelle Systeme hindurch. Macht wird unter anderem durch den Körper, Rollen, Funktionen, Geld und Besitz, Wissen, Hierarchien ausgeübt. Sozialarbeiterinnen sollten für sich und im Benehmen mit den KlientInnen klären, wie sich Machtkonstellationen im spezifischen Fall äußern. Silvia Staub-Bernasconi unterscheidet in diesem Zusammenhang zwischen Begrenzungsmacht und Behinderungsmacht (Staub-Bernasconi, 1998, S. 24 ff.).

Wird Macht eingesetzt um unterdrückende Privilegien aufzuheben, die gerechte Verteilung von existentiellen Ressourcen wie Wissen, Gesundheit, Sicherheit zu gewährleisten und gesellschaftliche und kulturelle Teilhabe zu ermöglichen wird von Begrenzungsmacht gesprochen. Sie hilft Individuen legitime Bedürfnisse und Wünschen zu erfüllen. Diese positive Macht im Sinne einer gerechten und geregelten Verteilung von Ressourcen prägt die Soziale Arbeit von Beginn an und ist für sie konstitutiv, auch im Unterschied zu anderen Professionen. Wobei die Frage, was gerecht ist, einerseits von den berufsethischen Prinzipien abzuleiten ist und andererseits einen häufig mühsam auszuhandelnden Prozess mit KlientInnen und sozialen Institutionen darstellt. „Eine Machtstruktur, die aufgrund solcher Begrenzungsregeln konstruiert wurde bzw. funktioniert, kann als bedürfnisnahe und deshalb menschengerechte Machtstruktur bezeichnet werden. Sie entspricht einer systemischen Vorstellung von sozialer Realität, welche weder ‚die Gesellschaft‘ und deren so genannten funktionalen Erfordernisse noch ‚das Individuum‘ und seine Autonomie-, Freiheits-, Wert- sowie grenzenlosen Nutzenmaximierungs- und Selbstverwirklichungswünsche absolut setzt" (a.a.O, S. 32).

Wird Macht eingesetzt um zu disziplinieren, um Ressourcen einseitig zu verteilen, um Menschen von Teilhabe auszugrenzen oder letztlich um Gewalt auszuüben, handelt es sich um eine negative Macht. Menschen werden benachteiligt in ihrer Entwicklung und bei Lernchancen, im Zugang zu existentiellen Ressourcen und Informationen und behindert bei der Aufnahme von sozialen Beziehungen. Sie werden diskriminiert durch ihr Geschlecht, ihre Rasse, ihre nationale und kulturelle Zugehörigkeit (vgl. a.a.O, S. 32 ff.).

„Eine Machtstruktur, die aufgrund solcher Regeln sozial konstruiert wurde und funktioniert, muss als menschenbehindernd bezeichnet werden ... Die Machtstruktur ist in ihren Auswirkungen oft zugleich atomisierend/individualisierend, weil sie zu ihrer Erhaltung auf die Fragmentierung, Individualisierung und Entsolidarisierung der Abhängigen und Unterlegenen angewiesen ist und für die Machtspitze weitgehendste Autonomie einfordert. Sie erlaubt so die ungehinderte Ausbeutung und Akkumulation der/einer (Welt-) Gesellschaft zur Verfügung stehenden Ressourcen durch wenige, was mit der Verarmung der Vielen einhergeht." (a.a.O., S. 37)

In einer Analyse der sozialen Beziehungen werden demnach folgende Gesichtspunkte berücksichtigt:

- Beziehungen von Individuen zu anderen sozialen Systemen nach den Gesichtspunkten von Gleichwertigkeit und Symmetrie

- Wechselseitigkeit von personalen Beziehungen innerhalb von sozialen Systemen in Bezug auf Gleichgewichtigkeit und Austauschmuster unter besonderer Beachtung der kommunikativen Prozesse

- Rolle und Funktion von institutionellen Systemen und deren Einfluss auf Individuen, Familien, Gruppen

- Begrenzende Machtkonstellationen, die eine gerechte Verteilung von Ressourcen sicherstellen

- Behindernde Machtkonstellationen, die die Entfaltung von Anderen, den Zugang von Ressourcen verhindern oder beeinträchtigen

Werte und Normen

Als drittes Element berücksichtigt die Systemische Denkfigur Probleme, die sich aus unterschiedlichen Bewertungen von Situationen ergeben oder die über Wertvorstellungen, die sich nicht realisieren lassen, entstehen. Verletzungen von Ordnungen und Gesetzen als bereits vergesellschafteter Normen müssen häufig von der Sozialen Arbeit aufgegriffen werden (z.B. Kindesvernachlässigung). Übertreten von Normen, die noch nicht allgemein verbindlich gesetzt sind und eher an Traditionen, an Milieus und Kulturen gebunden sind, spielen in Problemsituationen (z.B. mangelnde Erziehungsbereitschaft von Vätern ohne Sorgerecht), die von der Sozialen Arbeit aufgegriffen werden, eine weitere gewichtige Rolle.

Nicht befriedigte Bedürfnisse, erwünschtes Verhalten, Regelverstöße weisen eine Soll- und eine Ist-Situation aus. Je nach Differenz entsteht Handlungsdruck, innerhalb dessen versucht wird, soziale Normen durchzusetzen. Insofern liegen Muss-, Soll- und Kann-Normen vor, die das Alltags- wie das professionelle Handeln steuern und bestimmen und nicht zuletzt die Dringlichkeit Probleme aufzugreifen und zu bearbeiten, festlegen.

In diesem Kontext treffen KlientInnen, Mitglieder von Klientsystemen, Beteiligte im Umfeld und die professionell handelnden Sozialarbeiterinnen mit ihren subjektiven Wertvorstellungen aufeinander. Normverletzungen werden anerkannt oder negiert. Allerdings müssen die Sozialarbeiterinnen darüber hinaus ihr wert- und normorientiertes Handeln zusätzlich professionell begründen. In der Analyse beschreiben sie soziale Probleme, auch die, deren Ausgangspunkt im Wert- und Normbereich liegen. Dieser Analyse liegt bereits eine Bewertung zugrunde - je nach angewandten Erkenntnistheorien- welche Informationen wichtig und weniger wichtig erscheinen. Spätestens in der nachfolgenden Einschätzung bewerten SozialarbeiterInnen soziale Probleme und müssen darlegen können, warum sie diese als solches erkennen und benennen. „ Die bewusste und systematische Bestimmung der maßgebenden Werte beantwortet die Frage nach der Wichtigkeit gefährdeter oder fehlender Güter bzw. individueller und sozialer Eigenschaften (Was ist gut? Was ist nicht gut?). Entsprechende Antworten beeinflussen die Einschätzungen über Dringlichkeit bzw. Veränderungsbedürftigkeit und Veränderungsmöglichkeit einer allfälligen professionellen Intervention. Und sie öffnen den Blick auf Ressourcen" (Geiser, 2000, S. 218). In einen Dreischritt bindet Geiser eine Wertanalyse in die Problem- und Ressourcenanalyse ein: „Dieser Dreischritt umfasst das Bezeichnen 1. des Problems, 2. der dadurch verletzten Norm bzw. des Standards und 3. des Wertes, von dem die Norm/der Standard abgeleitet ist bzw. auf dem sie bzw. er beruht" (a.a.O, S. 226).

Die Systemische Denkfigur weist einen hohen Nutzen für die Analyse und Einschätzung von Fallsituationen im Case Management aus:

– Sie strukturiert und ordnet eine Fallsituation nicht nur auf der individuellen Ebene. Sie bezieht soziale Beziehungen und Werte- und Normprobleme mit ein und gewährleistet damit die systemische ganzheitliche Vorgehensweise.

– Soziale Probleme, Gegenstand der Sozialen Arbeit, werden gezielt analysiert und verdeutlichen die originären professionellen Aufgabenstellungen von Sozialarbeiterinnen.

– Sie veranschaulicht die Notwendigkeit, mit interdisziplinärem Wissen Informationen aufzunehmen.

– Sie bleibt im weiteren Handlungsgeschehen die Folie reflexiver Betrachtung des methodischen Vorgehens im Case Management und ist strukturgebende Anleitung für Dokumentationen.

Die systemische Denkfigur bildet einen Rahmen für eine umfassende Problem- und Ressourcenanalyse. Für spezifische Aufgaben und spezielle Zielgruppen und Arbeitsfelder können zusätzliche Kriterien oder einzelne Bereiche stärker differenziert werden. Im Zusammenhang von Pflege und Gesundheit werden die den Körper betreffende Informationen für das Assessment im Mittelpunkt stehen. Case Management in schwierigen familiären Situationen wird Verhaltensweisen, Kommunikation und Machtbeziehungen deutlicher herausarbeiten, in der Arbeit mit Migranten werden die Werte und Normen einen Fokus darstellen. Allerdings sollte eine zu enge Analyse in allen Feldern vermieden werden, denn die Sicht auf die gesamte Belastungssituation lässt Zusammenhänge erkennen, eröffnet alternative Handlungsmöglichkeiten und -strategien.

Systemische Denkfigur

nach Kaspar Geiser, 2004

1. Individuum
(Probleme und Ressourcen)

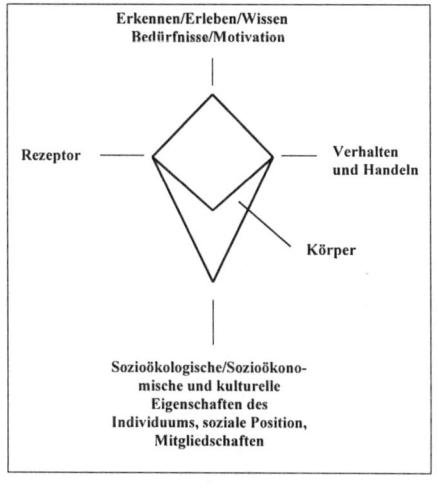

- Biologische Ausstattung
  Körper, Geschlecht, Alter,
  Hautfarbe, Krankheit, Behinderung
- Psychische, kognitive Ausstattung
  - Wahrnehmen, Denken, Fühlen
    und Wissen
  - Vergangenheits-, Gegenwarts-
    und Zukunftsbilder
  - Selbst- und Fremdbilder
  - Bedürfnisse, Werte – Motivation
- Verhalten und Handeln
  - Motorik
  - Rollenhandeln, automatisiertes
    Handeln, kreativ-strategisches
    Handeln, Gewohnheiten
- Soziale Eigenschaften des Individuums
  - Sozioökonomische Eigenschaften: Bildung, Beruf, Einkommen/ Vermögen
  - Sozioökologische Eigenschaften:
    Physikalisch-chemische-biologische Beschaffenheit der Umgebung, inkl. Infrastruktur
  - Soziokulturelle Eigenschaften:
    Religion, Ethnie
  - Mitgliedschaften (Vereine, Gruppen u.a.)
- Rezeptor
  - Informationsaufnahme und
    -verarbeitung der Sinnesorgane
Kriterien: Befriedigung legitimer Bedürfnisse und Wünsche.

2. Soziale Systeme und Beziehungen - symmetrisch und gleichwertig

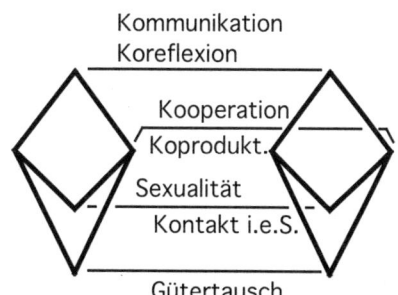

- idealtypische Austauschbeziehungen
  (soziale Systeme, horizontal strukturiert)
- Kommunikation (Inhalte), Koreflexion
  (z.B. Differenzierungsgrad der
  Argumentation)
- Kooperation, Koproduktion
- Gütertausch
- Körperliche Kontakte (u. a. Sexualität)
Kriterien: Gegenseitige, gleichwertige und damit symmetrische Beziehungen (auf Dauer und müssen daher nicht unmittelbar sofort ein Gleichgewicht darstellen)

75

3. Machtbeziehungen

- soziale Systeme, vertikal strukturiert
  - Modell- und Artikulationsmacht
  - Positions- und Organisationsmacht
  - Ressourcenmacht/Gütermacht
  - Körpermacht

Kriterien: Begrenzende und
behindernde Machtformen (auf Dauer)

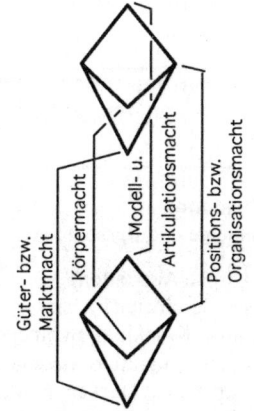

4. Werte und Wertprobleme

Die Problem- und Ressourcenanalyse erfordert eine Bewertung aufgrund der vorausgegangenen Beschreibung.
Diese Analyse erfolgt auf dem Hintergrund bestimmter Wertvorstellungen:

Wer äußert und wie Bedürfnisse?
Wer vertritt welche Wertpositionen?
Wer agiert in welchen Werthierarchien?
Welche Normen und Standards kommen zum Tragen?

Wertprobleme entstehen:

- wenn Werte und Normen und/oder Standards nicht realisiert werden (Eigentum für alle)
- wenn Werte und Normen und/oder Standards willkürlich realisiert werden (gleiche Löhne)
- wenn es für bestimmte Angelegenheiten noch keine allgemein anerkannten Werte oder Normen und/oder Standards gibt (Mindestsicherung)
- wenn es für gleiche Angelegenheiten unterschiedliche Werte oder Normen und/oder Standards gibt (Arbeit)
- wenn bestehende Werte gezielt relativiert, lächerlich gemacht oder gar dämonisiert werden

Problembestimmung des Werthintergrundes erfolgt im Dreischritt:

- Problem bestimmen
- Verletzte Norm oder Standard herausarbeiten
- Realisierung des Wertes im Rahmen der Hilfeplanung

Abb. 2: Systemische Denkfigur

Sollte es gelingen, die Systemische Denkfigur als Standard noch mehr in der Fallarbeit zu verankern, wäre gewährleistet, dass ein Austausch in den unterschiedlichen Dienstleistungen der Sozialen Arbeit gezielter, schneller und qualifizierter stattfinden könnte. Gerade angesichts der verschiedenen Aufgabenstellungen, die im Rahmen eines Case Management anfallen, wäre ein Qualitätsschub möglich, der, im Sinne der KlientInnen angewandt, professionelles Handeln transparent und überprüfbar macht.

Profiling im „Fallmanagement"

In der Arbeit mit ausbildungs- und arbeitssuchenden KlientInnen wird der Begriff Profiling eingeführt. Vermittlungsfachkräfte in den Agenturen für Arbeit, auch „Fallmanager" genannt, und Fachkräfte bei Beschäftigungsträgern sollen (§ 6 SGB III) so früh wie möglich ein umfassendes Profil der Bewerber und deren Chancen erstellen. Diese Grundanforderungen an ein Profiling decken sich mit dem im Kapitel Assessment aufgezeigten Kriterien. Es geht darum, die Stärken und Schwächen zu ermitteln und die berufliche Eingliederung nach Möglichkeiten oder Erschwernissen auszuloten. Dies findet dann im Eingliederungsverfahren (analog Hilfeplanung) entsprechend Berücksichtigung. Hierbei müssen die Gegebenheiten des Arbeitsmarktes beachtet werden. Das Bewerberprofil wird mit Anforderungsprofilen von Betrieben in Beziehung gesetzt.

Profilingverfahren können sich über eine längere verblockte Zeit erstrecken. Das Assessment im Case Management wird eher mit den KlientInnen und anderen Beteiligten prozesshaft erarbeitet und kann oder muss für eine ständige Ergänzung und Veränderung offen sein.

Im Profiling sollen die Qualifikation und deren Lücken, die Mobilität, die Motivation und herausstechende Merkmale (z.B. Behinderung) seitens der KlientInnen analysiert und deren Situation gesamt eingeschätzt werden. Das Vorgehen ähnelt eignungsdiagnostischen Verfahren. Fähigkeiten und Kompetenzen, die über die berufliche Seite hinausgehen, sollen ebenfalls beachtet werden. In der realen Praxis spielen sie aber eher eine randständige Rolle, wobei Zeitgründe und eingeschränktes Auftragsziel als Gründe genannt werden.

Die ganzheitliche Sichtweise, wie sie durch die systemische Denkfigur repräsentiert wird, kommt nicht zum Tragen, obwohl auch Arbeitgeber zunehmend den Soft- und Sozialskills (z.B. Konflikt- und Teamfähigkeit) Bedeutung zumessen. Erkenntnisse aus den USA gehen dahin, dass eine eingeschränkte Sichtweise die Eingliederungschancen mindern, da Faktoren wirksam werden können, die nicht unmittelbar mit der beruflichen Eingliederung in Verbindung gesetzt werden.

Wird allerdings eine ganzheitliche Vorgehensweise für notwendig erachtet, müssen die Fallmanager fachliche Kompetenzen aufweisen, die über das hinausgehen, was bisher in den Fortbildungen für Fallmanager vermittelt wird.

Assessmentcenter sollen der Ausgangspunkt für das Profiling werden, wobei man häufig die Vorstellung antrifft, dass dies eine kundenfreundliche Thekensituation sei. Hier kann man erkennen wie Begriffe aus dem Case Management inhaltlich reduziert als sogenannte ‚Eyecatcher' übernommen werden.

Für den gesamten Bereich der beruflichen Integrationsarbeit wird es sinnvoll sein, ein eingeschränktes Fallmanagement, in dem unter anderem das Profilingverfahren stattfindet, als Teilgebiet einem Case Management zuzuordnen. Case Management setzt dann ein, wenn sich eine komplexe Belastungssituation seitens der KlientInnen abzeichnet. In diesen Fällen wird im Arbeitsfeld berufliche Integration von Betreuungskunden oder arbeitsmarktfernen oder erwerbsunfähigen Kunden gesprochen, im Gegensatz zu Beratungskunden, die mit einer kurzzeitigen Beratung zu Recht kommen.

Die Tätigkeit von Case Managern unterscheidet sich daher von Fallmanagern oder persönlichen Ansprechpartnern wie sie im Konzept der Bundesagentur für Arbeit im Rahmen von Hartz IV bzw. SGB II vorgesehen sind. Für diejenigen, die nicht in die engere Konzeptdiskussion um Case Management eingebunden sind, wird allerdings auf den ersten Blick der Unterschied zwischen Case- und Fallmanagement nicht deutlich. Sprachlich übersetzt wäre es wohl identisch. Der Unterschied wird dann klar, wenn der Auftrag, die Rolle und Funktion von Case- und Fallmanagern verglichen wird. Fallmanagement wird auf die Person des zu integrierenden Klienten festgelegt. Es benötigt keine umfassende Kenntnisse über die Gesamtsituation der KlientInnen, sondern konzentriert sich auf den beruflichen Aspekt.

So könnte die Trennung in diesem Arbeitsfeld zwischen Fallmanagement und Case Management Sinn machen. Fallmanager übernehmen einen Teilauftrag (Profiling und Ausbildungs- und Arbeitsvermittlung). Case Management setzt dann ein, wenn die Anforderungen komplexer werden, wie nach § 16 SGB II beschrieben, eine Koppelung und Koordination von anderen Maßnahmen notwendig wird, wie zum Beispiel gesundheitliche Maßnahmen, Schuldenberatung, Krisenintervention, Therapie, Suchtberatung. Über diese Fallsteuerung hinaus müssen Case Manager mit eingebunden sein in die Entwicklung und Bereitstellung eines leistungsfähigen Unterstützungssystems für die Zielgruppen der beruflichen Integration (siehe Kapitel Systemsteuerung und Netzwerkarbeit).

Weiterführende Literatur

Geiser, Kaspar: Problem- und Ressourcenanalyse in der Sozialen Arbeit. Eine Einführung in die Systemische Denkfigur und ihre Anwendung, Soziales und Kulturelles, Luzern, 2004, 2. Auflage
Staub-Bernasconi, Silvia: Soziale Probleme - Soziale Berufe - Soziale Praxis, in Heiner u.a.: Methodisches Handeln in der Sozialen Arbeit, Lambertus, Freiburg, 4. Aufl. 1998

Einschätzung

Die Aufgabe eines Case Managers besteht darin, herauszuarbeiten, was die KlientInnen benötigen, welche Anforderungen an sie gestellt werden im Rahmen einer Hilfestellung, welche Ressourcen ihnen fehlen, eine belastete

Situation selbst zu beheben und welche Ressourcen sie andererseits einbringen können. In gleicher Weise ist zu klären, welche Ressourcen im Umfeld vorhanden sind oder welche Lücken das Umfeld aufweist. „Fachkräfte unterschätzen gewöhnlich das Potential an Selbsthilfe bei ihrer Klientel. Die fachlichen Kriterien werden den Fähigkeiten, so wie sie sich im Lebenskreis eines Menschen ausprägen, oft nicht gerecht. Ihn darin zu bestätigen und zu bestärken, ist solange angebracht, wie es nicht gerade objektiv zu Fehlurteilen führt und vorhandene Fähigkeiten in Abrede stellt." (Wendt, 1999, S. 110)

Der Prozess der Einschätzung zieht sich durch die gesamte Hilfestellung hindurch und beschränkt sich nicht nur auf eine anfängliche Draufsicht. Die systemische Denkfigur wird nicht nur zur Analyse benutzt sondern kann in gleicher Weise und Funktion auf das Assessment übertragen werden.

Die auf ganzheitlicher Basis erstellte Analyse erhellt die Lebenssituation. Die darin enthaltenen Daten und Fakten können im Assessment berücksichtigt und in Beziehung gesetzt werden. Auf dieser Grundlage lassen sich belastete Situationen und Problembereiche identifizieren. Die systemisch angelegte Fallanalyse verhindert einseitige Blicke auf ein einzelnes individuelles Fehlverhalten oder eine problematische Situation. Insofern können mit dem Zusammenfügen von Erkenntnissen aus unterschiedlichen Informationsebenen in der Phase der Einschätzung komplexe Fallsituationen entschlüsselt werden. So kann es - wie im Falle von Sabine W. deutlich wird - auch zur Erkenntnis führen, dass die beteiligten professionellen Dienste durch mangelnde Kooperation die Problemsituation einer Klientin verschärfen oder gar erst geschaffen haben. Wird eine Analyse nicht nur im personalen Defizitbereich erstellt, können in der Zusammenschau Ressourcen im personalen und familiären Klientsystem und in dem sie umgebenden personellen und institutionellen Netzwerk herausgefiltert werden.

Die systemische Einschätzung zieht dabei die systemische Denkfigur zu Rate und nutzt deren mehrdimensionale Systematik.

Bereits bei der Analyse der Fallsituation muss sich der Case Manager im Wesentlichen auf die Informationen der KlientInnen stützen. Mit ihrem Einverständnis kann er weitere Informationen von anderen Beteiligten im Klientsystem einholen oder von bereits tätig gewordenen Diensten. Im Prozess der Einschätzung steht allerdings die Zusammenarbeit mit den KlientInnen verstärkt im Vordergrund.

Das fachliche Assessment einer Fallsituation weist nicht unbedingt Kongruenz zur Sichtweise der KlientInnen auf. Die KlientInnen bringen vor allem ihre Erfahrungen und subjektiven Vorstellungen mit und sind damit Experten ihrer Lebenssituation. So besteht die erste Aufgabe in dieser Phase, beide Sichtweisen aufeinander zu beziehen, ohne den Zwang Konsens herzustellen.

Schon beim Aufnehmen der ersten Informationen bilden sich bei den professionellen Helfern Bilder über die Person und ihre Situation, das heißt Analyse und Einschätzung fließen ineinander. Die Aufgabe des Case Managers besteht darin, im Rahmen seiner Dokumentation die beiden unterschiedlichen Auffassungen systematisch kenntlich zu machen.

In der Phase der Einschätzung müssen der Case Manager und die KlientInnen die zu bearbeitenden Problemstellungen und ihre auslösenden Faktoren definieren. Sind die Definitionen teilweise oder im Gesamten nicht übereinstimmend, ist es die Aufgabe des Case Managers mit den KlientInnen zu klären, welche Konsequenzen diese Unterschiedlichkeit auslöst und wie trotz dieser Differenzen ein Hilfebedarf ermittelt werden kann. Die Definitionsmacht und die mögliche Abhängigkeit der KlientInnen von einer Dienstleistung zeigen an dieser Stelle deutlich auf, wie berufsethische Prinzipien frühzeitig in den Hilfeprozess einfließen müssen. So hat in der Jugendhilfe der Case Manager das Wohl des Kindes (Wächteramt) zu beachten, anhand mehr oder weniger festgelegter Normen und Werte. Mütter oder Väter argumentieren und handeln dagegen aus ihrer alltäglichen Situation und aus ihren milieu- und kulturspezifischen Hintergründen.

Will eine fallzuständige Fachkraft KlientInnen motivieren und sie in die Verantwortung einbeziehen, benötigt der Hilfeprozess an dieser Stelle die Akzeptanz der KlientInnen als Person, ohne dass deren Handlungsweisen gleichzeitig zugestimmt werden muss. Andererseits muss bei den KlientInnen ein Veränderungswille vorliegen. Ein systemisch orientierter Case Manager geht im positiven Sinne von diesem Wunsch zur Veränderung bei den KlientInnen aus, selbst wenn dieser nicht offen zum Ausdruck kommt.

Trotz dieser grundsätzlich auf Kooperation, Verständigung und Aushandlung ausgerichteten Fallbearbeitung hat der Case Manager die Aufgabe, die Genauigkeit und Differenziertheit einer Einschätzung aus fachlicher Sicht mit besonderem Augenmerk zu versehen. So muss er sich der Zuverlässigkeit und Fähigkeit zur Übernahme von Verantwortung seitens der KlientInnen versichern. Kinder, Jugendliche, gewalttätige Eltern, suchtkranke Menschen, ältere Menschen mit beginnender Demenz, um einige Beispiele zu nennen, kanalisieren Interessen und Bedürfnisse aus ihrer jeweils subjektiven Sicht und Betroffenheit oft außerhalb einer realistischen Möglichkeit der Veränderung und zeigen den so genannten ‚Tunnelblick'. Der Case Manager steht hier in der Verantwortung, diese möglichen Einschränkungen einzubeziehen und sie im Hilfeverlauf zu berücksichtigen.

Sind die Problembereiche eingeschätzt und heraus gearbeitet, übernimmt der Case Manager nun die Moderation im weiteren Beratungsprozess. Die Dringlichkeit wird bestimmt und die Reihenfolge des Herangehens festgelegt. In aller Regel übernehmen Case Manager Fälle in denen die KlientInnen mehrfach belastet sind. So können die Krisenhaftigkeit, die Häufigkeit und Intensität einer problembehafteten Situation Anhaltspunkte sein oder die Art und

Weise wie ein Problemdruck auf den KlientInnen lastet. Letztlich kann auch eine Anforderung von außen, wie drohender Entzug der elterlichen Sorge, Wohnungsverlust, Strafverfahren zu Prioritäten führen. In dieser Phase kann der Case Manager Vorschläge zu Prioritäten aus seiner fachlichen Sicht einbringen, wenn Einsicht und Einverständnis seitens der KlientInnen sicher gestellt wird. Diese direktive Vorgehensweise dient der zügigen Bearbeitung und wird von KlientInnen in aller Regel positiv aufgenommen.

Ein Assessment stellt einen zielgerichteten Beratungs- und Aushandlungsprozess dar, getragen von einer Gesprächsführung, die den KlientInnen hilft, sich auf ihre belastete Lebenssituation einzulassen. Für die Abklärung der Fallsituation sollte daher ausreichend Zeit eingeplant und zur Verfügung gestellt werden. In nicht wenigen Fällen könnte die gründliche Klärung der mehrfach belasteten Situation die eigentliche Hilfestellung sein oder zumindest die professionelle Hilfe reduzieren. „Nicht selten führt ein Assessment zur Selbstklärung einer Person in ihrer Situation und damit schon zu einer Problemlösung" (Wendt, 1999, S. 114). Dieser Effekt wird sowohl von Sozialarbeiterinnen als auch Leitungskräften und Trägern, die die Zeit zur Verfügung stellen müssten, unterschätzt. Case Management verfolgt aus fachlichen, berufsethischen und ökonomischen Gründen das Ziel, so wenig wie möglich in die Lebenssituation von KlientInnen einzugreifen und deren Eigenkräfte so schnell wie möglich in Gang zu setzen. Insofern kommt dem weiteren Verlauf des Case Management die gründliche Eingangsphase mit Analyse und Einschätzung eine herausragende Bedeutung zu. Selbst in Krisensituationen ist es angezeigt, außer wenn unmittelbare Lebensgefahr besteht, das Tempo zu verlangsamen, eine Situation zu beruhigen und zu deeskalieren, um Zeit für ein qualifiziertes Assessment zu gewinnen.

Die Einschätzung im Assessment kann durch das Einschalten von kollegialer Beratung, von Teambesprechungen oder durch Fachgespräche mit unterschiedlichen Professionen zusätzlich qualifiziert werden. Die kollegiale Beratung hilft eigene Wahrnehmungen und Erklärungen zu reflektieren. Andere Sichtweisen befördern alternatives Denken und verhindern routinisiertes, einschränkendes Denken. Andere Fachkräfte einzubeziehen bestärkt die eigene Vorgehensweise und sichert sie ab. Zunehmend werden diese Instrumente von den Trägern Sozialer Arbeit verpflichtend einbezogen, um den Case Manager fachlich zu unterstützen, um eine einseitige Sicht korrigieren zu können, sicherlich auch um eine ökonomisch ausgerichtete Vorgehensweise durchzusetzen.

Prognose

Im Rahmen des fachlichen Assessment bringen Hypothesen und Prognosen über einen möglichen weiteren Hilfeprozess und -verlauf Anhaltspunkte hervor, welche Bedeutung eine professionelle Unterstützung einnehmen kann. So bietet die Prognose, wie eine Problemsituation ohne Unterstützung von außen sich verändern könnte, Anhaltspunkte, die dem notwendigen Aufwand Plausibilität und dessen Finanzierung auch eine ökonomische Sichtweise verschaffen. Umso deutlicher kann an dieser Stelle argumentiert werden, wenn die Wirksamkeit von Maßnahmen der Sozialen Arbeit immer mehr wissenschaftlich ausgewiesen ist.

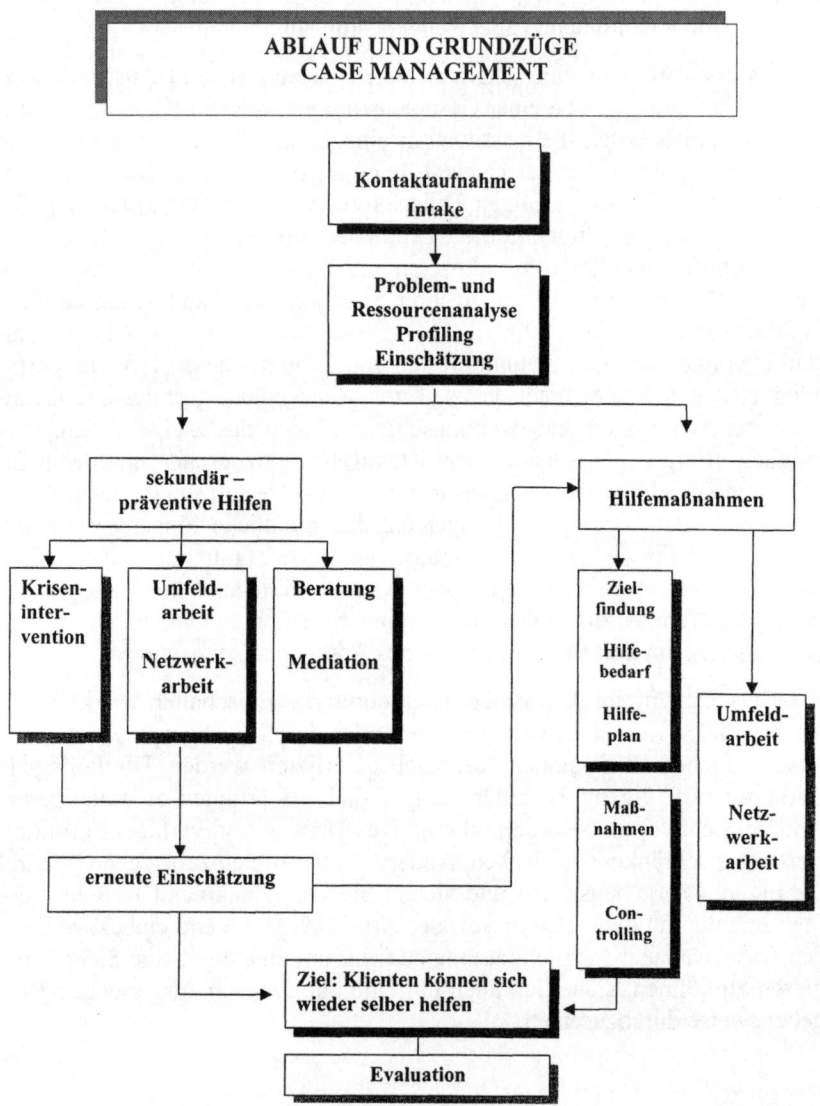

Abb. 3: Ablaufplan des Case Managements

Zusammenfassend kann festgehalten werden: das Assessment mündet in die Fragestellung ein, welcher Hilfebedarf liegt in der jeweiligen Fallkonstellation vor. Neben den allgemein formulierten Erfordernissen einer würdigen

82

Lebensgestaltung (Schutz, existentielle und soziale Sicherheit, Kultur), wie sie im Grundgesetz, in den Sozialgesetzen, im Kinder- und Jugendhilfegesetz bis hin zu internationalen Deklarationen verankert ist, an denen sich ein Hilfebedarf orientieren muss, werden aber die spezifischen Bedürfnisse der KlientInnen federführend sein. Im KJHG wird vom erzieherischen Bedarf ausgegangen (§ 27 KJHG). Häufig besteht der Hilfebedarf eher bei den Personensorgeberechtigten, also den Müttern und Vätern, die keiner Erziehung mehr bedürfen. Die Fokussierung auf den erzieherischen Bedarf verleitet die Fachkräfte, den Symptomträger - das Kind, den Jugendlichen - in den Mittelpunkt zu stellen. Diese Leitlinie führt daher in der Praxis dazu, dass der Hilfebedarf und die notwendige Mitverantwortung der Eltern nicht mitverfolgt wird. In gleicher Weise wird in anderen Arbeitsfeldern der Hilfebedarf ausschließlich personenzentriert ermittelt. So könnte die Unterstützung des personellen und institutionellen Netzwerkes - als Hilfebedarf ausgewiesen - erheblichen Anteil an der Fallbearbeitung gewinnen. Ähnlich zum Assessment kann sich die Ermittlung des Hilfebedarfes widersprüchlich ergeben. Der von den KlientInnen angemeldete Bedarf, geprägt von ihren subjektiven Einschätzungen muss sich nicht mit den Vorstellungen des Case Managers decken, der eher nach objektiven Mängeln aus fachlicher Sicht sucht. So wird auch der Hilfebedarf in aller Regel in einem Aushandlungsprozess zu erstellen sein. Das Assessment stellt die Weichen für das weitere Hilfegeschehen. Leitlinie bleibt auch hier zu prüfen, inwieweit weniger eingreifende Hilfen in Frage kommen. Der vorstehende Ablaufplan zeigt die Wege auf, die sich nach dem Assessment stellen.

3. Phase: Hilfebedarf und Entwurf der Unterstützungsleistungen

Erweitert sich das Hilfegeschehen und eine Krisenintervention ist abgeschlossen, eine Vermittlung in einer Konfliktsituation hat stattgefunden oder das Umfeld konnte aktiviert werden, wird über ein qualifiziertes Assessment deutlich, ob diese Hilfen ausreichen. Das Case Management von sekundärpräventiven Hilfen, also Hilfen die im Vorfeld von eingreifenden Maßnahmen stehen, wird in seiner Wirksamkeit erheblich unterschätzt. Zeigt sich im Fallgeschehen, dass diese Hilfen ausreichen, beendet der Case Manager die Hilfestellungen analog zu der letzten Phase ‚Hilfe beenden und abschließen'.

In der Sozialen Arbeit liegen mehrheitlich Fallsituationen vor, in denen die soziale Problemlage von KlientInnen als vielschichtig, mehrdimensional und mehrfach belastet gekennzeichnet ist. Frühwarnsysteme und präventive Hilfen existieren nicht flächendeckend im Sozialraum. Zusätzlich erschwerend kommt hinzu, dass in aller Regel präventive Hilfen qualitativ schlechter ausgestattet werden.

Es liegen oft genug über die bestehenden Angebote weder bei den potentiellen KlientInnen noch bei professionellen Helfern ausreichend Informationen vor. Durch den institutionellen Konkurrenzdruck verstärkt sich dieser Mangel. Nicht zuletzt bestehen bei den KlientInnen Schwellenängste und Dienstleistungsangebote erreichen sie zu spät oder sie haben keinen subjektiven Problemdruck.

Sekundär-präventiven Hilfen wie Mediation oder Netzwerkarbeit reichen dann nicht mehr aus. Die weiteren Erfordernisse und der grundlegende Hilfebedarf schälen sich im Assessment heraus. Der Case Manager, die KlientInnen und die anderen Beteiligten müssen dann in eine umfangreichere Hilfeplanung übergehen, die eingreifende Maßnahmen nicht ausschließen.

In einer Reihe von Gesetzen (BSHG §§ 17, 19, 46, 72, KJHG § 36) werden Problemlagen - Hilfen zur Erziehung, Sozialhilfeabhängigkeit, Eingliederungshilfen -als fallbezogene Planungsaufgabe gesehen. Ein Gesamtplan oder ein Hilfeplan als Ausgangspunkt für Hilfen wird als Ergebnis einer qualifizierten Beratung gefordert. In der Praxis zeigt es sich, insbesondere auch in der Praxis der Sozialämter, dass der Schwerpunkt beim Erstellen von Bescheiden liegt. Hierbei werden selten Lösungen gesucht, die geeignet sind die Problemlagen zu überwinden. Im KJHG löste der § 36 dagegen erhebliche Anstrengungen seitens der Jugendämter und dem zuständigen ASD aus, das Hilfeplangeschehen zu qualifizieren. Im Grunde beschreibt der § 36 in Kurzform ein Case Management für die Hilfen zur Erziehung. Wobei die Schwäche dieses Gesetzes, darin liegt, dass das Hilfegeschehen allgemein und speziell durch die Aufzählung der Hilfearten (§ 27 ff.) die Praxis auf diese Maßnahmen fixiert und erhebliche Kosten verursacht, zuungunsten präventiver Hilfen wie der offenen und sozialraumbezogenen Kinder- und Jugendhilfe.

Der Prozess der Hilfeplanung gliedert sich in einzelne Abschnitte, an dessen Anfang Ziele formuliert werden und an dessen Ende ein Hilfeplan erarbeitet und vereinbart wird. Diesen Prozess gestaltet der Case Manager mit den KlientInnen, dem Klientsystem, anderen Beteiligten und unterstützenden Personen im Umfeld und zur eigenen fachlichen Qualifizierung mit Hilfe von kollegialer Beratung, einer Helfer - oder Fachkonferenz.

Ziele definieren und operationalisieren

Eine der größten Schwachstellen der Sozialen Arbeit - insbesondere der fallbezogenen - war, das Fallgeschehen mit klaren Zielen zu qualifizieren. Immer wieder ist das Motto zu hören ‚der Weg ist das Ziel'. Unter den heutigen angeforderten Standards der Qualitätsentwicklung und -sicherung kann dieses Motto nicht mehr akzeptiert werden. Eine Fallkonstellation kann seitens eines Case Managers weder vom Ergebnis, noch vom Prozess, noch von den Rahmenbedingungen her ohne dazugehörige Ziele evaluiert werden.

Wie an anderer Stelle aufgezeigt (Kap. VIII) wird es für die Weiterentwicklung der Sozialen Arbeit als Wissenschaft, als konkurrenzfähiges Feld zu Technik und Wirtschaft, als Kostenfaktor von öffentlichen Haushalten notwendig sein, die Wirksamkeit der Sozialen Arbeit nachzuweisen. Dazu benötigen wir mehr denn je Nachweise der Ergebnis-, Prozess- und Strukturqualität einer fallbezogenen Hilfestellung. Verbunden mit den dadurch anfallenden Ergebnissen und Erkenntnissen könnten im Weiteren die Konzepte, die Arbeitsbereiche und die Trägerkonstruktionen der Sozialen Arbeit qualifiziert werden. Ihr Stellenwert und ihr Gewicht in der sozialpolitischen Auseinandersetzung um Ressourcen wird erhöht.

Insofern muss das Motto heißen, *der Weg ist der Weg und das Ziel ist das Ziel*. Ziele und Maßnahmen bzw. methodisches Handeln sind zwei gesonderte Bereiche, denn erst aus klar formulierten Zielen, lassen sich situationsadäquate Maßnahmen ableiten und können alternativ diskutiert werden, insbesondere in Bezug auf ihre Sinnhaftigkeit und Wirksamkeit.

„In der Alltagssprache fragen wir manchmal: 'Wo soll es langgehen?', wenn wir das Ziel meinen. Wir verbinden das ‚Langgehen' meist ganz eng mit dem ‚Hingehen' oder anders: den Weg, den Prozess, die Aktivitäten sehen wir ganz eng zusammen mit dem Ziel, dem gewünschten Ergebnis, dem Endzustand. Uns fallen meist zuerst Aktivitäten ein, und wir denken intuitiv, es wird schon das richtige Ziel dahinter stecken" (Bundesministerium, 1999, S. 35).

Jedoch wird dieses Bemühen, Wirkungszusammenhänge für die Soziale Arbeit herauszuarbeiten und zu messen, nach wie vor kritisiert.

Kurt Hekele bestreitet, dass kausale Ursache-Wirkungszusammenhänge erforscht werden könnten, geschweige, dass sie messbar seien (vgl. Hekele, 1997, 122 ff.). In ähnlicher Weise argumentiert Burkhard Müller. Die Bewertung erfolgreicher Jugendarbeit anhand von gut besuchten oder von bestimmten Zielgruppen häufig angenommen Jugendtreffs lieferten weder Beweise für die Behauptung, hier finde gute oder schlechte Jugendarbeit statt. „Die Tatsache, dass man über dieses Paradox nicht hinwegkommt, also die Effektivität von Jugendarbeit eigentlich nicht messen kann, soll uns nicht traurig stimmen" (Müller, 1998, S. 126). Durch diese Unmöglichkeit, konstatiert Müller, würde aber andererseits im positiven Sinne ein von außen nicht kontrollierbarer Handlungsspielraum entstehen.

Aus diesen Positionen wird deutlich, die Überprüfbarkeit und Messbarkeit von sozialen Dienstleistungen wird in Abrede gestellt. Die Anforderung von außen (in aller Regel der Financiers) auf Effizienz zu achten, wird als ein für die Soziale Arbeit unzulässiges Ansinnen kritisiert. Da Budgetverantwortung aber immer mehr nach unten delegiert und damit andererseits die eigene Verantwortung von Sozialarbeiterinnen erhöht wird, ist diese ablehnende Haltung wenig hilfreich. Sozialarbeiterinnen mit Budgetverantwortung benötigen zunehmend Messinstrumente, um ihre Arbeit weiterentwickeln und rechtfertigen zu können. Doch nicht nur die von außen angeforderte Bilanz über Wirksamkeit Sozialer Arbeit gewinnt Bedeutung. Es ist mehr noch aus der Sicht von KlientInnen gerechtfertigt zu fragen, inwieweit eine Hilfeleistung für sie sinnvoll war. Für die Qualitätsentwicklung der eigenen fall- wie konzeptorientierten Arbeit benötigen Sozialarbeiterinnen aus dem Professionsinteresse heraus genauere Aufschlüsse über die Wirksamkeit einer bestimmten Arbeitsweise. Allerdings ist Burkhard Müller zuzustimmen, wenn er feststellt: „Die aktuelle Diskussion über neue Steuerungsmodelle und Produktbeschreibungen verzichtet weitgehend auf Effektivitätskontrolle zugunsten einer Effizienzkontrolle" (a.a.O., S. 35). Dies stärkt die Position, dass in der Sozialen Arbeit das Augenmerk in gleicher Weise auf den Prozess, auf die Struktur und das Ergebnis gelegt werden muss. Für diese Bereiche sind daher jeweils unterschiedliche Zieldefinitionen notwendig. Hiltrud von Spiegel greift diese Kritik auf und formuliert weiterführend: „Verzichten sollten die Fachkräfte auf die Suche nach ohnehin nicht herstell- und nachweisbaren kausalen Zusammenhängen (bezogen auf Handlungen und Wirkungen). Es ist aber durchaus möglich, Plausibilitäten herzustellen, vorausgesetzt, die Ziele der Arbeit sind realitätsnah, selbst-initiierbar, erreichbar, realistisch, situationsspezifisch, konkret und operationalisierbar" (von Spiegel, 1999, S. 363).

Aus diesem Zusammenhang lassen sich folgende Leitprinzipien und Grundannahmen für *Zieldefinitionen* ableiten, die im Rahmen von Case Management zum Tragen kommen.

Ziele

- ermöglichen reflektiertes praktisches Handeln
- setzen, erfordert die Bereitschaft Irrtümer zuzugestehen
- müssen ständig korrigierbar sein, da soziale Probleme komplex, einer ständigen Wandlung unterworfen sind und Soziale Arbeit viele Faktoren beinhaltet
- können insbesondere auf Seiten der KlientInnen Motivation erzeugen, Energie freisetzen und den Durchhaltewillen erhöhen
- enthalten eine Selbstverpflichtung für professionelle Helfer und KlientInnen

---

Ziele schaffen Klarheit und Transparenz im Hilfeprozess. Mit allen Beteiligten wird geklärt, wer im Hilfesystem, welche Ziele verfolgt und welcher jeweils erwünschte Zustand in Betracht gezogen wird. Erst mit dieser Vorgehensweise können im Case Management persönliche und institutionelle Initiativen koordiniert und nutzbar gemacht werden. Das Herausarbeiten von Zielen in der Fallarbeit beschränkt sich nicht nur auf die Ziele die KlientInnen haben, möglicherweise im Unterschied zur fallzuständigen Fachkraft, die sich ebenso Ziele aus fachlicher Sicht setzt. Wir haben es darüber hinaus mit Zielen von Personen aus dem Umfeld der KlientInnen, eines Teams, einer Institution, einer Fachbehörde, eines politischen Gremiums (Sozial- und Jugendausschuss) zu tun und nicht zuletzt beinhalten Gesetze Ziele. Der Case Manager erhält mit der Kenntnis von diesen unterschiedlichen Zielen die Voraussetzung, Hilfeprozesse auf unterschiedlichen Ebenen zu steuern und abweichendes Vorgehen zu thematisieren, das heißt die Zielformulierung als Folie und Erinnerung zu benutzen.

Ziele sichern Effektivität, denn am Ende eines Hilfeprozesses kann erörtert werden, ob sich die erhofften Wirkungen eingestellt haben, in welchem Umfang oder ob andere Wirkungen eingetreten sind.

Ziele steigern die Effizienz. In multibelasteten Fallsituationen werden verschiedenste Arbeitsweisen, Interventionen und Techniken eingesetzt. So könnte anhand von formulierten Zielen eingeschätzt werden, ob ein besonders analysierter Bereich, wie die Machtkonstellationen in einer Familie, im weiteren Handlungsgeschehen berücksichtigt wurde. Oder ob ein Kontrakt verbindliches Handeln auslöste, ob ein Genogramm (Kap. VII) hilfreich war, die Struktur und die Beziehungen in einem Klientsystem verständlich zu machen. Wie verhielt sich das Verhältnis von professionellem Einsatz und der Unterstützung von Personen im Umfeld? So kann sich der Effizienzgedanke bereits bei der Zielformulierung auswirken, in dem Dringlichkeit und Realisierbarkeit eingearbeitet werden.

Ziele ermöglichen erst Evaluation (Kap. V) und Qualitätsentwicklung. Hilfeprozesse in der Sozialen Arbeit sind im Gegensatz zu technischen und wirtschaftlichen Arbeitsprozessen vom Prinzip her in ständiger innerer Veränderung. Wird dieser innere Prozessablauf einer Hilfestellung nicht aus- und bewertend zur Kenntnis genommen, werden die zu beobachtenden ‚Drehtürfälle‘ (KlientInnen tauchen in immer wieder sich zeigenden Abständen auf und werden zu so genannten Langzeitfällen) nicht zu stoppen sein. Ziele setzen und sie ständig überprüfen, hilft ein optimiertes und zeitsparendes Geschehen zu entfalten. „Dieser Prozess verläuft spiralenförmig: Nach jeder Evaluation werden wieder neue Ziele formuliert, um auf diesem Hintergrund wieder Interventionen auszuwählen und durchzuführen, erneut auszuwerten ..."(Bundesministerium, 1999, S. 32).

Ein Case Manager muss aus diesen Gründen die im Fallgeschehen vorhandenen übergreifenden Ziele kennen, sie im Hilfeprozess KlientInnen vermitteln und in Rückkoppelung auf Zielbeschreibungen der Beteiligten auf den Hilfeprozess wiederum Einfluss nehmen.

Im Weiteren, gestützt auf den Leitfaden ‚Zielfindung und Zielklärung‘ (Bundesministerium, 1999), werden lediglich die Anforderungen für das Fallgeschehen in der Sozialen Arbeit ausgearbeitet. In der Vorgehensweise und Struktur kann dies allerdings in jede Zielfindung und -operationalisierung von anderen Arbeitsweisen und Konzepten übertragen werden. Anhand der Fallsituation Sabine W. wird am Ende des Abschnitts beispielhaft und exemplarisch ein fachliches Vorgehen demonstriert.

Kriterien für eine Zielformulierung

Ein Ziel beschreibt einen erwünschten *Zustand* in der Zukunft, insofern kann die häufig zu beobachtende Vorgehensweise, in Zielen gleichzeitig oder gar ausschließlich Maßnahmen, Arbeitsweisen, Rahmenbedingungen einzuarbeiten, verhindert werden. Gut formulierte Ziele enthalten in der Zustandsbeschreibung Hinweise, was verbessert oder verändert werden soll, wie eine Verschlechterung abgewendet oder wie eine Situation stabilisiert werden könnte. Ein Ziel sollte positiv formuliert sein und eine Herausforderung darstellen, damit steigert sich die Motivation, das Ziel wirklich verfolgen zu wollen. Die Schwierigkeit Ziele konkret zu formulieren, drückt sich vielfach darin aus, dass nicht deutlich wird, auf wen oder was sich ein Ziel bezieht, für wen oder was die Verbesserung gelten soll. Es dient der Klarheit von Zielen, wenn ein Zeitpunkt benannt oder ein Zeitraum eingegrenzt wird, in dem ein Ziel erreicht werden soll (a.a.O., S. 22).

Zielebenen

Ziele entfalten ihre Wirksamkeit erst dann, wenn sie zeitlich und in der Reichweite differenziert werden. Allgemeine Ziele, die in Hilfeplänen oft zu finden sind, geben wohl eine Richtung an, steuern aber in keiner Weise unmittelbar zu folgende Handlungen. Werden nur zwei Zielebenen gewählt, fehlt zwischen allgemeinen und unmittelbaren Handlungszielen ein verbindendes Element. So differenziert sich ein Zielsystem im optimalen Falle auf drei Ebenen. *Grundsatzziele* sollen orientieren und langfristig angelegt sein. Mittelfristige *Rahmenziele* verbinden mehrere kurzfristige *Handlungsziele* und stellen den Bezug zu den Grundsatzzielen her. In einem Fallgeschehen reicht es aus, ein oder zwei Grundsatzziele festzulegen. Der Zielfindungsprozess wird hierarchisch geordnet. Die Grundsatzziele werden zuerst erarbeitet, die Rahmenziele folgen und erst zum Schluss werden Handlungsziele festgelegt. Veränderungen im Zielsystem werden umgekehrt von unten entwickelt. Handlungsziele werden aufgrund des zeitlichen Aspektes frühzeitig ausgewertet, häufiger hinterfragt, müssen dann präziser gefasst oder völlig neu formuliert werden. In Krisensituationen kann es sinnvoll sein, erst mit dem vorrangigen Handlungsziel zu beginnen und im Verlauf der Hilfestellung die nächsten Zielebenen zu bearbeiten.

Die unterschiedlichen Zielebenen eröffnen im Fallgeschehen in Bezug auf Hilfemaßnahmen den Blick für Wahlmöglichkeiten, sie legen einen roten Faden für die Fallbearbeitung und sie geben den Beteiligten bessere Möglichkeiten ihr konkretes Einsatzfeld zu bestimmen.

Grundsatzziele

In Grundsatzzielen drücken sich ideale Zustände, Perspektiven und Werthaltungen aus. ‚Konfliktfreie Ablösung von den Eltern‘ oder die ‚Gesundheit eines Obdachlosen‘ oder der ‚Verbleib einer allein stehenden, pflegebedürftigen Frau in ihrer Wohnung' könnten in Grundsatzzielen verankert sein. Sie liegen in einer weiter entfernten Zukunft. KlientInnen und Klientsysteme entwickeln diese Ziele am besten, wenn es ihnen gelingt, sich positiv besetzte Bilder für eine erstrebenswerte Zukunft vorzustellen. Obwohl sie weit gesteckt sind, grenzen sie trotzdem ein. Den gesunden Zustand eines Obdachlosen zu erreichen, heißt nicht gleichzeitig ihn in eine feste Wohnung zu vermitteln. In Krisen und Konflikten einer Fallbearbeitung kann das Besinnen auf die Grundsatzziele Blockaden lösen und eine konstruktive Weiterarbeit ermöglichen. Insofern sollten Grundsatzziele nicht festgezurrte Positionen beschreiben, wie zum Beispiel ‚ich will das alleinige Sorgerecht', sondern das Interesse ausdrücken, also 'ich möchte an den wichtigen Lebensentscheidungen für mein Kind mitwirken'. Im weiteren Zielfindungsprozess lassen sich mit den KlientInnen Schritte zum Ziel anhand ihrer Interessen befriedigender erarbeiten. Grundsatzziele eröffnen dem Case Manager, den Hilfeprozess kontinuierlich zu überprüfen und gegebenenfalls zu steuern (vgl. Bundesministerium, 1999, S. 50 ff.).

Die Aufgabe und Funktion von Grundsatzzielen kann daher wie folgt zusammengefasst werden:
- sie sollen orientieren, Perspektiven vermitteln für die KlientInnen und den Hilfeprozess
- sie sind langfristig angelegt
- sie stecken die Möglichkeiten und Grenzen der Hilfe ab
- sie motivieren und ermöglichen Identifikation mit einer Maßnahme
- in Konfliktsituationen erinnern Grundsatzziele an den ursprünglich gewünschten Zustand
- Grundsatzziele verbinden KlientInnen und professionelle HelferInnen, einschließlich deren Träger
- sie lenken die Wahrnehmung, helfen eine Situation zu beurteilen und zu steuern

Checkliste für Grundsatzziele (vgl. Bundesministerium, 1999, S. 54)

Sie sollen:
- positiv formuliert und attraktiv sein
- Interessen statt Positionen ausdrücken
- Ideen auslösen über das schrittweise Erreichen
- dauerhaft gelten
- hohe Akzeptanz schaffen nach innen (Klientsystem), nach außen (Umfeld)
- den erstrebten Zustand vorstellbar machen
- genügend Spielraum lassen für kreative Ausgestaltung
- glaubhaft und widerspruchsfrei sein
- prägnant, leicht verständlich und eingängig formuliert sein

Rahmenziele

Zielverfahren weisen häufig wie erwähnt nur zwei Zielebenen aus. Eine mittlere wird nicht berücksichtigt. „Mit der mittleren Zielebene wird das Leitziel (gleichzusetzen mit Grundsatzziel, Anm. d. V.) inhaltlich und zeitlich eingegrenzt, konkretisiert und meist in zwei oder mehr Teilziele zerlegt" (Bundesministerium, 1999, S. 56). Ein konkretes Handlungsziel, das zu unmittelbarem Handeln führt, kann den Bezug auf das langfristige Grundsatzziel oft nicht herstellen oder gänzlich verlieren. Das Rahmenziel übernimmt daher eine Scharnierfunktion, strukturiert das Grundsatzziel und regt das Formulieren alternativer Handlungsziele an. So können Aspekte der einzelnen KlientInnen, des Klientsystems und des Umfeldes oder unterschiedliche inhaltliche Bereiche gesondert betrachtet werden. In aller Regel liegen mehrere Handlungsziele vor. Im jeweiligen darüber liegenden Rahmenziel werden diese gebündelt und das jeweilige einzelne Handlungsziel muss sich daran orientieren.

Eine besondere Funktion nimmt das Rahmenziel für die professionellen Helfer ein. Auf der mittleren Zielebene können sich fachliche Gesichtspunkte ausdrücken und persönliche Grundsatzziele für Fachkräfte werden aus dieser Ebene angeregt. Aus dem einzelnen Fallgeschehen lassen sich anhand der Rahmenziele Kompetenzbereiche ablesen, die entweder vorhanden sind oder die noch erworben werden müssen. Wird in einem Fall drogenfreies Leben als Grundsatzziel gesetzt, kann auf der mittleren Ebene die Aktivierung des Umfeldes durch Netzwerkarbeit verschiedene handlungsorientierte Ziele bündeln. Aktivierungsprozesse im Umfeld bedürfen in der Regel besondere Kompetenzen (z.B. Fähigkeit zu moderieren). Ein Rahmenziel bietet vor allem auch die Möglichkeit, den Hilfeprozess in kollegialer Beratung, im Team, in der Supervision zu reflektieren. Dies kann mit Rahmenzielen besser als mit kurzfristige Handlungszielen oder den langfristigen Grundsatzzielen geschehen.

Dieser kommunikative Aspekt eines Rahmenziels setzt sich fort in der Reflexion des Hilfegeschehens zwischen KlientInnen und Case Manager. Ein Handlungsziel sagt noch wenig aus, inwieweit der Hilfeprozess insgesamt erfolgreich war. Erst auf der mittelfristigen Ebene können in aller Regel Hilfeverlauf und die Akzeptanz von Hilfen anhand des Rahmenziels im Dialog erörtert werden. Das Rahmenziel fördert demnach auf allen Ebenen das Kommunikationsgeschehen. Nicht zuletzt stellt das Rahmenziel den Ort dar, auf dem das Zielsystem überprüft, bestätigt, ergänzt oder verworfen und letztlich der Hilfeprozess rechtzeitig qualifiziert werden kann.

Checkliste für Rahmenziele (vgl. Bundesministerium, 1999, S: 61

Sie sollen:
- positiv herausfordern
- realistisch sein, zumindest partiell erreicht werden können

---

- so formuliert sein, dass mit der Verfolgung und Umsetzung dieses Ziels Ergebnisse produziert werden, aus denen gelernt werden kann
- eine Richtung aufweisen und Ideen darüber wecken, wie Handlungsziele aussehen könnten
- so formuliert sein, dass man sich vorstellen kann, was gemeint ist
- offen genug sein, um einen Spielraum für verschiedene Handlungsziele zu lassen
- offen genug sein, dass sich verschiedene Handlungsziele darunter zusammenfassen lassen

Handlungsziele

Sie sollen konkret beschreiben, welcher veränderte oder stabilisierte Zustand innerhalb eines kürzeren festgelegten Zeitraums erreicht sein soll. Konkret heißt das, das Ziel gibt eine bestimmte Person oder Personengruppe (Geschwister, Nachbarfamilie) an oder einen konkreten Zustand in einer Beziehung oder eine räumliche Situation. Handlungsziele lassen sich am besten messen. Aus der Zielformulierung ‚Frau Schmidt nimmt in den nächsten vier Wochen regelmäßig zur Altentagesstätte Kontakt auf‘, lässt sich nach vier Wochen messen, wie oft, wie lange sie dort war und welche Kontakte stattgefunden haben. „Sie sind Eckpfeiler für jede systematische Beschreibung und Bewertung von Praxis, also von Selbstevaluation. Sie geben Beobachtbares an, an dessen Vorliegen oder Nichtvorliegen, beziehungsweise an dessen Ausmaß des Vorliegens, abgemessen werden kann, wie nahe man seinen praktischen Zielen ist" (Bundesministerium, 1999, S. 67). Ebenso wird aus diesem Ziel deutlich, dass das Handlungsziel einen bestimmten Qualitätsaspekt beinhalten sollte - im genannten Beispiel ‚regelmäßiger Kontakt‘.

Handlungsziele haben nur Bestand und lösen unmittelbares Handeln nur aus, wenn sie von den KlientInnen akzeptiert werden. Handlungsziele müssen realistisch sein, um sie erreichen zu können. Insofern empfiehlt es sich, bevor Maßnahmen aus ihnen abgeleitet werden, sie nach fördernden oder hemmenden Bedingungen zu bewerten.

Checkliste für Handlungsziele (vgl. Bundesministerium, 1999, S. 71)

Sie sollen:
- s.m.a.r.t. - Kriterien erfüllen
  spezifisch
  messbar
  akzeptabel
  realistisch
  terminiert sein
- positiv formuliert sein
- ein abgestuftes Urteil ermöglichen, angeben, in welchem Umfang etwas erreicht werden soll

- eine nicht zu große Herausforderung darstellen
- eindeutig formuliert sein, so dass ein Klient oder eine Klientin dasselbe darunter versteht
- möglichst wenig Spielraum lassen – im Gegensatz zu den Grundsatz- und Rahmenzielen

Zielfindungsprozess

Die Zielebenen legen in ihrer vertikalen Struktur den Zielfindungsprozess fest. Aus ihren Inhalten lässt sich ablesen, inwieweit in ihrem Mittelpunkt ein angestrebtes Ergebnis, ein Prozess oder eine Struktur bzw. Rahmenbedingungen liegen. Die Arbeit an Zielen kann weiter qualifiziert werden, wenn zusätzlich zu den Inhalten (Ergebnis-Prozess-Struktur) Indikatoren und Kriterien formuliert werden. Dabei ist zu fragen: Welches Ergebnis soll erreicht werden oder welcher Zustand zeigt an, dass das Ziel erreicht ist? Diese Indikatoren werden zum Ausgangspunkt für fachliche Standards, da sie für die KlientInnen den Nutzen einer Hilfestellung darstellen lassen. Für den Case Manager machen sie den Prozess transparent, zum Beispiel über eingehaltene Arbeitsprinzipien (sozialräumlicher Bezug, Beteiligung der KlientInnen). Und sie beantworten die Effizienzfragen (Einsatz von Personal, Sachmittel in Beziehung zu Arbeitsformen und Ergebnissen).

Ziele zu definieren auf den unterschiedlichen Zielebenen erscheint auf den ersten Blick ein umfängliches Unterfangen zu sein und wird daher in der Praxis auf Widerstand stoßen. Mit der Zielsystematik gilt es daher Erfahrungen zu sammeln. So wird diese Innovation im ersten Schritt vermehrt Anstrengung, Zeit und Kraft kosten. Nach mehreren erarbeiteten Zieldefinitionen baut sich aber diese zusätzliche Anstrengung ab. Im Verlauf eines Hilfegeschehens zeigt sich der Nutzen von klaren Zielen. Sie leiten zu reflektiertem Handeln an, sie reduzieren Komplexität, sie strukturieren Hilfeprozesse, sie ermöglichen es schneller festzustellen, wann eine Maßnahme erfolgreich ist und beendet werden kann und steigern damit die Effektivität von Hilfemaßnahmen.

Gerade im Arbeitszusammenhang eines Case Managers werden sich unterschiedliche Zielvorstellungen nicht verhindern lassen. Träger von Maßnahmen, die fallzuständige Fachkraft, Personen und Institutionen im Umfeld eines Klientsystems und die KlientInnen selbst können sich in aller Regel noch - insbesondere, wenn eine konstruktives Kommunikationsgeschehen seitens des Case Managers zum Tragen kommt - auf gemeinsame Grundsatzziele verständigen. Rahmen- und Handlungsziele werden aus den unterschiedlichen Rollen und Funktionen, den unterschiedlichen Interessen heraus möglicherweise differieren. Entscheidend wird dabei sein, ob trotz dieser Unterschiedlichkeiten ein gemeinsames Handeln entsteht und möglich ist. Sind die Differenzen Störfaktoren muss ein Aushandlungsprozess einsetzen, der die Werte und Normen, die hinter dem Geschehen liegen offen legt. Danach können die Beteiligten entscheiden, welche Ziele Sinn machen, welche verfolgt werden sollen und welche weniger Priorität haben. Damit wird ausdrücklich bewusst gemacht, welche Ziele zurückgestellt werden.

Am Beispiel von Sabine W. soll eine Zieldefinition und ein Zielfindungsprozess demonstriert werden.

Bei diesem Beispiel übernimmt der zuständige Dienst - in diesem Fall der Kinder- und Jugendnotdienst - im Rahmen einer Krisenintervention die Verantwortung für den Fall Sabine W. Die dort zuständige Sozialarbeiterin stellt mit Sabine diese Zielfindung auf und bespricht im Rahmen ihres Teams das weitere Vorgehen ab. Hier wird deutlich, dass es zuerst darum geht im Vorfeld zu klären, unter welchen Bedingungen eine Familienunterstützung möglich ist und wer im Weiteren den Fall übernimmt. Ergebnis der Zielfindung könnte auch sein, über einen Intensiveinsatz und ein Krisenmanagement Unterstützung und Klärungshilfe zu geben, bevor eine weitere vertiefende Fallarbeit beginnt.

Grundsatzziel **Sabine lebt in einem Jahr in stabilen Verhältnissen**	**Indikator Ergebnis:** dauerhafte Wohnsituation erreicht **Indikator Prozess:** Beziehungen von und zu Sabine verstärken sich **Indikator Struktur:** professionelle Hilfeleistungen werden von einem Case Manager koordiniert
Rahmenziel 1 **Die Familienmitglieder unterstützen das Selbständigwerden von Sabine in den nächsten 6 Monaten**	**Indikator Ergebnis:** Jedes Familienmitglied übernimmt einen konkreten Auftrag im Hilfeplan **Indikator Prozess:** Die Ressourcen der einzelnen Familienmitglieder werden berücksichtigt **Indikator Struktur:** Besprechungszeiten und Räume orientieren sich an der Lebenswelt der Familie
Handlungsziele zu Rahmenziel 1 • Sabine analysiert mit Hilfe der Beratungsstelle ihre Situation in Bezug auf die Familie und erarbeitet Wünsche (in den nächsten 14 Tagen) • Kinder- und Jugendnotdienst klärt innerhalb zwei Wochen ab, welcher Soziale Dienst und welche Fachkraft in Zukunft mit Sabine und ihrer Familie arbeitet • Dieser Case Manager klärt, motiviert, vereinbart in den nächsten vier Wochen Kommunikationsbereitschaft bei den einzelnen Familienmitgliedern	Indikator Ergebnis: Sabine kann mit geklärten Vorstellungen die Kommunikation mit ihrer Familie aufnehmen Indikator Ergebnis: Case Manager ist benannt und beauftragt Indikator Ergebnis: Kommunikation wurde direkt und konkret aufgenommen

Zielfindung Beispiel Sabine W.

Weitere Rahmenziele könnten danach sein:

,Klärung der schulischen Situation von Sabine' oder ,das personale Netzwerk von Sabine wird aktiviert, verstärkt, ergänzt'. Auch diese Rahmenziele wären mit Indikatoren zu versehen und einzeln in Handlungsziele aufzuschlüsseln. Handlungsziele werden in aller Regel erst formuliert und konkretisiert bei der Abfassung des Hilfeplanes. Sollte es aus dem Fallgeschehen her Sinn machen, sie frühzeitig zu formulieren um bestimmte Prozesse zu beschleunigen oder vorwegzunehmen, sollten die Handlungsziele bei Erstellung des Hilfeplanes überprüft werden.

Zusammenfassung

Bevor im Case Management Hilfemaßnahmen überlegt werden, benötigt der Fallverlauf eine differenzierte Zieldefinition und Zieloperationalisierung. In den Zielen werden anzustrebende Zustände in der Zukunft und keine Maßnahmen formuliert. Ziele werden nach Zeit (lang-, mittel- und kurzfristig) und inhaltlicher Struktur (Grundsatz-, Rahmen- und Handlungsziel) operationalisiert. Kriterien und Indikatoren zeigen vom Prozess und Ergebnis her an, ob die Ziele erfolgreich verfolgt werden. Mit formuliert werden Strukturindikatoren, die eine Aussage treffen, ob die jeweiligen Rahmenbedingungen gegeben sind, das Ziel zu erreichen. Ziele sollten positiv und motivierend formuliert werden. Sie sind nicht statisch, sondern je nach Fallverlauf zu präzisieren, zu ergänzen oder neu zu formulieren. Ziele geben den KlientInnen realistische Anhaltspunkte für das Weiterkommen in ihrer belasteten Situation. Sie übernehmen darin aber auch selbst Verantwortung für das Erreichen ihrer formulierten Ziele. Der Case Manager kann seine professionelle Arbeit durch ein ständiges Controlling entlang der Zieldefinitionen erheblich qualifizieren. Ziele ermöglichen ihm seine Arbeit selbst oder mit anderen zu reflektieren und ständig zu verbessern. Sie wirken damit einem beruflichen Burn-out entgegen, da die Zufriedenheit mit der verantwortlichen Fallarbeit steigt. Institutionen können anhand von klaren Zielformulierungen und entsprechender Dokumentation der Fallarbeit diese für die Planung ihrer Angebotspalette nutzen, die Attraktivität der Angebote erhöhen und die Wirtschaftlichkeit ihres Dienstleistungsangebot überprüfen. Qualitätsentwicklung und Qualitätsmanagement wird mit einem fest verankerten Zielfindungsgeschehen erst ermöglicht.

Weiterführende Literatur

Bundesministerium für Familie, Senioren, Frauen und Jugend: Zielfindung und Zielklärung - ein Leitfaden, Heft QS 21, Materialien zur Qualitätssicherung in der Kinder- und Jugendhilfe, Bonn, 1999

Heiner, Maja (Hrsg.): Qualitätsentwicklung durch Evaluation, Lambertus, 1996

Spiegel, Hiltrud von: Selbstevaluation - Qualitätsentwicklung und Qualitätssicherung „von unten" in: Merchel, Joachim (HG): Qualität in der Jugendhilfe, Votum, Münster, 1999, 2. Aufl.

Hilfebedarf und Hilfen entwickeln

An den Prozess der Zielfindung schließt sich die Aufgabe an, anhand der Grundsatz- und Rahmenziele den grundlegenden Hilfe-, Förder- oder Pflegebedarf abzulesen und erneut alternative Maßnahmen aus dem sekundärpräventiven Bereich zu überlegen.

An dieser Stelle, wie in allen anderen Stationen des Hilfeprozesses, sollte im Rahmen von Zwischenreflexionen die Fallsituation betrachtet werden. Haben sich neue Erkenntnisse eingestellt, sind neue Informationen dazugekommen, haben sich die belasteten Situationen entschärft oder verstärkt? Nur so kann das ressourcenorientierte Arbeiten verwirklicht werden, anstatt an Ergebnissen zu klammern, die keinen Sinn machen oder keinen Fortschritt bedeuten.

Das Herausarbeiten des Hilfebedarfs ist geprägt von einer beratenden Tätigkeit des Case Managers in der er die Beziehung zu seinen KlientInnen besonders zu beachten hat. Die Beteiligung der KlientInnen spielt hier eine große Rolle. Gleichzeitig übernimmt er die personenbezogene Netzwerkarbeit, um die Ressourcen im Umfeld der KlientInnen aktivieren zu können. Anzuknüpfen an die Bedürfnisse und konkreten Notlagen heißt, mit einer entsprechenden Gesprächsführung den KlientInnen zu ermöglichen, sich auf ihre Bedürfnisse zu besinnen, ihre Wünsche, die nicht immer realistisch sein müssen, dazu in Bezug zu setzen. Gerade in diesem Abschnitt eines Hilfeprozesses muss dem Case Manager deutlich sein, dass er in aller Regel über bessere Informationen verfügt, eine auch sprachlich besetzte Definitionsmacht besitzt, in den meisten Arbeitsfeldern einen öffentlichen Träger (Amt) vertritt oder einen Träger der vom öffentlichen Sektor finanziert wird. Andererseits sollte der Case Manager wissen, eine gegen die KlientInnen gerichtete Hilfemaßnahme verspricht wenig Erfolg oder bedarf ständiger Arbeit an Widerständen. Trotzdem übernimmt er insofern Verantwortung in dieser Phase, als er sehr wohl seine fachliche Sicht in die Klärung des Hilfebedarfs einbringen sollte. Über das systemische Fragen (siehe Kap. VII) kann er nicht anwesende Personen in die Beratung einbeziehen. Oder über eine mit den KlientInnen vereinbarte Netzwerkkonferenz (siehe Kap. VII) durchführen, um die Ressourcen des personalen Netzwerkes vor Erstellen des Hilfeplanes nutzbar zu machen.

Im Idealfall endet diese Phase im Konsens. Bestehen weiter unterschiedliche Ansichten, wurden Bedürfnisse, Überlegungen zurückgestellt, werden diese Punkte dokumentiert und können im späteren Hilfeverlauf aufgegriffen werden. KlientInnen können Bedürfnisse besser in einer Prioritätenliste entwickeln, besser einen Kompromiss schließen, wenn sie sicher sind, dass ihre Vorstellungen nicht unter den Tisch fallen. Umgekehrt sichert sich die fallverantwortliche Fachkraft ab, wenn sie KlientInnen auf wichtige Aspekte aufmerksam gemacht hat.

Zeigt sich in diesem Abschnitt, dass gravierende und eingreifende Hilfemaßnahmen notwendig werden, sehen für diesen Fall Konzeptionen in den verschiedenen Arbeitsfeldern kollegiale Beratung, Helfer- oder Fachkonferenzen vor. Sie sollen der fallverantwortlichen Fachkraft eine Zwischenreflexion ermöglichen und ihr Rückhalt für das weitere Vorgehen geben.

In der kollegialen Beratung lässt sich ohne großen Aufwand das reflexive Geschehen organisieren und kann auch in kleinen Institutionen verwirklicht werden. Kollegiale Beratung ist ein strukturiertes Geschehen zwischen zwei Kollegen oder einer kleinen Gruppe, in der Fälle vorgestellt werden oder kritische, schwierige Passagen der Fallarbeit. Neben der inhaltlichen Arbeit, werden auch persönliche und institutionelle Aspekte thematisiert. Die beratenden Kollegen bringen durch Verständnisfragen, eigene Assoziationen, Hypothesen und zum Ende der Beratung durch Lösungsvorschläge neue Gesichtspunkte ein. In Anlehnung an die Supervision wird dieses Reflexionsinstrument auch als Intervision bezeichnet.

Die Gefahr, dass Kritik und Anregungen schwieriger in einer engen, vertrauten Personalkombination umzusetzen sind, besteht. Fortbildung in kollegialer Beratung gewährleisten hier fachliche Standards.

Helferkonferenzen setzen sich aus den professionellen Helfern zusammen, die in einem Fallgeschehen bereits tätig geworden sind oder ihre fachliche Kompetenz zusätzlich einbringen. Sie tragen ihre bisherigen Erkenntnisse zusammen und besprechen das Assessment der fallverantwortlichen Fachkraft. Innerorganisatorisch erleichtern regelmäßige Termine die Zusammenkunft und den Ablauf von Helfer- oder Fachkonferenzen. Eine qualifizierte Moderation (siehe Kap. VII) bringt die notwendige Stringenz in dieses Verfahren.

Fachkonferenzen zu veranstalten erscheint sinnvoll, wenn in einem Fall unterschiedliche schwierige Konstellationen zusammenkommen (z.B. Behinderung, psychische Erkrankung, Schulden, Arbeitslosigkeit). Dann sind verschiedene Professionen gefragt, die dem Case Manager Aufschluss geben, welche Besonderheiten im Hilfeverlauf zu beachten sind oder auftreten können. In einer Fachkonferenz können darüber hinaus Hilfemaßnahmen vorab erörtert werden, um nachfolgende Schritte zu erleichtern, bzw. können den KlientInnen wiederum entsprechende Anhaltspunkte vermittelt werden. Diese Fachkonferenzen werden zum Teil als ständiges Gremium eingesetzt, mit der Möglichkeit weitere Personen hinzuziehen und treffen sich regelmäßig. Aus Effizienzgründen wäre es sinnvoll je nach Größe eines Gebietes, dieses Fachgremium interinstitutionell auszurichten und mehreren Case Managern anzubieten.

Die KlientInnen sollten über diese Fachgremien, die vor allem der weiteren Qualifizierung einer Fallarbeit dienen, informiert werden und ihr Einverständnis zur Fallbesprechung muss eingeholt werden.

4. Phase: Hilfeplanung

Ist die klärende und beratende Phase abgeschlossen, erfordert das Case Management für das weitere Hilfegeschehen einen Hilfeplan (oder Förder-, Integrations-, Pflegeplan) der alle Beteiligten und in Frage kommenden Institutionen einbindet, deren Aufgaben festschreibt und als Kontrakt Verbindlichkeit im Hilfeprozess gewährleistet.

In einem ersten Schritt werden die grundlegenden Konturen des Hilfeplanes festgelegt. Dieses verbindliche Festhalten und Vereinbaren erfolgt in einer Hilfekonferenz, in der Kinder- und Jugendhilfe häufig auch ‚Erziehungskonferenz‘ genannt. Eine Bezeichnung die wie an anderer Stelle schon erwähnt, einen falschen Focus legt, nämlich auf die Kinder und Jugendlichen als Symptomträger. Die beteiligten Eltern oder andere einzubeziehende Personen bedürfen in gleicher Weise Hilfe, so dass der Begriff Hilfekonferenz ein Verständnis herstellt, das sich nicht nur auf das Wohl oder die auffälligen Verhaltensweisen von Kindern und Jugendlichen beschränkt.

Der Case Manager bereitet die Hilfekonferenz vor, lädt dazu ein und moderiert sie (in schwierigen Situationen kann er dies an Kollegen delegieren, ebenso das Protokollieren).

In der Hilfekonferenz wird abschließend über das bisherige Fallgeschehen beraten und die Grundzüge der Hilfen diskutiert.

Inwieweit eine Hilfekonferenz gleichzeitig über die Hilfen entscheiden kann, legt die jeweilige Institution des Case Managers fest. Angelegenheiten der Sozial- und Jugendhilfe umfassen in aller Regel rechtsfähige Bescheide, gegen diese die KlientInnen auch Rechtsmittel einlegen können, so dass eine Hilfekonferenz lediglich Vorschläge und Empfehlungen aussprechen kann. Allerdings werden diese nur in Ausnahmefällen nicht von den Entscheidungsträgern übernommen. Nicht nur die KlientInnen, auch der Case Manager wird in diesem Kontext in seiner Autonomie beschränkt. Umso mehr kommt es auf seine fundierte fachliche Vorarbeit und Argumentation an, inwieweit Empfehlungen einer Hilfekonferenz in der Hierarchie seiner Einrichtung zu falladäquaten Entscheidungen werden. Konflikte treten häufig dann auf, wenn Leitungspersonen nur auf wirtschaftliche Aspekte achten und finanzielle Vorgaben durchsetzen wollen. Im Rahmen von freiwilligen Leistungen ist die Budgetverantwortung und Schwerpunktsetzung diskutierbar und könnte unter den Beteiligten ausgehandelt werden. Handelt es sich um Pflichtleistungen, wie zum Beispiel Hilfen zur Erziehung in der Kinder- und Jugendhilfe (§ 27 ff.), kann allenfalls um die Hilfeart gestritten werden. Liegt allerdings im Sinne von § 27 ein erzieherischer Bedarf vor, entsteht gleichzeitig ein Rechtsanspruch. Leitungspersonen setzen mit ihren Versuchen Hilfeleistungen einzuschränken auf die Schwäche von KlientInnen, den Rechtsweg nicht zu kennen oder ihn beschreiten zu können. Gerade in der Kinder- und Jugendhilfe wird offensichtlich, dass KlientInnen, die in das Widerspruchverfahren gehen, in den meisten Fällen sich durchsetzen können. Die fallzuständigen Fachkräfte stecken insofern in einer Falle. Einerseits handeln sie fachlich korrekt, wenn sie einen entsprechenden Bedarf herausarbeiten und ihre KlientInnen auch gemäß SGB über ihre Rechte aufklären, andererseits werden sie der Illoyalität gegenüber ihren Vorgesetzen und ihren Trägern bezichtigt. An dieser Stelle wird deutlich, wie wichtig ein Assessment werden kann. Gegen fachlich fundierte Argumente, kann sich ein reines auf Effizienz ausgerichtetes Denken im Pflichtbereich von Sozial- und Jugendhilfeleistungen schwer durchsetzen.

In der Hilfekonferenz werden die im Vorfeld erarbeiteten Ziele überprüft. Insbesondere die Grundsatzziele und die Rahmenziele bieten sich an, die Formen der Hilfe zu besprechen. Besonders zu beachten sind in diesem Zusammenhang die zeitlichen Perspektiven. Die Konkretisierung der Hilfemaßnahmen und die Handlungsziele sollten in der Hilfekonferenz möglichst nicht besprochen werden. Sie finden einen besseren Platz in anschließenden Hilfeplangesprächen.

Die Hilfekonferenz besteht im Kern aus dem Case Manager und den KlientInnen, andere Konstellationen legen Träger und Konzepte unterschiedlich fest. In Hilfekonferenzen mit 8-12 Teilnehmern fühlen sich in aller Regel KlientInnen überfordert, zumal Fachleute überwiegen. Der Case Manager sollte keine standardisierte Teilnehmerkonstellation vorsehen, sondern diese vom jeweiligen Fallgeschehen und den beteiligten KlientInnen abhängig machen.

Bei den KlientInnen eröffnet sich die Frage, wer ist einer solchen Entscheidungssituation gewachsen? Erfahrungen mit Hilfekonferenzen zeigen, dass Kinder und Jugendliche je nach Alter oder Entwicklung in diesem Geschehen überfordert sind. Ihnen sollte dann eine Vertrauensperson zugestanden werden, wie auch anderen KlientInnen, die Artikulationsschwierigkeiten haben. In Erziehungskonferenzen der Kinder- und Jugendhilfe traten in einigen Fällen bereits Rechtsbeistände auf.

Es erscheint sinnvoll bei Kindern und Jugendlichen, wenn sie gänzlich überfordert sind, außerhalb der Hilfekonferenz an ihren Bedürfnissen und Wünschen so zu arbeiten, dass der Case Manager selbst oder eine Person ihres Vertrauens diese Aspekte und ihre Vorstellungen von Hilfemaßnahmen in die Hilfekonferenz einbringt.

Wünschenswert wäre, die direkt Beteiligten aus dem Umfeld der KlientInnen, mit deren Einverständnis, einzuladen (z.B. Großeltern, Freunde, Pflegeeltern).

Ein Kriterium für die Auswahl ist unter anderem, inwieweit Personen aus dem Umfeld im positiven Sinne, also unterstützend in der Hilfekonferenz mitwirken können.

Andere professionelle Helfer und Berufsgruppen (Lehrer, Ärzte, Psychologen, Drogen-, Schuldnerberater) sollten zumindest in Erwägung gezogen werden, wenn sehr spezifische Problemlagen vorliegen. Deren Teilnahme bedarf der gründlichen fachlichen Abklärung bzw. des ausdrücklichen Einverständnisses der KlientInnen.

Für den Case Manager könnte eine Kollegin oder ein Kollege unterstützend und entlastend wirken durch Übernahme von Aufgaben wie Protokoll anfertigen oder der Moderation der Hilfekonferenz. Ebenso könnten sie eine spezifische Kompetenz zusätzlich einbringen.

Grundsätzlich ausgeschlossen sollte die Teilnahme von Vertretern, die später eventuelle Hilfemaßnahmen übernehmen könnten, nicht sein. Doch müssen die Vor- und Nachteile abgewogen werden. Bringen die Vertreter von Maßnahmen lediglich ihre Fach- und Sachkompetenz ein, könnte ihre Teilnahme förderlich wirken. Der Versuch für sich selbst und seine Einrichtung zu werben und ihr KlientInnen zuzuführen, steht dagegen und würde verhindern, dass die Hilfekonferenz zu Beginn ergebnisoffen ausgelegt ist.

Inwieweit eine Tischvorlage für die Hilfekonferenz nützlich ist, hängt von dem gewählten Verfahren ab und erfordert mehr Aufwand und Sensibilität, was den Datenschutz angeht. Die Tischvorlage kann nur mit Einverständnis der KlientInnen erstellt und vorab versandt werden. Ansonsten muss sie zu Beginn der Konferenz gelesen werden und bringt dadurch zeitliche Einschränkungen.

Zwischen vorbereitender Beratung und der Hilfekonferenz können neue Sachverhalte auftreten, die eine Problemlage ver- und entschärfen. Zu Beginn sollten daher in jeder Hilfekonferenz diese möglichen Veränderungen angesprochen werden. Notfalls muss die beratende Tätigkeit wieder aufgenommen werden. So wird auch an dieser Stelle deutlich, Case Management läuft nicht geradlinig in seinen Phasen ab, immer wieder müssen Schleifen eingezogen werden, die sich aus dem prozesshaften Geschehen ergeben.

In folgenden Teil der Hilfekonferenz gibt der Case Manager eine kurze Einführung und berichtet über die Ergebnisse der vorbereitenden Beratung, ebenso wie über die überein- wie die nicht übereinstimmenden Punkte. Er kann sich dabei auf die dokumentierten Vorarbeiten (Assessment, Zielfindung, Beratung) stützen und sich auf wesentliche Punkte konzentrieren. Nach ihm geben die KlientInnen ihre Sichtweisen ein. Diese stehen im Vordergrund der weiteren Beratung.

Danach werden die grundlegenden Hilfemaßnahmen erörtert. Die KlientInnen erhalten Informationen zu Maßnahmen und Einrichtungen, um sich ein Bild machen zu können. Entscheidungshilfen für alle Beteiligten an der Hilfekonferenz könnten die Erfolgsfaktoren sein, die Burkhard Müller (Müller, 1995) für die Jugendhilfe vorschlägt, aber auf alle Bereiche des Case Managements übertragbar sind.

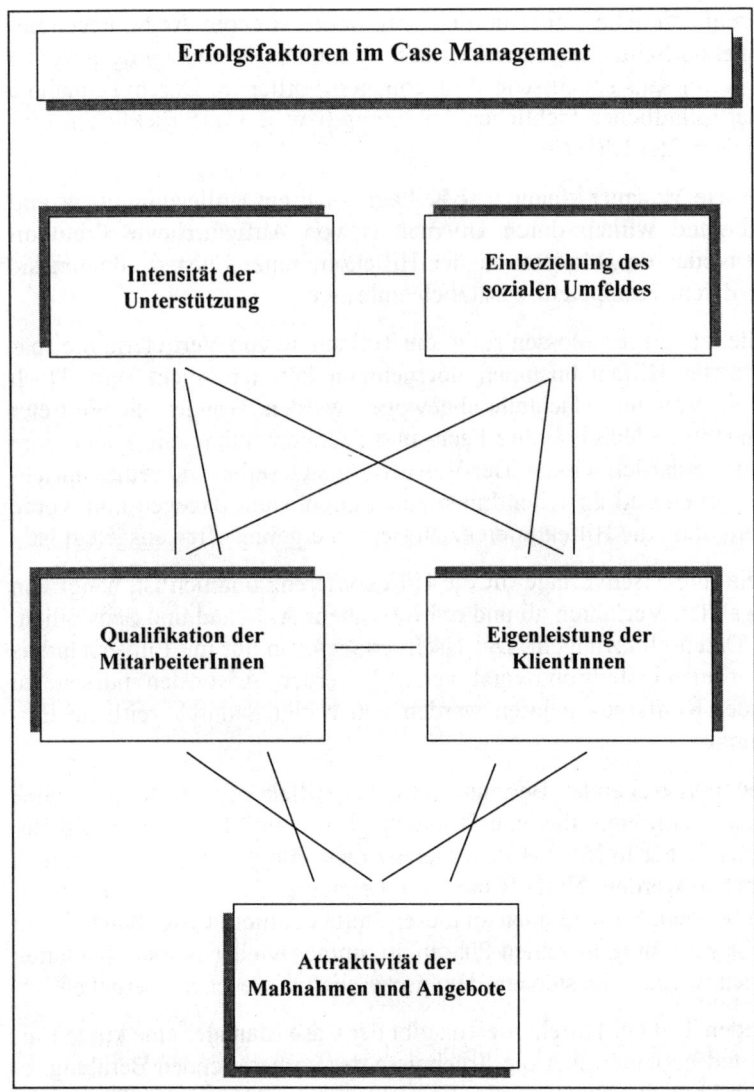

Abb. 4: Erfolgsfaktoren (vgl. Müller, 1995)

Die *Intensität der Betreuung* in einer Maßnahme gibt Aufschluss über den Zeitaufwand, Personalschlüssel, vorhandene Ressourcen. Die *fachliche Kompetenz* der MitarbeiterInnen beschreibt deren Qualitätsprofil. Eine Hilfemaßnahme muss für die KlientInnen einen konkreten Nutzen darstellen: welche Chancen ergeben sich für die Zukunft, kann ein höherer Bildungsgrad erreicht werden, bietet sie genügend Freizeit, Wohnraum oder Schutz?

Die *Eigenleistung der KlientInnen*, auch die der Kinder und Jugendlichen, ist neben die professionelle Hilfe zu stellen. In der Hilfekonferenz können die aus dem Assessment bekannten Ressourcen in konkrete Beteiligungsformen münden. Dies gilt in gleichem Maße für die Ressourcen des personellen und institutionellen *Umfeldes*.

Diese Kriterien können jeweils untereinander in Beziehung gesetzt werden und geben über die jeweilige Abhängigkeit Aufschluss. Als Beispiel: Der Personal- und Zeitaufwand steht in Relation zur Eigenleistung der KlientInnen. Zuviel an professioneller Hilfe kann die Eigenkräfte zuschütten. Die Intensität einer Maßnahme steht in Abhängigkeit zur fachlichen Kompetenz der Mitarbeiter. Eine fachlich kompetent ausgerichtete Hilfestellung reduziert den Zeitaufwand.

Eine Hilfekonferenz wird wie folgt idealtypisch ausgerichtet, die jeweilige Fallsituation muss dabei eingearbeitet werden.

Teil 1 Eröffnung:

- Begrüßung und wenn notwendig Vorstellungsrunde, die Teilnehmer auf Verschwiegenheit verpflichten
- Tischvorlage sofern vorhanden verteilen, lesen oder bei vorab verteilter Tischvorlage, Verständnisfragen klären ohne auf den Fall selbst einzugehen
- der Case Manager führt kurz in die Fallsituation ein und erläutert die Ziele der Konferenz
- aktuelle Veränderungen werden angesprochen und festgehalten
- die KlientInnen oder deren Vertrauenspersonen stellen die wesentlichen Hilfebedarfe und -wünsche vor
- weitere Beteiligte bringen ihre Sichtweisen ein

Teil 2 Erörtern der Fallsituation:

- alle Aspekte, die zur Sprache kamen werden nun erörtert
- Konsens und Dissens wird festgehalten und zusammengefasst
- Grundsatz- und Rahmenziele werden überprüft, bestätigt oder verändert

Teil 3 Kontrakt erarbeiten und Hilfekonferenz beenden:

- Grundzüge der Hilfe werden erörtert und die zeitlichen Vorstellungen eingearbeitet
- alle Beteiligten klären ihre Beiträge zur Bewältigung der Problemlage
- Absprachen über Hilfeplangespräche werden getroffen
- Reflexion über den Verlauf der Hilfekonferenz

Hilfeplan vereinbaren

Produkt und Endergebnis der Hilfeplanung ist der Hilfeplan. Im Case Management Konzept wird der Hilfeplan zur Schnittstelle zwischen vorab erfolgter Klärungshilfe und dem ermittelten Hilfebedarf einerseits und der dann nachfolgenden Schritte zur Veränderung der erkannten Problem- bzw. Notlage andererseits. In der fallorientierten Sozialen Arbeit wurden mehr oder weniger schon immer Hilfen geplant. Dies bestand allerdings mehr aus vereinbarten Schritten, Maßnahmen und Absprachen. Die Ergebnisse wurden oft weder schriftlich fixiert noch systematisch dokumentiert. Eine unzureichende Planung führte möglicherweise zu nicht adäquaten Hilfen, die wiederum den Hilfeprozess verzögerten und Leistungen verteuerten. Mit der Konsequenz, dass Sparmaßnahmen im Personalbereich folgten. Dieser Kreislauf behindert eine gründliche Planung von Hilfemaßnahmen. Ein Teufelskreis, der aus dem Einzelfall nicht konkret genug hervorgeht, aber insgesamt an den beispielsweise massiv gestiegenen Hilfen zur Erziehung exemplarisch verdeutlicht werden kann.

Insofern bringt das Case Management mit dem Hilfeplan ein Instrument ein, das dem praktischen Handeln mehr Struktur, mehr Klarheit über die Hilfeleistungen und einen höheren Verantwortungs- und Verpflichtungscharakter verschafft. Der Hilfeplan wird zu einem Vertrag zwischen allen Beteiligten und sollte von allen - auch von Kindern und Jugendlichen - unterschrieben werden. Auswertungen (Becker, 1999) von Hilfeplänen nach § 36 KJHG zeigen auf, dass einzelne Jugendämter in der Bundesrepublik sehr unterschiedliche Vorgaben machen, wie ein Hilfeplan zu gestalten ist (siehe Kap. V. - Hilfeplan).

Hilfepläne insgesamt zu vereinheitlichen wäre nicht nur für den Jugendhilfebereich ein zu enges Korsett. Allgemein akzeptierte fachliche Standards für einen Hilfeplan könnten ihn dagegen zu einem Instrument der Qualitätssicherung werden lassen und werden wie folgt zusammengefasst:

− Der Hilfeplan wird nach der Hilfekonferenz mit den KlientInnen, Unterstützern im Umfeld und Maßnahmeträgern in einem oder mehreren Hilfeplangesprächen erarbeitet und die einzelnen Handlungsschritte festgelegt. Dabei ist besonders auf die Mitgestaltung und Beteiligung der KlientInnen zu achten.
− Die Grundsatz- und Rahmenziele werden über Handlungsziele präzisiert und entsprechende Indikatoren festgelegt, die die Zielerreichung markieren.
− Im Hilfeplan werden vor allem die Ressourcen der Beteiligten aufgegriffen und realistische Inhalte und Zeiträume vereinbart.
− Aufgaben werden für alle konkret beschrieben und eindeutig und unmissverständlich formuliert.
− Hilfepläne sollten genug Platz für individuelle Ausführungen vorsehen und die Möglichkeit von standardisiertem Beantworten vermeiden.
− Am Ende des Hilfeplanes werden die Zeiträume festgelegt, in denen der Hilfeprozess überprüft und reflektiert wird. Vereinbart wird ebenfalls, welche Inhalte in die Verlaufskonferenzen eingebracht werden und wer dafür verantwortlich ist.

Widerstände gegen ausführliche und standardisierte Hilfepläne sind bekannt (siehe Kap. V). Sie seien starr und unflexibel, schränken die Kreativität des Handelns ein und kosteten unnötig Zeit und Personalaufwand. Dagegen steht Transparenz, weniger subjektive Elemente, Eindeutigkeit und Überprüfbarkeit professionellen Handelns und des Hilfeprozesses selbst. Der Zeit- und Personalaufwand kann durch PC-Unterstützung erheblich reduziert werden, wenn eine entsprechende Software entwickelt und installiert wird.

5. Phase: Durchführung, Controlling und Re-Assessment

Nachdem ein Hilfeplan erstellt, die einzelnen Leistungen fixiert und vereinbart wurden, übernimmt der Case Manager eine neue Rolle. In multibelasteten Fallsituationen zeichnet sich eine komplexe Gemengelage ab, trotz strukturierender Ziele und Kontrakt, in der Personen und Institutionen unterschiedlichste Ausgangspunkte darstellen. Diese Komplexität wiederholt sich bei den im Hilfeplan vereinbarten Leistungen von Personen und Institutionen. Der Case Manager sieht sich einem Geflecht oder Netz gegenüber, einerseits bei den handelnden Personen im Klientsystem und in deren Umfeld und andererseits bei den Sozialen Dienstleistungen. Soll der Hilfeplan Wirkung erzielen, müssen beide Bereiche in sich und jeweils miteinander koordiniert werden, um isoliertes Erledigen von Aufgaben zu verhindern. Teilsysteme dieser persönlichen und institutionellen Netze (Familie, Nachbarschaft, Peer Group, Kindertagesstätte/Schule, Sozialamt/Arbeitsamt u. ä.) müssen verstärkt untereinander kooperieren.

Die Dynamik in einem Fallgeschehen erfordert zeitnahe Informationen an alle und von allen Beteiligten über Veränderungen im Hilfeprozess und bei den vereinbarten Maßnahmen. Eine mögliche Zielüberprüfung und Modifikation der Hilfestellungen wird dann notwendig.

Das frühzeitige (und dann sinnvolle) Abbrechen einer nicht wirksamen Hilfe steht am Ende einer Kette von Aufgaben im Verlauf des Hilfeprozesses. Das Abbrechen von Maßnahmen seitens der KlientInnen und von Trägern gilt es prinzipiell zu verhindern, da sie in aller Regel einen starken Einschnitt für die KlientInnen bedeuten. Hilfen in der Sozialen Arbeit werden durch mangelnde Beobachtung und Evaluation, durch Eigeninteressen von Maßnahmeträgern entweder zu lange ausgedehnt oder zu schnell abgebrochen und die KlientInnen in einen Verschiebebahnhof gesetzt. Das Abschöpfen von ‚lukrativen‘ Klientengruppen (auch Creaming genannt) führt zu Unterversorgung in ohnehin benachteiligten Bereichen. Die dortigen Situationen eskalieren und sozialpädagogisches Handeln greift, wenn überhaupt nur noch situationsberuhigend ein (zum Beispiel Crash-Kids in Großstädten). Dies zu durchbrechen ist eine wesentliche Auf- und Anforderung an einen Case Manager. Die Koordination von Hilfen, einen Informationsfluss zu halten, die Be- und Auswertung von Leistungen und Maßnahmen umfassen das Fall-Controlling. Unter dem Aspekt der gewachsenen Beziehungen zu den KlientInnen wird der Case Manager darüber hinaus für sie zu einer Anlaufstelle, in der Krisen, Schwierigkeiten und Erfolge, positive Veränderungen offen angesprochen werden können. Der Case Manager wird zu einer Art Supervisor oder Coach oder gar einem ‚Paten', also eine enge, aber Distanz wahrende, Vertrauensperson. In Konflikten die KlientInnen mit Einrichtungen und/oder Personen im Hilfeprozess austragen kann der Case Manager vermitteln. Dabei hat er zu klären, ob er von beiden Konfliktparteien akzeptiert wird. Wenn seine eigene Neutralität nicht gewährleistet ist, kann er einen außenstehenden Vermittler einschalten.

Aus dem Controlling ergeben sich Daten und Erkenntnisse, die fallübergreifend und anonymisiert an die Sozial- und Jugendhilfeplanung übergeben werden können. Der Case Manager übernimmt eine Brückenfunktion zu einer fallunspezifischen Arbeit und kann damit Einfluss nehmen, welche Angebote und Dienstleistungen in seinem Bereich qualitativ ausgewiesen sind und neu installiert werden.

Gleichzeitig, und hier zeigen sich die Vorbehalte, übernimmt er eine überprüfende Position über die Leistungen in seinem Einzugsgebiet und nimmt damit eine Machtstellung ein. Träger von Maßnahmen akzeptieren diese Funktion nicht immer von sich aus. Sie sehen darin eine unzulässige Einmischung in ihre sozialpädagogische Arbeit und ihr Konzept. Es ist daher unerlässlich für ein Arbeitsfeld, die Aufgabe und Funktion eines Case Managers in einer Rahmenvereinbarung zu verankern. Träger müssen diese Tätigkeit akzeptieren und für die nötige Transparenz sorgen. Ansonsten könnten sie ihre finanzielle Unterstützung verlieren. Anderseits erfordert dies, dass die Tätigkeit eines Case Managers fachlichen Standards entspricht und sie ebenfalls einer Kontrolle ausgesetzt wird. Für Konfliktfälle eignet sich eine Schiedsstelle, die dialogisch Situationen klärt, bevor hierarchisch oder fiskalisch eingegriffen werden muss. Handelt ein Case Manager ohne eine derartige Rahmenvereinbarung, kann er nur mit Mühe fallspezifische Vereinbarungen durchsetzen, strukturelle Veränderungen im Leistungsangebot werden erheblich erschwert.

Soziale Organisationen übernehmen seit einigen Jahren zunehmend Planungs- und Steuerungskonzepte von Wirtschaftsunternehmen. Controlling stellt ein Teil von Qualitätsmanagement dar, das auf Effektivität und Effizienz von Produkten abzielt. Die Übertragbarkeit auf Soziale Organisationen ist prinzipiell gegeben. Wobei Einschränkungen sowohl im ethischen Bereich als Humandienstleistungen gegeben sind, als auch die Messbarkeit von Wirkungen nicht mit den Produkten von Technik und Wirtschaft vergleichbar ist und die sozialen Problemlagen kein lineares Einwirken zulassen. Prozesshafte Abläufe, Rückfälle und Krisen, Widerstände in Beziehungen drücken die Besonderheiten aus. Gesamtgesellschaftliche Einflüsse, wie Gesetze, Verordnungen, kommunalpolitische Entscheidungen, Verslumung von Stadtteilen erschweren zusätzlich zu planende Fallkonstellationen.

Trotzdem bereichert ein Fall-Controlling, dessen Grundzüge aus dem Congtrolling von Organisationen abgeleitet werden können, die Arbeit des Case Managers. Letztlich profitieren die KlientInnen am meisten von einem transparenten Fallverlauf. Controlling in diesem Sinne erscheint ein klarerer Begriff zu sein, als Monitoring, das in anderen Case Management Konzepten für diese Aufgabe genannt wird.

Ein Controllingsystem verwirklicht „die ethische Verpflichtung zu höchster Professionalität und Effizienz gegenüber Hilfesuchenden sowie ... zur Ermöglichung motivierender Erfolgserlebnisse durch systematische Rückkoppelungen" (Bundesministerium, 1996, S. 31)

Zieldefinitionen sind vielfach nicht eindeutig. Die Ziele beziehen sich oft auf mehrere KlientInnen und Klientsysteme. Die angestrebten Ziele und Leistungen sind nur schwer quantifizierbar und Ergebnisse schwer messbar (vgl. Bundesministerium, 1996, S. 31). So erfordert ein Fall-Controlling stärker ein Konzept, das sich auf den Prozess der Hilfestellung und deren Rahmenbedingungen ausrichtet.

Im Controllingprozess wird der Fallverlauf gesteuert, geregelt und geleitet. Die im Begriff implizit ausgedrückte Kontrolle steht demnach nicht im Vordergrund. Kontrolle drückt sich dennoch darin aus, dass der Fallverlauf anhand der gesetzten Ziele überprüft wird. Controlling sichert fachliche Standards und richtet sich an den Erfordernissen der KlientInnen aus. Daneben wirken sich allerdings immer mehr die finanziellen Vorgaben aus, die das Ziel haben, den Anstieg der Kosten für individuelle Hilfeleistungen zu begrenzen. Im Gegensatz zu den Konzepten in den USA verfügen in Deutschland die Case Manager über keine eigenen Haushaltstitel. Allenfalls haben sie sich in einem vorgegebenen Budgetrahmen zu bewegen und können dort Spielräume nutzen. Zwischen diesen Anforderungen und den Bedürfnissen der KlientInnen bewegt sich im Controlling der Case Manager. Seine Spielräume hat er zwischen berufsethischen und fachlichen Standards, dem vorhandenen Budget und seiner Loyalitätspflicht gegenüber dem Anstellungsträger zu suchen. Umso deutlicher wird an dieser Stelle, dass ein fundiertes Assessment, klare Ziele, eine umfassende Hilfeplanung die besten Voraussetzungen für den Case Manager darstellen, seine Aufgaben und Funktionen sach- und klientengerecht zu erfüllen.

Fall-Controlling ist daher ein Subsystem in einem Arbeitskonzept, das personenbezogene Hilfeverläufe plant, kontrolliert und steuert. Es versorgt alle Beteiligten mit Informationen und koordiniert, die sich neu bildenden Systeme im weiteren Hilfeverlauf und koppelt diese an bestehende Systeme an.

(vgl. analoge Definition für Controlling in Organisationen bei Beck, 1998, S. 9)

Im Organisationszusammenhang wird von strategischem Controlling und operativem Controlling gesprochen. Das strategische Controlling bezieht sich auf den Gesamtablauf und ist zu vergleichen mit der Rolle und Funktion des Case Managers bis zur Hilfeplanung. Eine zu erstellende Stärken- und Schwächenanalyse, die erarbeiteten strategischen Ziele wie Grundsatz- und Rahmenziele entsprechen sich, ebenso wie die längerfristige Perspektive. Die Hilfeplanung erfolgt unter dem Motto ,To do the right things'.

Das operative Controlling bezieht sich im Fall-Controlling auf das auf Erfolg ausgerichtete Umsetzen der Handlungsziele, ,to do the things right'.

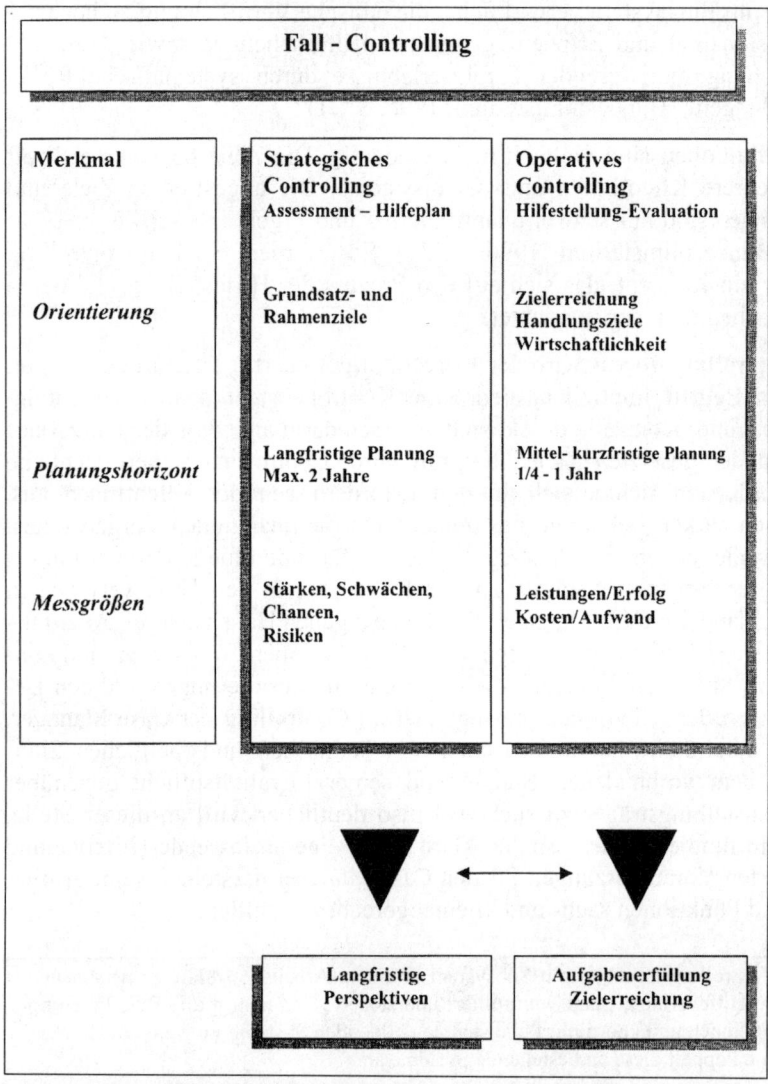

Fall - Controlling

Merkmal	Strategisches Controlling Assessment – Hilfeplan	Operatives Controlling Hilfestellung-Evaluation
Orientierung	Grundsatz- und Rahmenziele	Zielerreichung Handlungsziele Wirtschaftlichkeit
Planungshorizont	Langfristige Planung Max. 2 Jahre	Mittel- kurzfristige Planung 1/4 - 1 Jahr
Messgrößen	Stärken, Schwächen, Chancen, Risiken	Leistungen/Erfolg Kosten/Aufwand

Langfristige Perspektiven	Aufgabenerfüllung Zielerreichung

Abb. 5: Fall Controlling (vgl. Bundesministerium, 1996, S. 33)

Folglich widmet sich das operative Controlling nach Erstellen des Hilfeplans:

- dem Einsatz der handelnden - professionellen wie nichtprofessionellen - Personen und zwar inwieweit sie die Vereinbarungen einhalten können, ob ihre Stärken zur Entfaltung kommen oder ob eine Überforderung vorliegt oder ob die Fachlichkeit ausreicht
- den eingeschlagenen Arbeitsweisen und Interventionen im professionellen Bereich, sind sie wie erwartet wirksam oder verfehlen sie das Ziel
- den Einflüssen, die sich aus dem Umfeld der KlientInnen ergeben
- der Kooperation der beteiligten Institutionen
- der Frage, inwieweit der Einsatz der Mittel und Aufwendungen insgesamt vertretbar ist, erhöht oder verringert werden muss
- den entstehenden Kosten der Maßnahmen und deren eventuellen Wieterfinanzierung

Im Fallgeschehen verändern sich insbesondere durch das nun geplante Eintreten der vereinbarten Hilfen, der Interventionen in Maßnahmen und durch Einflüsse aus dem Umfeld die einzelnen Fallsituationen. Im Bereich der Verwirklichung der Handlungsziele ist der zügige Veränderungscharakter konzeptionell gewollt und angelegt. Der Case Manager benötigt ein Informationssystem, das ihm diese Veränderungen zeitnah übermittelt. Für die operative Planung und Kontrolle ist eine laufende und regelmäßige, möglichst präzise Information notwendig, die den anderen Beteiligten ebenso zur Verfügung gestellt werden kann. Dieses Informationswesen muss vereinbart, geplant und koordiniert werden. Festzulegen gilt wer, welche Art, in welcher Darstellungsform Informationen zur Verfügung stellt und umgekehrt benötigt.

Die erreichte Wiederaufnahme einer Arbeit eines drogenabhängigen Erwachsenen tangiert dessen Drogenberater, das Sozialamt, die unterstützenden Eltern, die Schuldnerberatung etc. Die Informationen sollten jeweils enthalten: Bestätigung der geplanten Schritte, Abweichungen von Zielen, neue Bedarfe.

Hierin drückt sich aus, dass sich im Hilfeverlauf Entwicklungen und Veränderungen ergeben können, die von dem gefassten Hilfeplan abweichen. Geradlinig verlaufende Hilfen dürften eher die Ausnahmen sein. Krisen und Konflikte treten gerade in Veränderungsprozessen auf und sind ein Indiz, sie als Falldynamik zu nutzen. In der Mediation werden zum Beispiel Krisen ausdrücklich als Chance zur Veränderung gesehen, sofern sie konstruktiv aufgegriffen werden. Entscheidend ist aber, ob im Hilfeprozess und in Krisen die Kommunikation unter den Beteiligten und deren Kooperation transparent bleibt. In Aushandlungen mit den Beteiligten können anschlussfähige Hilfen eingearbeitet und die geplanten Hilfen prozesshaft weiterentwickelt werden.

Drohen Maßnahmen abzubrechen, fallen unterstützende Personen völlig aus, verweigern sich Mitwirkende, werden Informationen zurückgehalten, findet statt Kooperation Konkurrenz statt, greift der Case Manager ein, beendet Maßnahmen oder plant einen neuen Anlauf.

Insbesondere ist darauf zu achten, dass Veränderungen im Angebot und in der Struktur der professionellen Hilfen von den Trägern zurückgemeldet werden. Dies betrifft auch eine Strukturänderung in der Organisation, einen Personalwechsel, den Wegfall oder den Ersatz von vereinbarten Interventionen.

Geplante und außerplanmäßige Reflexionen des Fallverlaufes und seiner eingeleiteten Hilfestellungen finden in Verlaufskonferenzen statt, die den Hilfekonferenzen ähneln (Teilnehmer, Ablauf). In den Verlaufskonferenzen werden von allen Beteiligten Berichte eingebracht - von Maßnahmeträgern schriftlich verfasste - ausgerichtet an den im Hilfeplan formulierten und vereinbarten Standards (siehe Kap. V. - Verlaufskonferenz). Im Mittelpunkt stehen die KlientInnen, die dort Gelegenheit haben sollen, ihre bis dahin gemachten Erfahrungen zu schildern. Sollten KlientInnen nicht in der Lage sein offen zu reflektieren und Veränderungswünsche anzusprechen (möglicherweise ausgelöst durch eine negativ besetzte Abhängigkeit von Betreuern), übernimmt der Case Manager eine Anwaltsfunktion oder zieht eine Vertrauensperson hinzu.

Gemeinsam werden die Ziele überprüft, bestätigt oder neu formuliert. Anhand der Erfolgsfaktoren können erfolgreiche Ergebnisse bilanziert werden. Hilfestellungen werden auf ihre Notwendigkeit überprüft und möglicherweise eingestellt. Letztlich müssen in aller Regel neue Zeitschienen und ein neuer Überprüfungsmodus erarbeitet werden.

Weiterführende Literatur

Beck, Gregor: Controlling, Sandmann, Alling, 1998
Bundesministerium für Familie, Senioren, Frauen und Jugend (Hrsg.): Qualitätsentwicklung und Qualitätssicherung in der Jugendverbandsarbeit: Bedarf und -anforderungen an Konzepte des Controlling und der Selbstevaluation, Bonn, 1996, 2. Aufl.

6. Phase: Evaluation und Beendigung der Hilfen

Gesetzte Kriterien in der Hilfeplanung und beobachtete Veränderungen in der Hilfestellung lassen den Case Manager erkennen, wann die Unterstützung für KlientInnen zu beenden ist. Ein qualifiziertes Controlling lässt selbst Abbrüche in vielen Fällen rechtzeitig erkennen. Das Case Management tritt damit in seine letzte Phase ein.

Können einzelne Maßnahmen und Hilfeleistungen früher abgeschlossen werden, sollten sie ebenfalls nach dem Konzept der Abschlussphase gesondert ausgewertet und beendet werden.

Ziel eines qualifizierten Abschlusses ist es:

- das Beenden der Unterstützung und Maßnahmen bewusst zu gestalten

- den gesamten Hilfeverlauf anhand der Ziele zu reflektieren und auszuwerten

- weiterführende Maßnahmen, sofern notwendig, nach einer abschließenden Einschätzung - Reassessment - einzuleiten

Das Beenden des Case Management hängt von dem Stand des Hilfeprozesses und den Ergebnissen der davor liegenden Arbeit entscheidend ab. Wurden klare Ziele benannt und wurden diese mit Kriterien versehen, die das Erreichen der Ziele erkennen lassen? Wurden Ziele, die nicht mehr realistisch waren, neu formuliert? Wurde der Hilfeverlauf so dokumentiert und regelmäßig überprüft, dass er nachvollzogen und ein Ende erwartet werden konnte?

Bevor der Case Manager diese Phase einleitet, muss er sich über die gewachsenen Beziehungen seitens der KlientInnen vergewissern. In Betracht kommen die Beziehungen in den einzelnen Maßnahmen und zu den Betreuern, die Beziehungen, die im Umfeld der KlientInnen entstanden sind und die Beziehung zum Case Manager selbst. Hat er als Coach oder gar als professioneller „Pate" gewirkt und seine Beziehung zu den KlientInnen bewusst in den Hilfeprozess integriert, ist es unerlässlich, diese Beziehung vor allem unter dem Aspekt der erreichten Verselbständigung der KlientInnen zu reflektieren. Aus dieser Reflexion wird auch abzulesen sein, inwieweit unterschiedliche Vorstellungen zum Abschluss der Hilfe bestehen. In diesem Falle ist mit den Beteiligten möglichst im Konsens der richtige Zeitpunkt auszuhandeln. Bewerten Träger von Maßnahmen den Prozess der Verselbständigung anders als die finanzierenden Stellen oder als der Case Manager hilft ein qualifiziertes Reassessment weiter. Ist dabei keine Einigung zu erzielen oder eine Vermittlung scheitert, muss der Case Manager letztlich die Verantwortung übernehmen und entscheiden. Eine kollegiale Beratung wäre auch in diesem Falle für ihn eine hilfreiche Absicherung.

Bei einem Abbruch einer Maßnahme und Hilfe seitens der KlientInnen oder seitens der Dienstleister besteht für den Case Manager die Notwendigkeit, so weit die Beteiligten erreichbar sind, die Gründe für den Abbruch zu klären und im besten Falle ein Wiedereinsetzen unter neuen Bedingungen im Rahmen einer Mediation zu erreichen.

Die Hilfestellungen können aus unterschiedlichen Gründen beendet werden. Der Hilfebedarf verringert sich so weit, dass vor allem mit Unterstützung aus dem Umfeld professionelle Hilfestellungen früher als geplant beendet werden können. Es ist demnach nicht unbedingt erforderlich, das Erreichen jeder Ziele abzuwarten. Die Eigenkräfte der KlientInnen können sich zum Beispiel, wenn der materielle Bereich (eine Wohnung wurde gefunden,

Schulden wurden abgebaut, eine Arbeit wurde aufgenommen) zum Positiven geändert wurde, so entfalten, dass nun Krisen und Konflikte im Beziehungsbereich wieder ohne Hilfe bewältigt werden. Sind die Hilfeziele erreicht ist das Beenden die logische Folge. Im Jugendhilfebereich muss die Hilfe beendet werden, wenn die Eltern oder Personensorgeberechtigten ihren Antrag auf Hilfe zurückziehen oder ihre Kooperation einstellen. Dies kommt einem Abbruch gleich. Die Jugendämter müssen dann klären, ob eine Kindeswohlgefährdung durch den Abbruch entstehen könnte. Sind die Mitarbeiter im ASD in der Funktion eines Case Manager, treten sie nun in eine stark kontrollierende Tätigkeit ein, die bis zu einem Gerichtsverfahren führen kann (§ 1666 BGB, § 50 KJHG). Hier wäre institutionell zu klären, ob an dieser Stelle eine Kollegin oder ein Kollege den Fall für diese abgegrenzte Aufgabe übernimmt, damit die fallzuständige Fachkraft, je nach Verlauf den Fall unvoreingenommener und für die KlientInnen unbelasteter später wieder aufnehmen kann.

Abschluss im Case Management

Für die KlientInnen kann das Ende ihrer Unterstützung zu Ängsten und Unsicherheiten führen. Ein Aufflackern bereits bewältigter krisen- und konflikthafter Verhaltensweisen ist nicht ungewöhnlich. Umso wichtiger wird das Bilanzieren der Erfolge im Hilfeverlauf. Bestehen diese Ängste, kann der Case Manager am ehesten allein mit den KlientInnen das Erreichte bewerten. Erstrecken sich die Ängste auf das eigene Selbstvertrauen nach Ende der Maßnahmen, erarbeitet der Case Manager mit den KlientInnen einen gleitenden Übergang oder verfestigt über Rollenspiele noch unsichere Bereiche. Ebenso kann das Aktivieren einer Vertrauensperson für die Ablösephase sehr sinnvoll sein.

Erst wenn diese Interventionen Sicherheit gebracht haben, kann die Organisation und Durchführung der Abschlusskonferenz (siehe Kap. V. - Abschlusskonferenz) in Angriff genommen werden. Ihr Ablauf und die TeilnehmerInnen unterscheiden sich in der Regel nicht wesentlich von Hilfe- und Verlaufskonferenzen. Der entscheidende Unterschied besteht darin, dass nicht mehr die Hilfen selbst im Mittelpunkt stehen, sondern deren Aus- und Bewertung. Es findet also eine Metakommunikation statt. Lediglich im letzten Teil der Abschlusskonferenz werden als Konsequenz aus der vorherigen Auswertung Übergangsleistungen und -maßnahmen geplant und vereinbart, sofern ein Bedarf vorhanden ist.

Im Mittelpunkt der Reflexion steht die Frage, inwieweit sich die Situation der KlientInnen verändert hat. Über das Gespräch hinaus können dazu unterstützend wirken: vorbereitete Interviewleitfäden, szenische Portraits wie Familienbrett, Soziogramm, Öko-Map, vorausgesetzt diese wurden auch am Anfang oder im Verlauf erstellt. Aus den Gegenüberstellungen läßt sich die Veränderung ablesen und mit den KlientInnen besprechen. Danach sollten lediglich die ‚Knackpunkte' des Hilfeverlaufes skizziert werden, also bedeutende hilfreiche oder schwierige Passagen. Es werden nicht nur die gelungenen Teile festgehalten, sondern auch nicht erreichte Ziele benannt und protokolliert. Ein weiterer Schwerpunkt bildet die Bewertung vor allem der professionellen Maßnahmen und der Leistung des Case Managers durch die KlientInnen. Dazu können standardisierte oder halbstandardisierte Fragebögen vor, während oder nach der Abschlusskonferenz angeboten werden.

Es bietet sich an, die Verabschiedung selbst dem Hilfeanlass entsprechend feierlich zu gestalten. Ist es gelungen, einem Jugendlichen einen positiven Übergang ins Erwachsensein zu gestalten, kann ein symbolisches Geschenk (z.B. Fitnessclub-Freikarte, Handy) überreicht werden. Wurde eine Familie in die Lage versetzt, die Erziehung ihrer Kinder wieder selbst zu übernehmen, kann eine kleine Feier mit Kaffee und Kuchen, zu der alle Mitwirkenden eingeladen werden, das Erreichte noch verstärken. Einem älteren Menschen bei dem es gelungen ist, dass er vorerst mit Hilfe von Angehörigen, Freunden und Nachbarn in seinen gewohnten Räumen leben kann, wird als Ermutigung und Verstärkung ein hilfreicher Gegenstand (Gehhilfe) oder ein Haustier, das er noch versorgen kann, als Geschenk überreicht. Wenn diese Vorschläge von den Kosten her zu aufwendig sind, kann ein Gedicht, eine kleine Rede, einen ebenso würdevollen Abschluss der Hilfe darstellen.

Professionelle Evaluation des Hilfeprozesses

Die Auswertung und Bewertung der Fallverläufe des Case Managements (siehe auch Kap.V) aus professioneller Sicht werden nicht in die Abschlusskonferenz integriert. Im Rahmen einer abschließenden Helferkonferenz oder zumindest in einer kollegialen Beratung werden die Erfolge nach Effektivität- und Effizienzkriterien ausgewertet. Dazu gehören die Wirksamkeit der gewählten Interventionen, die Auswirkungen der Leistungen aus dem Umfeld. Die Rückmeldungen in der Abschlusskonferenz werden mit einbezogen. Die Kooperation von Maßnahmeträgern, die vorhandenen Strukturen im Hilfesystem, die Fachlichkeit in den Maßnahmen bilden eine weitere Reflexionsebene. Aus diesen Auswertungen werden die Informationen zusammengestellt, die an die Sozial- und Jugendhilfeplanung weitergereicht werden, sofern keine systematische Abfrage von dort eingerichtet wurde. Eine wirtschaftliche Bilanz, mit einer vergleichenden Prognose des Fallverlaufes ohne Hilfestellung, könnte die Effektivität und Effizienz des Case Managements untermauern.

Nicht nur, dass andere Dienstleistungen entsprechend dieser Auswertungen neu einjustiert werden können, diese Reflexion dient dazu das bekannte ‚Burn-out-Syndrom' zu verhindern. SozialarbeiterInnen legen wenig Wert auf eine gründliche Reflexion oder bekommen zu wenig Zeit dafür, sich ihrer erfolgreichen Arbeit zu vergewissern. Leitungskräfte unterschätzen den Motivationscharakter einer qualifizierten Auswertung für die Mitarbeiter und die Möglichkeit durch Konzeptarbeit, Fortbildung, strukturelle Änderungen etc. Qualitätsmanagement zu betreiben.

Nachgehende Betreuung

Unabhängig ob im einzelnen Fall eine Übergangsphase geplant wurde, bietet es sich in jedem Fall eines Case Managements an, die Wirkung der Hilfeleistungen aus einem Abstand heraus zu betrachten. Dazu kann ein Konzept die regelhafte Einladung zu einem Nachgespräch vorsehen. Die Abstände sind fallspezifisch zu wählen, ein Zeitraum von maximal einem halben Jahr erscheint sinnvoll. Vorbereitet werden kann dies durch standardisierte Fragestellungen (Fragen nach weiterer Verstetigung des Erfolges, nach neuen Krisen und Konflikten, nach neuem Hilfebedarf), die mit der Einladung an die KlientInnen versandt werden.

Die Nachgespräche dienen nicht nur der vertiefenden Evaluation eines Fallverlaufes in Bezug auf die Nachhaltigkeit, sondern geben den KlientInnen die Möglichkeit neue Hilfebedarfe anzumelden, so dass rechtzeitig reagiert werden kann. Dies ermöglicht das bessere Anknüpfen an die vergangenen Hilfestellungen und könnte deren Wirkungen einbeziehen. Möglicherweise besteht ein Bedarf in Bezug auf Vermittlung in Konflikten, einer Beratung in einer speziellen Frage, einer weiteren Netzwerkaktivität. So kann eine neu aufzugreifende Unterstützung auf Wesentliches oder Teilbereiche konzentriert werden, ohne das gesamte Geschehen wieder bearbeiten zu müssen. Eine bis dahin positiv gestaltete Beziehungsarbeit des Case Managers erleichtert diese Schritte und das Vorhaben einer Nachschau.

V. Dokumentation und Evaluation

Ein unterbelichteter Bereich in der Sozialen Arbeit stellt das Festhalten und das Auswerten von Arbeitsergebnissen und - prozessen dar. Wobei das Eine das Andere bedingt, ohne qualifizierte Dokumentationen kann keine Evaluation in Angriff genommen werden.

1. Dokumentation

Für die fallorientierte Soziale Arbeit fallen im Rahmen der Aktenführung eine Reihe von Dokumenten an. Sie rufen erhebliche Widerstände in der Praxis hervor. Eine lange Zeit wurde in der Praxis und in der Ausbildung die Meinung vertreten, Akteneinträge stigmatisieren das Klientel der Sozialen Arbeit. Die Analyse von früheren Fürsorgeberichten lassen diesen Schluss in der Tat zu. In ihnen finden sich (ab-) wertende Merkmale und Verhaltensweisen, die sich auf die Sauberkeit und Ordnung in Wohnungen, auf falsche Ernährung und Kleidung, auf nicht akzeptables Erziehungsverhalten, einmalige und einseitige Diagnosen usw. konzentrierten - ein Katalog von Fehlverhalten und Defiziten. Die Akten kreisten in den Ämtern und waren nicht mit eigenen Schilderungen der KlientInnen versehen. Eine Einsichtnahme in die Akten war ihnen verwehrt. Einträge wurden den KlientInnen nicht vorgelegt und erläutert, einmal getroffene Diagnosen wurden selten revidiert. So schleppten KlientInnen zu Recht oder zu Unrecht ein Stigma vor sich her, dem sie weder widersprechen, noch Änderungen in den Akten erwirken konnten. Diese Stigmatisierung wurde zu Recht kritisiert, wenngleich die tatsächlichen Auswirkungen der Aktenführung nicht untersucht wurden.

Insbesondere in der amtsorientierten Sozialen Arbeit und der in größeren Institutionen wird der Verwaltungsaufwand, und dieser bezieht sich im Kern auf das Führen von Akten, sehr stark bemängelt. Im Bewilligungsprozess von Hilfen von Erziehung finden sich beispielsweise, je nach Kommune, 10 - 20 Formulare und dies nur bis zur Entscheidung einer Hilfe. Dieses Formularwesen sichert überwiegend den hierarchischen Verwaltungsablauf ab. Der inhaltliche, fallbezogene Teil nimmt einen geringen Anteil ein.

Trotz zunehmender Debatte um ein besseres Qualitätsmanagement und eine deutlichere Qualitätssicherung, wird der Sozialen Arbeit nicht in gleicher Weise wie anderen Verwaltungsteilen oder gar der Wirtschaft und Technik die bestmögliche EDV-Unterstützung zugestanden. Es fehlt immer noch die unabdingbare Hardware. Lauffähige PC-Software für Soziale Dienstleistungen sind entweder nicht vorhanden oder wenn sie zu haben sind, treffen sie nicht die spezifischen Anforderungen der unterschiedlichen Arbeitsfelder. Selbst gestrickte Software oder Formularmasken sind nicht flexibel genug und in diesem Fall für kleine Einheiten entwickelt und damit nicht netzfähig.

Um diesen Bogen zu schließen, es fehlt immer noch an der Akzeptanz des Mediums Computer. Eine Untersuchung dieser Fragestellung bestätigt diese These und eine Äußerung repräsentiert diesen Widerstand: „Bei uns in der Abteilung hatten die Kollegen einen Computer, den sie aber noch nicht einmal für die Schreibfunktionen benutzten ... Bei uns in der Abteilung würde der Einsatz von Computern nur funktionieren, wenn die Ansage kommt und ultimativ ist." (Benöhr/Golla, 1999, S. 41)

Case Management stellt in der jüngsten Entwicklung allerdings einen zunehmenden Markt für Technikunterstützung dar und der qualifizierte Einsatz von Case Managern im Sozial- und Gesundheitswesen benötigt PC-Unterstützung, eine Erkenntnis die sich durchsetzt. Beispielsweise entwickelte für den Arbeitsbereich der beruflichen Integration die Softwarefirma synectic (www.synectic.de) das Programm synJOB. Dieses Programm berücksichtigt die differenzierten Anforderungen an ein qualifiziertes Assessment und die Integrationsplanung. Das Programm wird nunmehr auf das prozesshaft angelegte Gesamtgeschehen von Case Management erweitert, auf der Grundlage des in diesem Buch beschriebenen Konzeptes.

Case Management ohne ein standardisiertes Dokumentationswesen wäre ein Geschehen ohne stabilisierendes Gerippe. Die bisherigen Ausführungen und Hinweise zeigen die Notwendigkeit einer umfangreichen und genauen Dokumentationsarbeit im Case Management auf. Die oben genannten Gründe erschweren allerdings die Einführung des Case Management Konzeptes in die Praxis erheblich. Das inhaltliche Setting wird in der Regel begrüßt, kommt der Hinweis auf die Notwendigkeit der Dokumentation und Aktenführung, wird erheblicher Widerstand ausgelöst, der das Umsetzen in die Praxis wesentlich behindert.

Da fast alle Dokumentationen in diesem Kontext inhaltlich ausgerichtet sind, muss diese Arbeit der inhaltlichen Seite zugeschlagen werden. Sie stellen keine unnützen Verwaltungstätigkeiten dar. Ihre Plausibilität wird Sozialarbeiterinnen, die eine fachliche Qualifizierung anstreben, immer mehr deutlich und ihre beruflichen Haltungen haben sich gewandelt. Die Beziehungsqualität in einem Klientsystem nimmt heute wesentlich mehr Bedeutung ein, als Äußerlichkeiten einer Haushaltsführung. Die Berührungsängste gegenüber Computern werden nicht gänzlich schwinden, da Sozialarbeiterinnen ihren Beruf zurecht in der unmittelbaren Arbeit mit KlientInnen sehen, doch wachsen jüngere Berufskräfte mit diesem Medium auf und können es für ihre berufliche Zwecke zielgerichtet einsetzen. Der Datenschutz wurde gesetzlich stärker verankert und Daten werden sensibler erhoben und verarbeitet. Für die Arbeit mit Computern, die die Möglichkeit des Datenmissbrauchs erhöhen, werden aus dem Datenschutz Regeln abgeleitet. Es werden zehn Kontrollbereiche genannt, die unter anderem den Zugang, das Speichern, den Zugriff, die Übermittlung und die Kontrolle durch die Organisation betreffen (vgl. a.a.O., S. 36).

Qualitätsmanagement und Qualitätssicherung bekamen in der Sozialen Arbeit Konjunktur als das Neue Steuerungsmodell in die kommunale Verwaltung eingeführt wurde und dies vor allem im Bereich der Jugendämter. Die Kommunale Gemeinschaftsstelle für Verwaltungsvereinfachung (KGSt) forcierte den Gedanken der Dienstleistung als Modernisierungsschub für Verwaltungen Anfang der 90er Jahre. Das Ziel der Verwaltungsreform sollte sein:

– die hierarchische Struktur von Verwaltung aufzubrechen

– die Dienstleistungen sollen sich an den Kundeninteressen orientieren

– Hilfeleistungen werden über Ziel-Ergebnis Vereinbarungen als Produkte ausgewiesen (Outputorientierung)

– die Verantwortung für die Hilfeleistungen werden nach unten delegiert

– ein Controllingsystem, das sich an Kennzahlen orientiert, soll aufgebaut werden

– Kontrakte regeln vor allem das zur Verfügung gestellte Budget

– betriebswirtschaftliche Kriterien von Effektivität und Effizienz sollen das Marktgeschehen im sozialen Bereich übernehmen

Gegen erheblichen Widerstand an der Fachbasis wurde versucht, dieses Modell auf die Praxis der Jugendämter zu übertragen. Das Neue Steuerungsmodell beinhaltet nachvollziehbare Gedanken, die auch vor der Sozialen Arbeit nicht halt machen können: wirtschaftlich zu handeln und vorhandene Ressourcen besser zu nutzen.

Als Mittelpunkt schälte sich aber zunehmend heraus, dass das Neue Steuerungsmodell vor allem dazu eingesetzt wurde, die Haushalte zu begrenzen und die Ergebnisse der Sozialen Arbeit besser darstellen zu können. Den Mitarbeitern wurden zur Implementation des Neuen Steuerungsmodells wenig Hilfestellungen gegeben, sei es über den Grundsatz ‚Delegation von Verantwortung nach unten' neue Strukturen zu entwickeln und diese neue Verantwortlichkeit auch tarifmäßig zu belohnen, sei es durch Fort- und Weiterbildung, die Qualität ihrer Arbeit zu steigern. Der Kundenbegriff hat eine erhebliche Schräglage, wenn man die Belastungssituationen von KlientInnen einbedenkt. Oder kann man sich ein sexuell missbrauchtes Mädchen als Kundin vorstellen, einen obdachlos gewordenen Menschen, einen zu resozialisierenden Straffälligen, ein Familienmitglied das pflegebedürftig wird? Die nur auf das Ergebnis schielende Sichtweise greift zu kurz, wenn die Wirkung der Ergebnisse (Out-come) nicht mit verfolgt wird. Ob das Neue Steuerungsmodell eine effektivere Soziale Arbeit bewirken konnte, mag man sich streiten. Klare Ergebnisse dazu liegen (noch) nicht vor, doch allein die Tatsache der selektierten Vorgehensweise lässt den Schluss zu, dass hier Instrumente eingesetzt wurden, die den Anforderungen und Bedingungen der Sozialen Arbeit nicht gerecht wurden.

Allerdings löste diese betriebswirtschaftliche Komponente eine deutliche Steigerung der Dokumentationsarbeit aus und muss im Kontext der fallorientierten Arbeit berücksichtigt werden, zumal das Case Management einige Punkte des Neuen Steuerungsmodells ebenfalls in sich trägt.

Für das Dokumentationswesen im Case Management spielen allerdings andere, mehr inhaltlich orientierte Gesichtspunkte, eine wichtige Rolle.

Die Komplexität von Fallkonstellationen erfordern eine differenzierte Aufzeichnung, um aus diesen Daten heraus Bereiche zu erkennen, die im Fallgeschehen Vorrang haben. Dokumentationen sind daher Gedächtnisstützen für die Case Manager. Im Zusammenspiel mit den KlientInnen bedeuten sie Transparenz der Vorgehensweisen und legen den Grund für Kontrakte. Sie dienen der Evaluation des Fallverlaufes und geben damit den KlientInnen, den Case Managern und den Leistungsträgern die Möglichkeit Bilanz zu ziehen, Rechenschaft abzulegen. Die anonymisierten Daten der einzelnen Fälle gehen in die Organisationsentwicklung ein, können Ergebnisse statistisch untermauern, Fort- und Weiterbildungsbedarfe offen legen, Personalführung erleichtern. Im kommunal- und sozialpolitischen Zusammenhang bereiten bessere Daten und eine qualifizierte Auswertung und Darstellung den Boden für eine Ressourcensicherung, im besten Falle eine deutliche gesellschaftspolitische Anerkennung dieser Humandienstleistungen. Letztlich dienen sie der Forschung in der Sozialen Arbeit, die bislang über wenig aufgearbeitetes Datenmaterial verfügt. Diese wiederum kommen der Aus- und Weiterbildung zu Gute und nehmen so Einfluss auf die Qualifizierung des gesamten Berufsstandes (vgl. Brack/Geiser, 2003, S. 26 ff.).

Für das Case Management ergeben sich aus den einzelnen Phasen eine Reihe von Dokumentationsmaterialien, die nachfolgend exemplarisch illustriert werden. Die Materialien geben die wesentlichsten Gesichtspunkte eines Fallverlaufes und Hilfeprozesses beispielhaft wieder. Für die jeweiligen Arbeitsfelder, Institutionen und Zielgruppen müssen sie präzisiert, ergänzt oder erweitert werden. Bereits bestehende Dokumentationen können anhand dieser Muster auf Vollständigkeit überprüft werden. Diese Materialien dienen nicht nur der Dokumentation, sondern sind in gleicher Weise geeignet, die Evaluation der Fallverläufe mit zu tragen. Im Rahmen der Evaluation kommen weitere Materialien zum Einsatz.

Folgende Arten von Dokumenten können eingesetzt werden:

Stammblatt: .... Personalien, sozio-demographische Daten der KlientInnen und des Klientsystems mit der Möglichkeit diese im Fallverlauf zu ergänzen

Ersterfassung/Intake: ... Anlass, bisher beteiligte Stellen, bisherige Lösungen, erste Vereinbarungen, Informationen über das professionelle Angebot

Assessment: .... Problem- und Ressourcenanalyse, Einschätzung, Prognose

Zielfindung: .... Grundsatz- und Rahmenziele, Indikatoren

Beratung: .... Protokoll der vertieften Beratung

Hilfekonferenz: .... Protokoll der Ergebnisse und der weiteren Handlungsschritte

Hilfeplan: .... Hilfeplan mit konkretisierten Handlungszielen und Kontrakten

Controlling: .... Verlaufsberichte, Zwischenbewertungen

Abschluss: .... Protokoll der Abschlussbesprechung, institutionelle Auswertung

Zusätzlich zu diesen auf den Fallverlauf bezogenen Dokumentationen kommen weitere in Frage (eine Auswahl):

Genogramm, Soziogramm, Öko-Map, visuelle und akustische Dokumente (Zeichnungen von Kindern, Fotos von Familienskulpturen, Ton- und Videobänder je nach Zuschnitt und Konzept des Case Managers), Dokumente verwaltungsinterner Vorgänge, Gutachten, Zeugnisse, Vollmachten, Nachweise über Einkommen oder Schulden, Korrespondenz mit KlientInnen und beteiligten Dritten.

Stammblatt

Datum der Aufnahme:

Case Manager:

KlientInnen/Klientsystem:
Namen, Adressen, Geburtsdaten, Nationalität

Schulabschluss, Berufsausbildung, Berufstätigkeit aller Beteiligten:

Einkommensverhältnisse, Schulden:

Wohnverhältnisse:

Andere bereits beteiligte Stellen:

Bezugspersonen im Umfeld:

Eingangssituation und Probleme:

Weitere wichtige Adressen und Bemerkungen:

Abb. 6: Stammblatt

Intake Protokoll

Case Manager:
Kontaktaufnahme von:
Adresse, Tel.:

KlientInnen/Klientsystem:
Namen, Vornamen, Geburtsdaten, abweichende Adressen, Tel.:

Anlass der Kontaktaufnahme (belastete Situation, Problem):

Bisher unternommene eigene **Lösungsversuche**:

Personen im Umfeld der KlientInnen:

Bereits tätig gewordene **soziale Dienste** und andere Stellen:

Ersteinschätzung:

Vereinbarungen und Absprachen:

Abb. 7: Intake Protokoll

PROBLEM- UND RESSOURCENANALYSE
E I N S C H Ä T Z U N G

Anlass der **Fallbearbeitung, ggf.** aktuelle **Krisensituation:**

KlientIn/Klientsystem:

Individuelle Situation (alle KlientInnen) – Ressourcen/Defizite (analog systemische Denkfigur) :
(Problembeteiligung, Reaktionen auf das Problem, biologische Ausstattung –Körper-, Verhaltensweisen, kognitive Bereiche)

Sozioökonomische, sozioökologische Situation – Ressourcen/Defizite:
(Einkommen, Schulden, Wohnung, Arbeit, etc.)

Familiäre Beziehungen und Situation – Ressourcen/Defizite, gleichgewichtig oder machtbezogen:
(Familiengeschichte, familiäre Strukturen-Kommunikation, Beziehung der Eltern, Beziehung Kind-Eltern, bisherige Aktivitäten zur Verbesserung des Problems, Ressourcen im Familiensystem etc.)

Genogramm

Umfeldbeziehungen - Personale Vernetzung der Einzelnen und der Familie mit einzelnen Personen/Personen aus sozialen Gruppen - Ressourcen/Defizite, gleichgewichtig oder machtbezogen:
(Verwandte, Freunde, Nachbarn, Peer-Group, Selbsthilfegruppen etc.)

Soziogramm

Institutionelle Vernetzung der Einzelnen und der Familien mit sozialen Institutionen-
Ressourcen/Defizite, gleichgewichtig oder machtbezogen:
(Kita, Schule, Sozialamt, Haus der Jugend, Arbeitsamt, Kirche, Vereine etc.)

Öko-Map

Abb. 8a: Problem- und Ressourcenanalyse

120

Situation im Sozialraum oder Arbeitsfeld der Zielgruppe (fallbezogen) -
Ressourcen/Defizite:
(Unterstützende, fehlende soziale Infrastruktur, milieubezogene Informationen etc.)

Fachliche Einschätzung des Case Managers - Ressourcen/Defizite:

a. Kommunikation, Interaktion, Konflikte, Grenzen im Klientsystem

b. Beziehungen, Macht, Abhängigkeit des Klientsystem zu anderen
   Systemen/Individuen

c. Interaktion, Kooperation, Macht, Flucht zwischen Klientsystem und Sozialarbeiterin

Eigene Einschätzung der beteiligten KlientInnen - Ressourcen/Defizite:

a. Kommunikation, Interaktion, Konflikte, Grenzen bei sich selbst und im Klientsystem

b. Beziehungen, Macht, Abhängigkeit zu anderen Systemen/Individuen

c. Interaktion, Kooperation, Macht, Flucht in Beziehung zu Sozialarbeiterin und
   Hilfesystem

Einschätzung Dritter - Ressourcen/Defizite:

a. Kommunikation, Interaktion, Konflikte, Grenzen im Klientsystem

b. Beziehungen, Macht, Abhängigkeit der Einzelnen zu anderen im Klientsystem und
   zum Umfeld

c. Interaktion, Kooperation, Macht, Flucht zwischen Einzelnen und Klientsystem und
   Dritten

Zusammenfassung - Ressourcen/Defizite: *(Gesamtbild in einigen Sätzen)*

1. Problem- und Ressourcenbeschreibung:

2. Einschätzungen:

3. Vorstellungen, Erwartungen der KlientInnen:

4. Hypothesen/Prognose (ohne Einwirkung des Case Managements):

Abb. 8b: Problem- und Ressourcenanalyse

Beratungsprotokoll

Case Manager:	**Datum:**
Anwesende in der Beratung	**Zeitaufwand:**

Beratungsinhalt:

Festgestellte Ressourcen und Unterstützung im Umfeld:

Veränderungen seit dem letzten Kontakt:

Ziele für die weitere Arbeit:

Ergebnisse der heutigen Beratung:

Absprachen:

Abb. 9: Beratungsprotokoll

Hilfekonferenz Protokoll

Case Manager: **Datum:**

Anwesende:

Aktuelle Situation und eventuelle Veränderungen:

Aus der Sicht der KlientInnen:

Aus der Sicht von Personen im Umfeld:

Aus der Sicht von beteiligten Fachleuten bzw. Institutionen:

Aus der Sicht des Case Managers:

**Ergebnisse der Beratungen zum Hilfebedarf,
Übereinstimmungen/Nichtübereinstimmungen:**

Grundsatz- und Rahmenziele für die Hilfestellungen:

Grundzüge für die Hilfearten und zeitliche Perspektiven:

Grundzüge der Hilfeleistungen aller in Frage kommenden Beteiligten:

Vereinbarungen für die Hilfeplangespräche:

Abb. 10: Hilfekonferenz Protokoll

HILFEPLAN (1)
Analyse – Ermittlung - Entscheidung

Formale Angaben (Auszug aus Stammblatt etc.):

- Personalien der Beteiligten im Klientsystem
- Antragsteller/in/Anspruchberechtigte/r
- Wirtschaftliche Situation des Klienten, der Familie
- Entscheidung der Hilfekonferenz und konkrete Hilfeentscheidung (Protokoll)
- Beteiligte am bisherigen Hilfeprozess und andere Hilfsquellen wie Gutachten, Zeugnisse

Sachverhalt (Übernahme oder Auszug aus Problem- und Ressourcenanalyse):

- Problem- und Ressourcenanalyse und Einschätzung
- Hypothesen
- Prognose

Zielfindung und Ermittlung des Hilfebedarfs:

- Zieldefinition und -operationalisierung
- Angaben zum Verhalten/Situation des Klienten, Klientsystem, des sozialen Umfeldes, Biographie (Entwicklungsgeschichte)
- Hilfebedarf
- rechtliche Bewertung der fachlichen Beurteilung
- Perspektiven

Gewählte Hilfeart

- Begründung für die Auswahl, auch im Vergleich zu anderen möglichen Hilfen
- Wunsch- und Wahlrecht der Beteiligten berücksichtigt – oder nicht (Begründung)
- grundlegende Zielsetzung der Hilfen (Grundsatz-, Rahmenziele)
- Art, Umfang, Dauer der unmittelbaren Hilfen, einschl. Handlungsziele
- Art, Umfang, Dauer weiterer Unterstützungen aus dem Umfeld

Abb. 11a: Hilfeplan

H I L F E P L A N (2)
Vertrag - Kontrakt

Leistungen im Einzelnen:

- Bezeichnung der hilfeerbringenden Stellen/Dienste
- Art und Umfang der Leistungen seitens der hilfeerbringenden Stellen/Dienste
- Art und Umfang der Mitwirkung seitens der KlientInnen, des Klientsystems
- Art und Umfang der Mitwirkung seitens sonstiger Bezugspersonen
- Art und Umfang der Mitwirkung Dritter und sonstiger Dienste oder Einrichtungen
- Art und Umfang der Leistungen seitens des Case Managers

Kontraktmanagement:
- Zeitplan für die Hilfen
- zeitliche Intervalle der Überprüfung des Hilfeverlaufes
- Festlegung wer die inhaltliche Überprüfung vorbereitet und begleitet
- Vereinbarung mit den hilfeerbringenden Stellen über Erarbeitung der schriftlichen Unterlagen zur Fortschreibung und Beendigung der Hilfe, Pflicht zur Information bei Abbruch der Hilfe
- Inhalte der Verlaufsberichte über Mitwirkung der KlientInnen, des Klientsystems und der anderen Beteiligten
- Form, Inhalt einer Fortschreibung des Hilfeplans

Vereinbarung über die Beendigung einer Hilfe

- Art, Umfang, Form, Beteiligte der Evaluation des Hilfeprozesses
- Vereinbarungen bei Abbruch einer Hilfestellung
- Festlegung einer eventuellen späteren Nachbetrachtung
- Weitergabe von zu verallgemeinernden Informationen an die Sozial- und Jugendhilfeplanung

Datum, Unterschriften (aller Beteiligten) Personen (auch Kinder und Jugendliche) und Institutionen

Abb. 11b: Hilfeplan

125

VERLAUFSBERICHT/FORTSCHREIBUNG
des Hilfeplans

Problem- und Ressourcenanalyse zu Beginn der Hilfestellung (Kurzform):

Grundsatz-, Rahmenziele für die Gesamtsituation (Hilfeplan):

Handlungsziele/Veränderungswünsche für die Unterstützung in den Maßnahmen:

Maßnahmen:

Interventionen:

Veränderung aus der Sicht der KlientInnen, des Klientsystems:

Veränderungen aus der Sicht andere beteiligter Personen:

Veränderungen aus der Sicht der institutionellen Maßnahmen:

Veränderungen im sozialen Umfeld:

Veränderungen aus der Sicht des Case Managers:

erneute Einschätzung/Hilfe fortführen/Modifikation:

neue Zielsetzung (bei Änderung/Abbruch):

Abb. 12: Verlaufsbericht

Verlaufskonferenz Protokoll

Case Manager: Datum:

Anwesende:

Bestandsaufnahme der aktuellen Situation und Veränderungen durch die Hilfestellungen:

Aus der Sicht der KlientInnen:

Aus der Sicht von Personen im Umfeld:

Aus der Sicht der beteiligten Fachleuten in den Maßnahmen:

Welche Ziele wurden teilweise/völlig erreicht, mit welchen Wirkungen:
Aus der Sicht der KlientInnen, Personen im Umfeld, Maßnahmeträger, Case Manager:

Ergebnisse für den weiteren Hilfeverlauf, Bestätigungen, Veränderungen:

Neue Rahmen- und Handlungsziele:

Weitere Hilfeleistungen aller in Frage kommenden Beteiligten mit zeitlicher Perspektive:

Vereinbarungen bis zur nächsten Verlaufskonferenz:

Abb. 13: Verlaufskonferenz Protokoll

Abschlusskonferenz Protokoll

Case Manager: Datum:

Anwesende:

Geplante/nichtgeplante (Gründe für den Abbruch) Beendigung der
Hilfeleistungen:

Abschließende Beschreibung der Situation und eingetretene Veränderungen:

Aus der Sicht der KlientInnen:

Aus der Sicht von Personen im Umfeld:

Aus der Sicht von beteiligten Fachleuten bzw. Institutionen:

Folgende Hilfeziele wurden erreicht/nicht erreicht und erzielten die
Wirkungen:
Aus der Sicht der KlientInnen, der Personen im Umfeld, der Maßnahmeträger, des
Case Managers:

Abschließende Einschätzung und Perspektiven für die KlientInnen und das
Klientsystem:

Aus- und Bewertung der Hilfeleistungen, einschließlich der Konsequenzen für
die Sozial- und Jugendhilfeplanung:

Folgende weitere Maßnahmen werden erforderlich:

Vereinbarungen für eine Nachbetreuung:

Abb. 14: Abschlusskonferenz Protokoll

128

Abschlussdokumentation

KlientIn:

Case Manager: **Datum Abschluss:**
                                     Zeitaufwand für den Abschluss:

Zeitraum des Case Managements:..
Zahl der Besprechungen: *Zeitaufwand:*
mit dem Klienten/Patienten ....
mit dem Umfeld   ....
mit Institutionen   ....
Erstellung Hilfeplan   ....
Vor-/-Nacharbeit   ....
Administration   ....
Abschluss   ....
Gesamt   ....

Kosten der Dienstleistungen: *Zeitaufwand:*
a...   ....
b...   ....
c...   ....

Beschreibung der einzelnen Leistungen Klient/Umfeld/Institutionen:

Einschätzung des Ergebnisses (Ziele/Veränderungen) durch
Case Manager/KlientIn/andere Beteiligte:

Koordination und Kooperation der beteiligten Institutionen:

Zufriedenheit des Klienten/Patienten:

Abschlussreflexion des Case Managers:

Weitergabe von Planungsdaten:

Abb. 15: Abschlussdokumentation

2. Evaluation

In der Sozialen Arbeit erhebt sich in demselben Begründungszusammenhang wie bei den Dokumenten und Akten die Frage nach einer qualitativen Aus- und Bewertung der Fallarbeit. Als Teil des Qualitätsmanagements und der Qualitätssicherung ist die Evaluation auf Dokumentationen angewiesen, so dass das Interesse an Evaluation in diesen Zusammenhang einzuordnen ist und das Dokumentationswesen zumindest auf regelhafte Evaluationen zugeschnitten sein müsste. Über Evaluation werden Maßnahmen, Konzepte, Arbeitsweisen ausgewertet, um ihre Wirkung und Erfolge darstellen zu können. Evaluationen nehmen mehrere Funktionen ein. Sie können Teil eines Prozesses der Praxisforschung darstellen. Sie werden als Entscheidungshilfen für Träger eingesetzt und bedienen möglicherweise auch das Interesse von Sozialpolitikern, die sich Aufschluss über einen aus ihrer Sicht vertretbaren Ressourceneinsatz erhoffen. Die unterschiedlichen und widersprüchlichen Interessen an Evaluation werfen Probleme auf. Wissenschaftler, die im Auftrag handeln, erleben eine sofortige Interessenkollision, wenn bestimmte Ergebnisse erwartet werden. Politiker treten auf der Stelle, wenn die erwarteten Ergebnisse nicht abzulesen sind oder gar ihren politischen Zielen widersprechen. Leitungskräfte versprechen sich bessere Abläufe, Hinweise auf effektivere, effizientere Verfahren und für ihre Personalführung. So fällt in diesem Zusammenhang auf, dass Interessen derjenigen, die in aller Regel Objekt der Evaluation sind - die KlientInnen - nicht oder nur indirekt eine Rolle spielen. Hohe Anforderungen stellen sich daher an diejenigen, die eine Evaluation durchführen. „Die Verantwortung des Evaluators/der Evaluatorin wird über die technisch-instrumentellen Fragen hinaus auf organisatorische, soziale und politische Aspekte ausgeweitet, bis hin zur Berücksichtigung des Allgemeinen und Öffentlichen Wohls" (Beywl, 1996, S. 87 und 88). Auf diesem Hintergrund wurden Anfang der 80er Jahre Standards in den USA entwickelt, die inzwischen international diskutiert und angewandt werden. Veröffentlicht sind sie im ‚Handbuch der Evaluationsstandards' herausgegeben vom ‚Joint Committee on Standards for Educational Evaluation'. Leitprinzipien, Richtlinien und Anwendungshinweise gewährleisten fachliche Standards und bewältigen berufsethische Fragen und Probleme, die sich wie oben erwähnt in den Interessenkollisionen der Evaluatoren stellen können.

In der wissenschaftlichen Ausrichtung bedient sich Evaluation bekannten Methoden der empirischen Sozialforschung und neueren Ansätzen der Handlungsforschung. Die Selbstevaluation wurde zu einer Praxisforschungsmethode, die sich insbesondere aus dem Zusammenhang und den Anforderungen der Sozialen Arbeit ergab.

Grob unterscheiden lässt sich das Gebiet der Evaluation, in der Ergebnisse wie Arbeitsprozesse im Mittelpunkt stehen, in:

Externe Fremdevaluation, in der in der Regel Wissenschaftler beauftragt werden, größere Zusammenhänge wie den Verlauf von Modellprojekten, die Auswertung neuer Konzepte und Programme, die Auswertung von institutionellen Strukturen zu übernehmen.

Bei der *internen Fremdevaluation* werden Arbeitsweisen, konzeptionelle Anteile einzelner Kollegen oder eines Teams von anderen aber eigenen Angehörigen der Institution evaluiert.

Selbstevalution stellt die weitverbreiteste Form dar, mit der das eigene Handeln einer einzelnen Fachkraft, eines Teams, einer Abteilung oder einer Institution ihre Arbeit als Ganzes oder Teilbereiche erforschen und bewerten.

Eine interne Fremdevaluation oder die Selbstevaluation kann in einer Art Supervision von externen Fachkräften mit Evaluationskompetenz angeleitet und begleitet werden und stellt damit eine weitere Form der Evaluation dar: die *angeleitete Selbstevaluation*.

Unterschiedliche Faktoren führen zu der Entscheidung, ob eine Fremd- oder Selbstevaluation eingesetzt wird. Die externe Evaluation nimmt die betroffenen Bereiche aus unabhängiger Sicht wahr und erarbeitet möglicherweise objektivere Ergebnisse, getragen von fachlichen Standards. Bei der Methodenwahl werden wissenschaftliche Kriterien besser berücksichtigt. Diese Art der Evaluation ist allerdings darauf angewiesen, dass die ‚Objekte' der Evaluation (Mitarbeiter, Leitungskräfte, KlientInnen) das Vorhaben akzeptieren und motiviert sind, ihre Erkenntnisse und Sichtweisen zu öffnen. Fremdevaluation bedeutet einen höheren zeitlichen Aufwand und Kostenfaktor und stellt häufig Evaluationsvorhaben in Frage.

Selbstevaluation bedarf einer hohen Eigenverantwortung. Es ist nicht zu vermeiden, dass diese Evaluationen so angelegt und bewertet werden, um mit dem eigenen Bild übereinzustimmen. Anders gesagt, die Gefahr, dass man sich in die eigene Tasche lügt, ist vorhanden. In diesem Falle dient die von außen angeleitete Selbstevaluation dazu, diesen Aspekt zu reduzieren und das Vorhaben zu objektivieren. Die Zielformulierung, die Indikatorenbildung, die Evaluationsmethoden und die Planung der Evaluation können Gegenstand der externen Unterstützung sein. Dagegen kann bei einer Selbstevaluation davon ausgegangen werden, dass sich die Beteiligten über das Vorhaben verständigt haben, das Interesse an Ergebnissen höher ist, die Nähe zum beforschten Feld gegeben ist. Die Gefahr, dass Ergebnisse von Fremden missbräuchlich verwandt werden, ist geringer, da die Herausgabe von Erkenntnissen und Bewertungen in der eigenen Hand liegen. Allerdings können größere Programmevaluationen eines Trägers, wenn diese im Leitungsbereich entschieden wurden und einen ähnlichen Aufwand wie externe Evaluationen erfordern, ähnliche Widerstände wie bei der Fremdevaluation auslösen.

Bei beiden Arten der Evaluation handelt es sich häufig um einmalige Vorhaben, zu bestimmten Zeiten (als Zwischenauswertung oder als Abschluss), für bestimmte Vorhaben (Modellprojekte), für bestimmte Erkenntnisbereiche (Wirkungsanalysen). Regelhaft verankerte Evaluationen sind die Ausnahme. So werden keine abschließenden oder nachgehenden Klientenbefragungen (Wirksamkeit) weder in Stichproben noch regelhaft eingesetzt. Es werden Instrumente und Handlungsformen (z.B. Hilfekonferenzen) nicht standardisiert überprüft. Die Wirtschaftlichkeit von Maßnahmen wird mit Statistiken versucht in Erfahrung zu bringen, da diese nicht in Relation zu anderen Bereichen (ambulante versus stationäre Hilfen) gesetzt werden, geben sie nur einseitige Aufschlüsse.

Evaluationen übernehmen folgende Ziele und Funktionen:

– sie befördern die Qualitätsentwicklung einzelner Fachkräfte und größerer Arbeitseinheiten
– sie legen offen, was gelungene Soziale Arbeit ist, was sie leisten kann und was sie bewirkt
– sie legen Schwächen und Bedarfe offen und ermöglichen dadurch Korrekturen
– sie initiieren und gestalten Arbeitsprozesse und Innovationen
– komplexe Zusammenhänge werden reduziert
– im Gegensatz zur Supervision lassen sich Arbeitszusammenhänge stärker kognitiv verarbeiten
– sie ermöglichen Distanz zum eigenen Handeln (sich selbst über die Schulter schauen) und reduzieren das Burn-out

Ein Case Manager kann heute auf bereits fachlich erprobte und ausgewiesene Anleitungen zur Evaluation zurückgreifen, insbesondere zum Bereich der Selbstevaluation, so dass sich an dieser Stelle eine vertiefende Darstellung erübrigt. Maja Heiner griff diese Anforderung der Selbstevalution Ende der 80er Jahre auf und stellt in einer Reihe von Veröffentlichungen die Notwendigkeit, den Rahmen, praxisnahe Fall- und Feldbeispiele vor. Christiane Liebald entwickelte einen Leitfaden für Selbstevaluation und Qualitätssicherung (Heft QS 19, Bonn, 1998), der nicht nur ein Rahmenkonzept umfasst, sondern Methoden und Instrumente vorstellt. Hiltrud von Spiegel schließt über mehrere Veröffentlichungen dieses Gebiet insbesondere für die Jugendhilfe auf, es ist aber übertragbar auf andere Arbeitsfelder. Sie widmet sich intensiv der Formulierung von Zielen und Indikatoren für die Selbstevaluation. Ihr Methodenset „Selbstevaluation" (von Spiegel, 1994, S. 270 ff.) gibt eine Reihe von Anregungen für den Einsatz von praxisnahen Techniken der Evaluation. Nicht zuletzt legt die Projektgruppe WANJA ein Handbuch zum Wirksamkeitsdialog in der Offenen Kinder- und Jugendarbeit vor, das beispielhaft aufzeigt wie alle Akteure in einen Qualitätssicherungsprozess eingebunden werden können.

Zusammenfassung

Die Bereiche Dokumentation und Evaluation benötigen eine gesicherte Akzeptanz bei allen Beteiligten und die Einsicht, dass hier eine Kontrolle von Arbeitsprozessen und Maßnahmen stattfindet, die nur dann missbräuchlich eingesetzt werden kann, wenn sie bloßen betriebswirtschaftlichen Gesichtspunkten gerecht werden will. Ansonsten dient das Festhalten von Daten und inhaltlichen Prozessen, von Ergebnissen und den Aus- und Bewertungen der eigenen fachlichen Weiterentwicklung, der Qualitätsentwicklung von Institutionen, der beruflichen Profilierung und der sozialpolitischen Auseinandersetzung um Ressourcen. Dokumentation und Evaluation kostet Zeit, selbst wenn routinisierte Verfahren Zeitersparnisse bringen. Diese Zeit muss der inhaltlichen Arbeit des Case Managers zugeschlagen werden und nicht einem falsch verstandenen Verwaltungshandeln. Allerdings ist Voraussetzung, dass gerade diese beiden Bereiche computerunterstützt bearbeitet werden. Es muss selbstverständlich sein, dass jede fallverantwortliche Fachkraft über einen PC verfügt, dass eine Institution eine geeignete Software einstellt oder selbst entwickelt, die dann in allen Bereichen eingesetzt wird, um die Kommunikation untereinander und nach außen zu erleichtern. Hard- und Software haben nur Sinn, wenn die Mitarbeiter dieses Medium anwenden und beherrschen, wenn sie auf die Gefahren des Datenmissbrauchs und den nötigen Datenschutz hingewiesen werden. Dazu sind spezifische Fortbildungen unerlässlich. Nicht zuletzt sollten die KlientInnen die Vorteile von Dokumentationen und Evaluationen unmittelbar zu spüren bekommen, in dem das an sie gerichtete Dienstleistungsangebot ständig qualifiziert wird. Die Konsequenzen und Mitwirkungsmöglichkeiten in Dokumentations- und Evalutionsgeschehen sind ihnen transparent und nachvollziehbar zu offerieren.

Weiterführende Literatur

Brack, Ruth/Geiser, Kaspar (Hrsg.): Aktenführung in der Sozialarbeit - Neue Perspektiven für die klientbezogene Dokumentation als Beitrag zur Qualitätssicherung, Haupt, Bern, 2003, 3. Aufl.

Bundesministerium für Familie, Senioren, Frauen und Jugend: Liebald, Christiane: Leitfaden für Selbstevaluation und Qualitätssicherung, QS Materialien zur Qualitätssicherung in der Kinder- und Jugendhilfe, Heft QS 19, Bonn, 1998

Bundesministerium für Familie, Senioren, Frauen und Jugend, Zielgeführte Evaluation von Programm – ein Leitfaden-, Heft QS 29, Materialien zur Qualitätssicherung in der Kinder- und Jugendhilfe, 2000

Heiner, Maja (Hrsg.): Qualitätsentwicklung durch Evaluation, Lambertus, Freiburg, 1996

Dies.: Reflexion und Evaluation methodischen Handelns in der Sozialen Arbeit - Basisregeln, Arbeitshilfen und Fallbeispiele, in: Heiner/Meinhold/Spiegel von/Staub-Bernasconi: Methodisches Handeln in der Sozialen Arbeit, Lambertus, Freiburg, 1998, 4. Aufl.

Projektgruppe WANJA: Handbuch zum Wirksamkeitsdialog in der Offenen Kinder- und Jugendarbeit - Qualität sichern, entwickeln und verhandeln, Votum, Münster, 2000

Spiegel, Hiltrud von (Hrsg.): Jugendarbeit mit Erfolg - Arbeitshilfen und Erfahrungsberichte zur Qualitätsentwicklung und Selbstevaluation, Votum, Münster, 2000

synectic software & services:synJOB, Berlin. www.synectic.de

VI. Schlüsselqualifikationen im Case Management

Case Management wird häufig als eine koordinierende Tätigkeit vorgestellt und konzipiert, die die unmittelbare Arbeit mit dem Klientel nicht eindeutig erkennen lässt und damit nicht auf die Realität der praktischen Anforderungen in den Arbeitsfeldern eingeht. Das Gelingen dieses Konzeptes hängt davon ab, inwieweit der Case Manager ein Vertrauensverhältnis herstellen kann, um die KlientInnen in den Hilfeprozess aktiv einbeziehen zu können. So muss ein Case Manager flexibel die Fallsituation und die der Beteiligten aufnehmen. Im gesamten Hilfe- und Unterstützungsprozess fallen unterschiedliche Rollen und Funktionen an (siehe Kap. III).

Zu Beginn eines Hilfeprozesses erfordern viele Fallkonstellationen eine intensive Klärungshilfe, in denen der Case Manager die Funktion eines Beraters einnimmt.

Zeichnet sich eine akute Krise ab, muss ein Case Manager in der Lage sein, zumindest vorläufige Krisenhilfe zu geben und Kriseninterventionen einzusetzen, da die Übergabe in eine entsprechende Hilfestellung häufig nicht möglich ist und ein Abbruch der Beziehung eher kontraproduktiv wäre. Innerhalb des Case Management-Hilfegeschehens können verschiedenste Konfliktsituationen auftreten, zwischen Familienmitgliedern, zwischen KlientInnen und Einrichtungen, zwischen Einrichtungen und ihren jeweiligen Mitarbeitern. Ein Case Manager sollte daher in Konflikten vermitteln können. Zur unbestrittenen Grundqualifikation eines Case Managers zählt die soziale Netzwerkarbeit. Um Personen in Netze einzubinden, Einrichtungen zu einem Netz der Hilfe zu koordinieren, benötigt ein Case Manager grundlegende Fähigkeiten, eine derartige Netzwerkarbeit erfolgreich zu gestalten. Beratung, Krisenhilfe, Mediation und Netzwerkarbeit stellen daher unverzichtbare Arbeitsformen im Case Management dar, deren Grundkonzepte auf die jeweiligen Anforderungen des Case Managements übertragen werden müssen, aber die dort gesammelten Erkenntnisse können genutzt werden.

1. Systemische Beratung

In der fallorientierten Sozialen Arbeit, die über das Case Management Struktur erhält, wird eine beratende Tätigkeit durchgehend den Prozess der Hilfestellung mit gestalten. Der handlungstheoretische Hintergrund und die

Grundprinzipien des Case Managements sind analog in der systemischen Beratung zu finden. Wobei der Beratungsbegriff in der Sozialen Arbeit nach wie vor klärungsbedürftig und von therapeutischen Konzepten abzugrenzen ist. Von wenigen Ausnahmen abgesehen, findet sich weder in der Sozialen Arbeit insgesamt noch speziell im Case Management ein Auftrag oder ein Setting für therapeutische Arbeit.

Beratung in der Sozialen Arbeit stellt ein sehr großes aber auch diffuses Feld dar. Auch im Sinne von Theoriebildung ist es notwendig hier präziser zu werden.

Wir werden hier mit unterschiedlichen Begriffen zur Beratung konfrontiert:

Sozialpädagogische Beratung, Soziale Beratung, Sozialtherapeutische Beratung, Beratung in der klinischen Sozialarbeit, Beratung in der Sozialen Arbeit. Die sehr weit gespannten Interessen, in der Sozialen Arbeit Profil zu gewinnen, kommen hier zum Ausdruck.

Der jeweilige theoretische Hintergrund ist meist schon über diese Begriffe zu erkennen, ob ein Erziehungswissenschaftler, ein Psychologe oder diejenigen, die sich inzwischen auf die „Soziale Arbeit" verständigt haben ein Beratungskonzept formulieren. Die Wurzeln der Letztgenannten stammen in aller Regel aus der Sozialarbeit und waren und sind ihr verpflichtet.

Der Begriff Beratung wurde schon seit 1900 in den Aufgabenkatalogen der Fürsorgeinstitutionen genannt, aber nicht als methodisches Element oder gar theoretisch bearbeitetes Konzept. Insofern bildet geschichtlich betrachtet die Fürsorge und die Entwicklung der klassischen Methode der Sozialen Einzelhilfe den Ausgangspunkt für die Beratung in der Sozialen Arbeit und hat damit dieselben Wurzeln wie das Case Management.

Für die Fürsorge, als Vorläuferin der Beratung ging Alice Salomon noch von einem direktiven Konzept aus. Die Fürsorgerinnen sollten auf einen Menschen einwirken und dabei eine Führeraufgabe übernehmen.

Lange Zeit war der Tätigkeitsbegriff derjenigen, die mit dem Konzept der Sozialen Einzelhilfe arbeiteten, behandeln und nicht beraten. Gerade dieser Begriff, aus den medizinischen und psychotherapeutischen Professionen entlehnt, beförderte die heftige Kritik an der Sozialen Einzelhilfe (siehe auch Kap. III).

In der Übergangszeit zwischen Kritik an den klassischen Methoden der Sozialarbeit und der Orientierung an Konzepten der Psychotherapie, war Beratung eher ein Randthema. So formulierten Liebl und Kappeler Anfang der 70er Jahre: „Die eingebildete Neutralität des Beraters schwächt die Position der durch ihre materiellen Lebensbedingungen unterdrückten Jugendlichen ... Die fiktive Neutralität ermöglicht nicht Beratung, sondern übt Verrat" (Kappeler/Liebl, 1973, S. 231). Aus dieser Position heraus fand sich zwangsläufig eine Definition von parteilicher Beratung:

„Beratung muss ganz bewusst auf die Unterstützung des Widerstandes der Unterdrückten und in Teilen deklassierten Arbeiterjugendliche und aller Bevölkerungsgruppen, abzielen" (a.a.O S. 231). Wenngleich sich diese radikale Sicht nicht durchsetzte, wurde nunmehr Parteilichkeit ein Grundprinzip Sozialer Arbeit allgemein, aber auch der Beratung und stand dort häufig im Widerspruch zu den später einfließenden psychotherapeutischen Theorien und Konzepten.

Nach der starken, und wie man meinen konnte die Soziale Arbeit ausschließlich bestimmenden Politisierung und den nachfolgenden daraus resultierenden Enttäuschungen war Beratung ab 1976 nicht nur Randthema in der Fachöffentlichkeit. Thiersch u.a. argumentierten in einem grundlegenden Artikel, dass trotz der Ambivalenz in den Funktionen von Beratung die Chance genutzt werden müsse, „Beratung auf die gegebenen Alltagskonflikte und die in ihren angelegten Entwicklungschancen" (Fromann/Schramm/Thiersch, 1976, S. 717) zu beziehen. Sozialpädagogische Beratung solle parteinehmende Praxis sein, mehrdimensional die sozioökonomische Bedingtheit beachten, den Widerspruch gegen Gesetzesmäßigkeiten stärken und insgesamt eine Profession für solidarisches Alltagshandeln und Alltagsprobleme sein, die Entprofessionalisierung nicht scheut (vgl. a.a.O., S. 739).

In einem weiteren vielbeachteten Sonderheft der Neuen Praxis 1978 zum Thema „Sozialarbeit und Therapie" wurde eine neue Bewegung oder Modewelle unter dem Stichwort ‚Therapeutisierung der Sozialarbeit' aufgegriffen, bearbeitet, kritisiert und in Verbindung zur Beratung gebracht.

Das Verhältnis von Sozialarbeit und Therapie schob sich damit in den Vordergrund der Fachdiskussion. Zwischen sozialpädagogischer Beratung hier und therapeutischer Beratung dort, lagen je nach Interessen Welten der Bewertung über Notwendigkeit und Sinnhaftigkeit.

Man unterschied letztlich darin, dass Beratung in der Sozialen Arbeit das Problem in den Mittelpunkt rückt und die Therapie die Person.

Diejenigen in der Sozialen Arbeit, die sich einem Veränderungsprozess stellten, suchten andere Anknüpfungspunkte. Nach dem Übergang der grundständigen Ausbildung in die Fachhochschule erhofften sie sich ein höheres Niveau. Eine die Soziale Arbeit und Beratung anleitende Theorie war ohnehin nicht vorhanden. So waren die nachvollziehbaren Theorien und vor allem die Erfolg verheißenden Methoden und Techniken der Therapierichtungen für einen Teil der Sozialen Arbeit ein Ausweg. Verhaltenstherapie und Gesprächstherapie fanden im Gegensatz zu den bekannten tiefenpsychologischen Ansätzen besondere Aufmerksamkeit. Zumal Rogers ohnehin zu erkennen gab, zwischen Therapie und Beratung sehe er kaum einen Unterschied.

Um der Kritik zu entgehen, ähnlich wie sie an der Sozialen Einzelhilfe geübt wurde, sich nur um das Individuum zu konzentrieren, wurde von einigen die Sozialtherapie ins Spiel gebracht.

Ulrich Seibert ging 1978 von der These aus, dass eine kontrollierende Tätigkeit weder der Sozialen Arbeit noch der Therapie zwangsläufig immanent ist oder sein muss. Und wenn dieser Teil, insbesondere auf der Seite der Sozialen Arbeit, wegfällt besteht für ihn kein Grund, Beratung und Behandlung zu trennen analog zu anderen Berufsgruppen (z.B. Ärzte). Wohl in Teilbereichen Unterschiede anerkennend, befürwortet er daher, die Sozialtherapie als verbindendes Konzept zu nutzen, um individuelle und im Umfeld liegende Probleme - und zwar beide als veränderbar - einbeziehen zu können. Dies diene den Bedürfnissen und Interessen der KlientInnen, insbesondere denen aus der Arbeiterschicht.

Aus dem Bemühen ab Mitte der 70er Jahre einen der größten Bereiche der Sozialen Arbeit, die Beratung, mit Theorie und Konzept zu versehen, lassen sich einige Grundprinzipien benennen, die die weiteren Diskussionen beeinflussten und Kontroversen auslösten:

Parteilichkeit, Klientorientierung, Freiwilligkeit, Alltagsorientierung.

In den 80er Jahren versank die theoretische Diskussion, das unmittelbare Beratungsgeschehen bestimmte das weitere Geschehen.

Der Einfluss der therapeutischen Richtungen nahm noch erheblich zu, obwohl eine Pädagogisierung der Sozialen Arbeit weitaus näher gelegen hätte. Der Funktionszerfall herkömmlicher Sozialisationsinstanzen und Gemeinschaftsformen und der daraus folgende Verlust von Stützsystemen hätte Beratung unter anderen Maximen als der der Therapie zur Entfaltung bringen müssen.

Zu verzeichnen ist dagegen eine enorme Spezialisierung der Beratung für alle Lebensbereiche und Zielgruppen in einer unübersichtlichen Trägerlandschaft. Ein Ausgangspunkt der einige Zeit später zu den ersten Konzepten des Case Managements führte. In vielen Einrichtungen fand unter dem Angebot Beratung häufig „verdeckt" Therapie statt, einschließlich einer einseitig ausgerichteten psychologischen Diagnostik.

Für das Konzept Beratung muss festgestellt werden, dass angesichts des für eine Professionalisierung diffusen Begriffes von Alltagsorientierung, die anscheinend klaren und nachvollziehbaren Techniken der Therapie dankbar übernommen wurden, unhinterfragt nach deren Handlungstheorie. Darüber hinaus blieb der bekannte Rückgriff auf das routinierte Handeln entlang der praktischen Erfahrungen.

Mangold beschrieb diese Situation aus der Sicht der Sozialen Arbeit: „Die anderen Disziplinen haben sich der Sozialen Arbeit angenommen ... Wir haben ihre Kultur übernommen und unsere dabei aufgegeben." (Mangold, 1981, S. 54).

Die Spezialisierung und Professionalisierung des Beratungsgeschehens korrelierte mit dem oben beschriebenen Zerfall von Sozialisationsinstanzen. Das heißt in dieser Zeit zeigte sich der beginnende Bedarf nach Beratung und Case Management ab und zwar auf allen Ebenen:

– der Bedarf wieder im Alltag von nahe stehenden Personen und Gruppen Unterstützung zu bekommen, ein Hinweis darauf warum Selbsthilfegruppen Konjunktur hatten,

– der Bedarf nach materieller Beratung, da die Brüchigkeit des so genannten sozialen Netzes Armut wieder auf die Tagesordnung setzte (z.b. Schuldnerberatung),

– der Bedarf nach professioneller personaler Beratung, bedingt durch komplexere Problemsituationen und als Ersatz für ausfallende Stützsysteme.

So stand im Übergang zum nächsten Zeitabschnitt einerseits die Frage an, inwieweit der Rechtsanspruch auf Beratung deutlicher und umfangreicher verankert werden kann. Und andererseits wie eine Balance zwischen qualifizierter professioneller Hilfe und der Selbsthilfe mit Unterstützung des Umfeldes gefunden werden kann. Diese Gradwanderung von Professionalisierung und Entprofessionalisierung, von möglicher Entmündigung und Rückzug der Gemeinschaft aus der Verantwortung erfordert eine Handlungstheorie Sozialer Arbeit mit daraus abgeleiteten Konzepten der Beratung.

Die bis jetzt dargestellte Situation der Beratung führt zwangsläufig zu der Frage, ob sich trotz der Fremdeinflüsse anderer Theorien, trotz der Spezialisierung in der Praxis eine Handlungstheorie und ein Grundkonzept von Beratung finden lässt. Der Einfluss der Systemtheorie auf die Soziale Arbeit und die Diskussionen um eine eigene Theorie der Sozialen Arbeit (siehe Kap. VIII) erreichte nun auch die Beratungstätigkeit in der Sozialen Arbeit.

1990 wies Brunner daraufhin, dass „die Einengung systemischer Denk- und Arbeitsweise auf Familientherapie in eine Sackgasse führt ... und ... ausgehend von der Differenzierung ‚System/Umwelt' - kommt dem Umfeld der Familien eine ungleich größere Bedeutung zu, als dies in der häufig anzutreffenden familientherapeutischen Praxis der Fall ist ... und sein Fazit: Gesellschaftliche, materielle, biologische und Arbeitsumwelten von Familien und andere Systeme müssten stärker berücksichtigt werden" (Brunner, 1990, S. 95). Mit diesem Konzept zielte Brunner allerdings eher darauf ab, die Familientherapie zu erweitern als die Soziale Arbeit daraufhin auszurichten. Pfeifer-Schaupp, unter anderem als Sozialarbeiter ausgebildet, sucht deutlicher die Nähe zur Sozialen Arbeit. Einmal in der Reichweite seiner systemtheoretisch orientierten Vorstellungen über das Klientsystem, das Helfersystem, die Beziehungen zwischen Helfer- und Klientsystem, die Ebene des Gemeinwesens und die des gesellschafts-politischen Einflusses (vgl. Pfeifer-Schaupp, 1995, S. 139). Er sieht die Hauptaufgabe und Funktion der Sozialen Arbeit in der Ressourcenarbeit.

Eine nicht abschließende Definition von Beratung in der Sozialen Arbeit lautet aus systemtheoretischer Sicht:

> Beratung in der Sozialen Arbeit bezieht sich auf soziale Probleme, den Prozess der Hilfestellung und alle Systemebenen. Ihr Ziel ist eine verantwortete Veränderung der mehrdimensionalen Problemsituation von Personen und Gruppen. Dabei arbeitet sie kontext-spezifisch, lösungs-, zukunfts- und ressourcenorientiert.

Grundbedingungen und -züge der Systemischen Beratung

Die Beratung in der Sozialen Arbeit beginnt in einer Reihe von Arbeitsfeldern mit dem ersten Ziel, die KlientInnen für eine Beratung zu motivieren. Wird der Kontakt von den KlientInnen selbst hergestellt, liegt eine freiwillige Anfrage vor, die durch den Leidensdruck einer Problemsituation entstanden ist. Kindertagesstätten, Schulen, Sozialstationen, Bürgerberatungsstellen, Ämter, kirchliche Organisationen, Gerichte informieren über oder überweisen KlientInnen in Beratungsstellen. Diese richten in unterschiedlicher Form ihr Angebot an die KlientInnen, die damit nur noch bedingt freiwillig in einer Beratungsstelle erscheinen. Beratungen, denen sich KlientInnen kaum entziehen können, ohne Nachteile in Kauf zu nehmen, finden mehr oder weniger angeordnet statt (siehe Kap. IV - Erstgespräche). Beratung in der Sozialen Arbeit kann demnach häufig nur von einer bedingten Freiwilligkeit ausgehen.

In der systemischen Beratung werden darüber hinaus folgende Grundannahmen und -prinzipien beachtet:

– Die KlientInnen werden als Menschen akzeptiert. Zu unterscheiden ist dabei zwischen ihnen selbst als Menschen und ihrem Verhalten und ihren Handlungen, die nicht unbedingt gebilligt werden müssen, insbesondere dann wenn diese Verhaltensweisen andere schädigen (Ethik-Code).
– Die Beratung erfolgt immer mit der grundlegenden Einstellung, dass sich KlientInnen ändern können, möglicherweise muss ihnen dafür ein anderer Rahmen geschaffen werden.
– Menschen deuten und interpretieren ihren Alltag und die darin liegenden Handlungen nach eigenen Kriterien.
– KlientInnen sind auch in Bezug auf ihre belasteten Situationen und Problemlagen selbst ihre Experten. Sie wissen am besten wie eine derartige Situation wirkt.

Phasen Systemische Beratung

Orientierung

Ziele:
Kennenlernen, Einschätzen des jeweiligen Gegenüber; Zuständigkeit (inhaltlich) klären, fachliches Angebot darstellen; gegenseitige Akzeptanz entwickeln; Problemsicht aller (KlientInnen, Klientsystem, Umfeld) erkunden und bearbeiten- evtl. über systemische Fragen; Problem- und Ressourcenanalyse erstellen; Einschätzung

Vorgehensweisen:
Konzept des Erstgesprächs; Beziehung aufbauen über klientzentrierte Gesprächsführung; beobachten, explorierende Fragen stellen; dokumentieren

Strukturierung

Ziele:
Kontrakt für die Beratung erarbeiten; Informationslücken auffüllen; Problemsichten ordnen; Beratungsthemen festlegen und in eine Reihenfolge bringen - fokussieren; Grenzen und Möglichkeiten der Beratung und der Eigenleistung bzw. die des Umfeldes abklären

Vorgehensweisen:
Regeln für die Beratung erstellen; ‚Hausaufgaben‘ entwickeln; direktive Techniken zur Strukturierung einsetzen

Modifikation

Ziele:
Widersprüche und Übereinstimmungen besprechen; Einigung und Verständnis für die Problemsicht aller erzielen; Lösungen und Veränderungen er- und bearbeiten; Handlungsplan erstellen; Erfahrungen sammeln und neue Situationen ausprobieren; Fortschritte festhalten und bewerten

Vorgehensweisen:
Kommunikationsverhalten durch verschiedene Techniken beeinflussen; Wechselwirkungen beobachten; Zwischenaus- und bewertungen vornehmen

Ablösung

Ziele:
Bilanz ziehen; Erfolge und Veränderungen festhalten; Metakommunikation über den Beratungsprozess; Weitervermittlung bei Bedarf; Nachüberprüfung der Nachhaltigkeit

Vorgehensweisen:
Feed-back Techniken einsetzen; Evaluation- und Auswertungsinstrumente; Dokumentation

Abb. 16: Phasen Systemische Beratung

- Jeder Mensch besitzt Ressourcen und Stärken und will diese positiv umsetzen. Diese Ressourcen und Stärken sind ihm aber nicht immer bewusst.
- Erreicht ein Berater, dass KlientInnen sich wieder Ziele setzen, arbeiten sie auch an deren Verwirklichung.

(vgl. Culley, 1996, S. 24 ff.)

Ähnlich zum Case Management wird die systemische Beratung in Phasen aufgeteilt. Auch hier gilt der Grundsatz, dass dies eine strukturierende Hilfe darstellt, in der zurückliegende Phasen oder Teile von ihnen je nach Beratungsfortschritt und -bedarf noch einmal aufgegriffen werden müssen.

Der Case Manager übernimmt immer wieder eine beratende Rolle (siehe Kap. IV). Aus dem Konzept der Systemischen Beratung können für diese Aufgabe einzelne Phasen und/oder einzelne Vorgehensweisen übertragen werden. In bestimmten Situationen werden die vier Beratungsphasen so verdichtet eingesetzt, dass sie auch einen einzelnen Beratungstermin strukturieren. Eine kurze Klärung einer neu auftauchende Krise im Fallverlauf entspricht der Orientierungsphase, danach erfolgt die Fokussierung auf den Kern der Krise, mit der anschließenden Modifikation (Lösungen und Veränderungen er- und bearbeiten), der Beratungstermin endet mit einer qualifizierten Auswertung.

Weiterführende Literatur

Belardi, Nando (Hrsg.): Beratung. Eine sozialpädagogische Einführung, Beltz, Weinheim, 1996
Culley, Sue: Beratung als Prozess, Beltz, Weinheim, 1996

2. Krisenhilfe und Kriseninterventation

Kriseninterventation bedeutet in der Sozialen Arbeit noch weitgehend Handeln aus den praktischen Anforderungen heraus, eher weniger konzeptionell untermauert. Ein eigenständiger handlungstheoretischer Hintergrund, der leitende Fragestellungen und Profilierung für die Soziale Arbeit zuließe, fehlt noch weitgehend. Bei den Einen ist Soziale Arbeit prinzipiell Krisenarbeit. Andere konzentrieren sich auf spezielle Angebote in unterschiedlichsten Arbeitsfeldern und Organisationen.

Definitionen, Orientierungen und Maßnahmen in der Kriseninterventation gehen vielfach von soziologischen und psychologischen Überlegungen und Forschungen aus. Diese gehen in die Soziale Arbeit ein, treffen allerdings auf ein Setting, das die Übernahme nur schwer ermöglicht.

Inwieweit Kriseninterventation mit Case Management in Verbindung zu bringen ist, lässt sich aus dem Fallgeschehen von Sabine W. ableiten.

Hier wird exemplarisch deutlich, wie Krisenintervention in der Sozialen Arbeit fehlschlagen kann. Ein 16-jähriges Mädchen, das in der Pubertätsphase familiären Grenzsituationen und einer Vielzahl professioneller Angebote ausgesetzt war, wurde mit einer schweren Alkoholintoxikation von der Polizei am ZOB aufgefunden. Was lag davor? Nach Eintritt in die Pubertät zeigte sie aggressives Verhalten in der Schule, die Leistungen verschlechterten sich rapid, Schulschwänzen trat auf. Kaufhausdiebstähle, Alkohol und Drogen reihten sich dazu.

Polizei, Kinder- und Jugendpsychiatrie, Jugendwohnung, ASD, Kinder- und Jugendnotdienst waren mehrfach an Hilfestellungen beteiligt. Trotzdem eskalierte die Situation bei Sabine.

Sabine's Fallsituation zeigt auf:

– Die Hilflosigkeit der Eltern und ihre Ohnmacht bis hin zur Aufgabe der Elternschaft in einer pubertären Krise ihrer Tochter.

– Die Hilflosigkeit der Schule, die auf sich verschlechternde und aggressive Verhaltensweisen von Sabine pädagogisch keine Antwort hat.

– Die Hilflosigkeit von Institutionen, insbesondere der Sozialen Arbeit, die dem „Überweisungsdrang" nachgebend einen Verschiebebahnhof inszenieren.

Die Lösung der Krise wird nur bei Sabine gesucht, ohne zu klären, welche familiären und schulischen Faktoren eine Rolle spielen, welche Veränderungen im Freundeskreis stattfanden. Wurde ermittelt, inwieweit personelle und strukturelle Ressourcen in diesem Fallgeschehen vorlagen?

Noch weniger wird offensichtlich geklärt, welche Schwierigkeiten das Helfersystem selbst auslöst und möglicherweise krisenverschärfend wirkt. Also erhebt sich die Frage, wer hat in diesem Fall eine Krise?

Diese Fragen führen zu einer ersten und vorläufigen Krisen-Definition im Rahmen Sozialer Arbeit und Case Management:

> Krisen und krisenhafte Strukturen in mehrfach belasteten Situationen können von Einzelnen, einer Familie als System, von einzelnen Familienmitgliedern als Teilsystem nicht mehr auf sich gestellt selbst bearbeitet werden. Sie finden keine, auf ihre Bedürfnisse zugeschnittene Hilfe in ihrem sozialen Umfeld.
>
> Krisenintervention bezieht sich im engeren Sinne auf eine Akutkrise, die häufig aus einer chronifizierten Krisensituation entsteht. Sie ist dadurch gekennzeichnet, dass entweder der Leidensdruck beim Einzelnen, in der Familie oder bei einem Familienmitglied so groß wird, dass Außenstehende um Hilfe gebeten werden oder dass Soziale Dienste zum Wohle der KlientInnen eingreifen müssen. Eine akute Krise besteht auch dann, wenn der Einzelne, die Familie zunächst kein Krisenbewusstsein äußern (z.B. bei Gewalt, Missbrauch, Vernachlässigung, Verwahrlosung, Vereinsamung).

In Anbetracht der hohen beruflichen Anforderungen in der Krisenintervention, stehen der Sozialen Arbeit wenige eigene handlungstheoretisch untermauerte Konzepte zur Verfügung. Sozialarbeiterinnen werden in vielfältigen Bereichen mit Krisensituationen konfrontiert - z.B. Entwicklungs- und Familienkrisen, sozialpsychiatrische und lebensbedrohliche Erkrankungen, Sterbekrisen. In der Arbeit vieler Einrichtungen der Sozialen Arbeit fallen in Familien, aber auch in familienersetzenden Einrichtungen häufig Kinder und Jugendliche als Symptomträger von Krisen auf. Einzelne Erwachsene zeigen symptomatisch Defizite ihres Umfeldes auf, wenn sie in Krisen geraten. An sie richten sich fast ausschließlich die Hilfsangebote, obwohl der Krisenherd auch in der Familie selbst oder in ihrem Umfeld stecken kann. Eine Krisenintervention in der Sozialen Arbeit muss diese Zusammenhänge berücksichtigen und diese mehrdimensionalen Erscheinungen analysieren. Theoretisch wird allerdings auf andere Wissensbereiche und deren Forschungen zurückgegriffen.

Die soziologischen Krisentheorien können zusammengefasst werden mit deren Aussage, dass das allein auf das Individuum zentrierte Geschehen problematisch ist und andere Erklärungen ausschließt. Die soziologische Diskussion fokussiert Krisen, die im Spannungsfeld gesellschaftlicher Veränderung und sich ständig wandelnden Anpassungsprozessen der Individuen entstehen. Insofern zeigt sich aus soziologischer Sicht, dass sich in Krisensituationen mehrfache Belastungen kulminieren.

In der psychologischen Ausdeutung von Krisen spiegeln sich deren therapeutischen Grundrichtungen wider. Das psychoanalytische Konzept geht davon aus, dass Krisen akute Zuspitzungen von schwelenden Grundkonflikten darstellen. Erikson prägte die Diskussion von normativen Entwicklungskrisen im Gegensatz zu nonnormativen, nicht vorhersehbaren Krisenereignissen. Vor allem Caplan arbeitete eine Krisentheorie heraus, die ein ambivalentes Empfinden von Hilflosigkeit und Hoffnung herausstellt. Darin zeigt sich, die auch in anderen Krisentheorien herausgeschälte Doppeldeutigkeit von Krisen, nämlich als Chance zur Veränderung, aber auch zur Desorganisation und Zerstörung.

In neueren Forschungen und Betrachtungen steht Stress und die Frage nach vorhersehbaren und damit präventiv zu erfassenden kritischen Lebensereignissen im Mittelpunkt. Diese Betrachtungsweise impliziert ein psychologisches Verständnis von Krise und Krisenintervention, in dem verschiedene Ebenen in Betracht gezogen werden und der gegenseitige Einfluss von Mikro-, Mezzo- und Makroebene in Rechnung gestellt wird.

Aus dem pädagogischen Wissensbereich ergeben sich nur wenige Anhaltspunkte für die Soziale Arbeit. Krisen werden dort als Lernprozesse verstanden. Es wird nicht nur nach der Entstehung gefragt, sondern welchen Sinn Krisen haben könnten. Krisenintervention in diesem Sinne hebt sich vom rein reaktiven Geschehen ab und führt zu gestaltbaren Lernprozessen (vgl. Mennemann, 2000, S. 207 ff.).

Soziale Arbeit kann sich dieser unterschiedlichen Theorien und Erkenntnissen bedienen, um eine eigene handlungstheoretische Ebene für Krisenintervention zu entwickeln. Eine systemisch ausgerichtete Handlungstheorie zielt auf mögliche Ressourcen der Krisenbeteiligten und des Krisengeschehens auf den oben genannten unterschiedlichen Ebenen ab. Da insbesondere Wechselwirkungen und der Versuch von Klientsystemen, Ungleichgewichte auch in Krisensituation auszugleichen und die Wiedergewinnung von autonomen Handeln im Mittelpunkt stehen und beobachtet werden, wird die Nähe zur Systemtheorie deutlich. Methodische Herangehensweisen berücksichtigen biographische Aspekte und den darin enthaltenen Copingeffekt, das Umfeld Familie, personale und institutionelle Netze, sowie soziokulturelle Bedingungen.

Eine systemisch orientierte Krisentheorie für die Soziale Arbeit geht von folgenden Annahmen aus:

– Mehrfach belastete Familien und einzelne Menschen sind oft von chronifizierten Krisen betroffen. Krisenhafte Prozesse haben sich über längere Zeit entwickelt (Kommunikations-, Interaktionsstörungen, fehlende Kompetenzen und Ressourcen).

– Problemlagen werden durch mehrfache Belastung und Ausgrenzung verschärft und führen immer wieder zu aktuellen Krisen.

– Neben intrapsychischer und interpersoneller Probleme müssen Belastungen im sozialen Umfeld und zwischen Binnensystem und äußeren Systemen mit berücksichtigt werden.

– Krisen sind daher in diesem Sinne nicht nur intern und individuell pathologisch (vgl. Gehrmann/Müller, 1998, S. 54 ff.).

Für die Soziale Arbeit ergeben sich aus diesem handlungstheoretischen Background Konzepte des Krisen- Case Management im Akutfall und daraus abgeleitete unterstützende Hilfen bei chronifizierten Krisen.

Dabei sind einige Unterscheidungen zu treffen. Zum einen ist abzuklären, handelt es sich um eine normative Krise, die unter anderem bei Geburt eines Kindes in der Familie, bei Schuleintritt, in der Pubertät oder Adoleszens, beim Ausscheiden aus dem Arbeitsleben auftreten kann. Diese Krisen können präventiv erreicht werden, unter anderem durch Elternbildung und –beratung, Konzepte der Jugendhilfeeinrichtungen, Schulung von Lehrern, Bildungsarbeit mit älteren Menschen. Kritische Lebensereignisse, die nicht vorhersehbar sind, wie Krankheit, Trennung der Eltern, Verlust von Freunden, Wohnortswechsel, Arbeitslosigkeit und die nicht unmittelbar und schockartig eintreten oder chronifiziert sind, können mit Beratung, Mediation, unterstützende Hilfen abgefangen werden. Hier handelt es sich um eine sekundärpräventive Arbeit. Akutkrisen hervorgerufen durch Aggressionen, sexuelle Gewalt, Misshandlung, Vernachlässigung, Isolation oder eskalierende normative Krisen und kritische Lebensereignisse verlangen schützende und eingreifende Hilfen.

Eine Krisenintervention im Akutfall muss schnell erfolgen und spätestens innerhalb von 48 Stunden einsetzen. Wobei dieser Zeitraum erheblich zu unterschreiten ist, wenn es sich zum Beispiel um Kleinstkinder handelt, die bei Vernachlässigung in Stunden vertrocknen können. Aber auch bei Lebensgefahr liegt unmittelbares Handeln auf der Hand. Wichtig in diesem Kontext wird eine schnelle Krisenanalyse anhand von handlungstheoretischen Anweisungen.

Die systemische Denkfigur (siehe Kap. IV) könnte dazu als Folie dienen, komplexe Situationen zu erfassen, zu beschreiben und sie gerade für die Krisenarbeit zu reduzieren. Die Denkfigur berücksichtigt die individuelle Situation, die Situation sozialer Systeme und Beziehungen, wert- und normorientierte Kriterien, die gezielte Auswahl methodischer Vorgehensweisen. Als Leitfaden für Dokumentationen bietet die Denkfigur Codes, die Handeln für alle in gleicher Weise transparent macht, was gerade in Kriseninterventionen den schnellen Zugriff für alle sicherstellt.

Krisenintervention hebt sich deutlich von non-direktivem Vorgehen ab. Eingreifende und direktive Maßnahmen prägen die Aktivitäten von Krisenhelfern, die dabei Rechtssicherheit für das eingreifende Handeln haben müssen (z.B. bei Herausnahme von Kindern nach § 43 KJHG oder das zwangsweise Betreten einer Wohnung Art. 13, Abs. 7 GG).

Vorrangig muss in der Krisensituation der emotionale Druck vermindert werden, um Luft für weitere Aktionen zu bekommen. Eingesetzt werden daher deeskalierende Methoden, die den Krisen den Gipfel nehmen. Dadurch können die KlientInnen erst für weitere Maßnahmen erreicht und gewonnen werden.

Im Mittelpunkt der Krisenklärung steht die aktuelle Situation oder das Ereignis und nicht der Krisenhintergrund. In der Krisenanalyse stehen im Vordergrund Ressourcen, die in der Person, Situation und im Umfeld liegen könnten, denn darauf sind die KlientInnen am ehesten ansprech- und motivierbar.

Methodenflexibilität muss ein Kennzeichen des Vorgehens sein, das auf die in aller Regel multidimensionale Situation eingeht und die Kulmination von Belastungen berücksichtigt. Insofern sind Arbeitsformen der Sozialen Arbeit bereitzuhalten, die psychologische und möglicherweise medikamentöse Unterstützung einbeziehen müssen.

Dies wiederum deutet darauf hin, dass Krisenintervention in aller Regel interprofessioneller Zusammenarbeit bedarf. Im oben genannten Fall von Sabine W. haben in der letztgenannten Akutsituation Polizei, Kinder- und Jugendnotdienst, Krankenhaus und unter Umständen die Jugendpsychiatrie Hilfe zu leisten. Sie benötigen jeweils für sich, aber auch ein gemeinsames Krisenkonzept und gemeinsame Standards. Unerlässlich erscheint, wie gerade die Situation von Sabine W. aufzeigt, eine ordnende Hand. Sie trägt zumindest für die Zeit der Krisenintervention die Verantwortung für das Fallgeschehen anhand eines in einem Arbeitsfeld abgestimmten Konzeptes und betreibt insofern Krisen- Case Management. Case Manager müssen gerade hier auf zwei Ebenen ihre Arbcit entfalten. Sie benötigen ein enge Beziehung zu den KlientInnen, um deren spezifische Situation berücksichtigen zu können und so schnell als möglich ihr Vertrauen zu gewinnen. Sie müssen über personale und institutionelle Strukturen informiert sein und sie entschlüsseln können. Sie aktivieren fallumgebende Systeme, im Sinne von bestmöglicher Kooperation und Kommunikation.

Für Krisensituationen können allgemeine konzeptionelle Bausteine formuliert werden, die für spezielle Arbeitsfelder und Zielgruppen präzisiert werden müssen.

Um Krisen sofort aufnehmen zu können, muss eine funktionierende Rundum-die-Uhr - Bereitschaft organisiert werden, die keine Lücken in der Nacht und am Wochenende aufweist und die möglichst für jedes Arbeitsfeld in einer Hand sein sollte. Jeder Wechsel und Verweis kostet Zeit und irritiert die KlientInnen. Schon hier ist es entscheidend, ob das erste Gespräch am Telefon professionell gestaltet wird. Eine Telefonschulung ist daher für alle Krisenhelfer unabdingbar.

Entscheidend wirkt eine Öffentlichkeitsarbeit, die sowohl potentielle KlientInnen, wie Personen - die Krisen anderer melden könnten - und professionelle Helfer anspricht und für sie einprägsam ist.

Aufsuchende Soziale Arbeit in Form von Hausbesuchen, Streetwork, präsent sein an Szeneorten deuten auf den Grad der gesteigerten Aktivität der Helfenden hin. Dabei sind insbesondere bei Hausbesuchen (Kap. VII) entsprechende Vorgehensweisen konzeptionell festzulegen und die rechtliche Situation muss klar sein.

Die Dokumentation und Evaluation der Krisenarbeit erleichtert allen Beteiligten den sofortigen und qualifizierten Einstieg in die Fallarbeit. Die Evaluation kann sich nicht nur auf klientbezogene Aus- und Bewertungen beschränken, sondern muss das gesamte Krisengeschehen auswerten.

In diesem Zusammenhang rückt eine Aufgabe besonders in den Mittelpunkt. In aller Regel wird nach der ersten Krisenarbeit in eine andere geeignete Hilfestellung vermittelt. Diese Vermittlung muss besonders qualifiziert vorgenommen werden, damit bei der Übergabe keine wesentlichen Gesichtspunkte verloren gehen, ein Verständnis für die bisherige Arbeit hergestellt wird und die KlientInnen motiviert werden, weitere Hilfe anzunehmen. Das Krisenmanagement kann in das eigentliche Case Management in einer Hand übergehen, sofern dies das jeweilige Konzept vorsieht. Krisenmanagement bedeutet nicht nur eine Arbeit im Vorfeld, sondern muss im Hilfeprozess immer wieder bei Rückfällen eingesetzt werden, vom Case Manager selbst oder von einer von ihm herangezogenen Dienstleistung.

Als konzeptioneller Standard für die Krisenarbeit ist weiterhin Intervision zu installieren, das heißt eine qualifizierte (d.h. zielgerichtete Moderation, Stärken-Schwächenanalyse, Auswertung des methodischen Handelns) Teamarbeit auch im interprofessionellen Zusammenhang. Supervision für die einzeln Handelnden ist in diesen massiv belastenden Situationen unerlässlich.

Gehrmann/Müller stellen für eine Krisenintervention unter anderem folgende Punkte auf:

Die Anlaufstelle bleibt verantwortlich bis eine Vermittlung gelungen ist; Einrichtungen der Sozialen Arbeit müssen Strukturen aufbauen, die sofortige Hilfe möglich machen; verstärkte Kooperation und Zusammenschluss von Kriseneinrichtungen; keine spezialisierten Einrichtungen für Kriseninterventionen (Gehrmann/Müller, 1998, S. 60 und 61).

Ökonomischen Einwänden gegen die skizzierten Standards kann mit Erfahrungen in unterschiedlichen Bereichen begegnet werden, bei denen nachfolgende Hilfen wegfielen oder gezielt die bestmögliche nachfolgende Hilfe unmittelbar eingesetzt werden konnte.

Die Situation von Sabine W. in der eine Vielzahl von Hilfestellungen eintraten und sie im späteren Verlauf selbst als junge Mutter erneut hilfsbedürftig wurde, als ihr kleines Kind durch ihre Verhaltensweisen gefährdet war, zeigt das Gegenteil von ökonomisch sinnvollen Einsätzen auf.

Eine intensive, qualifizierte und koordinierte Krisenarbeit ist auch aus ethischen Gründen unerlässlich, wenn wir uns darauf verständigen, dass in die Lebenswelt von Menschen so wenig wie möglich eingegriffen werden soll und als oberste Leitlinie das frühestmögliche Wiederbemächtigen zur eigenen Lebensgestaltung gilt.

Weiterführende Literatur

Gehrmann, Gerd./Müller, Klaus D.: Sozialarbeit nicht Therapie! Eine Krisenintervention zur Vermeidung von Fremdplatzierung „gefährdeter" Kinder, Sozialmagazin, Heft 5/1994, S. 38 ff.
Gehrmann, Gerd./Müller, Klaus D.: Praxis Sozialer Arbeit: Familie im Mittelpunkt, Walhalla, Regensburg, 1998
Mennemann, H.: Krise als ein Zentralbegriff der (Sozial-)Pädagogik - eine ungenutzte Möglichkeit, neue praxis, Heft 3/2000, S. 207 ff.

3. Mediation

Konstruktiv bearbeitete Konflikte stimulieren Ideen und mobilisieren Energie. Sie steigern Verantwortlichkeit und Kompetenz, um den Alltag in Familie, Schule, Beruf und gesellschaftlichem Leben zu bewältigen. Destruktive Konflikte blockieren, rufen Stress und Frustration hervor. Streithähne überlasten die Gerichte und greifen zu Gewalt, um den Konfliktgegner physisch und psychisch in die Knie zu zwingen.

Dieses Doppelgesicht eines Konflikts bereitet allen, damit auch den Fachkräften in der Sozialen Arbeit Schwierigkeiten einen Konflikt anzunehmen, nicht zuletzt auch deswegen, weil alle eher die Erfahrung des Verlierers in einem Konflikt verinnerlicht haben. Die Komplexität von Konfliktgeschehen nimmt zu und andererseits die Anforderung, eigenverantwortlich zu handeln. Insofern 'verstricken' sich Menschen in Situationen, die unabhängige Unterstützung im Konflikt immer stärker erforderlich machen.

Eine Methode - die Mediation - kann dabei auf eine lange Tradition zurückblicken. Der Westfälische Friede wurde vor 350 Jahren unter wesentlicher Beteiligung von Aloysius Contareno - Botschafter der Republik Venedig - geschlossen, der auf einem zeitgenössischen Stich auch als Mediator bezeichnet wurde. Seit dieser Friedensschließung gab es auf lange Zeit, zumindest in diesem Raum, keinen Religionskrieg mehr. Der Grundgedanke der Mediation ist daher nicht neu.

Die Hoffnung und der Wunsch mit Hilfe eines unparteiischen Dritten einen Streitfall auszuräumen, haben unterschiedliche Formen herausgebildet. In verschiedenen Kulturen und Völkern gab es schon immer die Möglichkeit, eine Person, eine Stelle seitens der Konfliktbeteiligten anzurufen, also freiwillig und außergerichtlich einen Streit beizulegen. Nach dem Zweiten Weltkrieg entwickelte sich das Konzept der Mediation vor allem in den USA: anlässlich von Arbeitskämpfen; bei Konflikten und Diskriminierungen rassischer, ethnischer Art; bei Streitigkeiten zwischen Nachbarn. Vor allem breitete sich Mediation in Trennungs- und Scheidungskonflikten aus. In vielen Bundesstaaten der USA müssen sich Eltern der Mediation verpflichtend unterziehen, wenn sie sich über das elterliche Sorgerecht streiten und geschieden werden wollen. Anlass des Ganzen waren unter anderem die heillos überlasteten Gerichte in den 70er Jahren.

Konflikte außergerichtlich zu lösen, kennen wir in Deutschland vor allem im Arbeitsleben. Schiedsverfahren, Schlichtung, Güteverhandlungen sind aber juristischen Denkkategorien unterzogen und stark formalisiert. Ein Mediator gestaltet dagegen den Prozess aus einer neutralen Position heraus. Er ist für den Verlauf verantwortlich und nicht für das inhaltliche Ergebnis. Hierin unterscheidet sich Mediation von den oben genannten Verfahren. In Organisationen haben Supervision, Coaching, Moderation, Konfliktmanagement Eingang gefunden, um Arbeitsprozesse und -konflikte besser zu gestalten und zu bewältigen. Deren Methoden weisen zur Mediation Ähnlichkeiten auf. Insbesondere ist es gemeinsames Ziel, die Kommunikation zwischen den Konfliktbeteiligten wieder sinnvoll in Gang zu bringen.

Mediation wird zunehmend als allgemeine Aufgabe der Sozialen Arbeit benannt. „Gemeinsam ist den meisten systemtheoretisch beeinflussten Ansätzen der Sozialen Arbeit ein mehr oder minder explizit artikuliertes Verständnis der eigenen Profession als ein Beruf, dessen Zielsetzung und Aufgabe es ist, zwischen Mensch und sozialer Umwelt, zwischen Individuum und Gesellschaft zu vermitteln" (Heiner, 1995, S. 526).

Case Management beschäftigt sich nicht nur mit einem Fall, der durch seine komplexe multifaktorale Problemsituation eine ordnende Hand sucht. Im Fallgeschehen zeigen sich unterschiedliche Konfliktsituationen, die genauer betrachtet, die Motoren darstellen, eine Veränderung anzusteuern und einzugehen, so zum Beispiel: Konflikte innerhalb eines Klientsystems (Eltern - pubertierende Jugendliche), Pflegeleistung von Kindern bei ihren Eltern, Konflikte von KlientInnen mit Personen bzw. Institutionen in ihrem Umfeld, interinstitutionelle Konflikte. Eine fallverantwortliche Sozialarbeiterin wird in einigen Konstellationen ausdrücklich als Mediatorin auftreten können, in anderen Konfliktsituationen können ihr mediative Elemente die Gestaltung des Hilfeprozesses erleichtern.

Mediation nimmt als Ausgangspunkt direkt Bezug auf einen bestehenden Konflikt. Alle Konfliktbeteiligten versammeln sich, in freiwilliger Form, an einem Tisch mit dem Ziel, zukunfts- und lösungsorientiert verbindliche Regelungen zu vereinbaren. In der Sozialen Arbeit kann von einer vorhandenen Freiwilligkeit häufig nicht ausgegangen werden. KlientInnen müssen dann in Einzelgesprächen auf das Mediationsverfahren eingestimmt und vorbereitet werden. Diese Vorgehensweise widerspricht einigen Mediationskonzepten, wie der Trennungs- und Scheidungsmediation. In Bereichen mit inhaltlicher Nähe zur Sozialen Arbeit - zum Beispiel der Nachbarschaftsmediation - sind Einzelgespräche Bestandteile des Verfahrens.

Der Kern der Mediation liegt darin, Kommunikation, die vermieden wird, die blockiert ist, in der verletzt wird, die irrationale Verhaltensweisen hervorruft, in einem Lernprozess zu bearbeiten. Ziel ist es allerdings nicht nur, die Kommunikation wieder zu lösen, sondern die im Konfliktgeschehen angesiedelten Inhalte aufzugreifen und auf verbindliche Regelungen hinzuarbeiten, die dann in einem Kontrakt verankert werden. Aus diesem Konstrukt wird erkennbar, dass gerade diese Kombination von Beziehung und Inhalt als tragendes Gerüst den Anforderungen in der Sozialen Arbeit und dem Case Management entgegenkommt.

Vor Eintritt in eine Hilfe zur Erziehung, die sich im Rahmen einer mehrfach belasteten Familiensituation ergab, wird vorab eine Mediation durchgeführt. Eltern schaffen hier für sich und ihre Kinder für die Zeit nach der

Trennung Klarheit und Brücken der Begegnung, also eine Basis für geänderte verlässliche Beziehungen und andererseits sachorientierte, existentielle Pfeiler über gesicherte Elternaufgaben oder gemeinsam vereinbarten Unterhalt. Die nachfolgende Hilfe zur Erziehung kann kürzer und weniger in die Lebenswelt eingreifend gestaltet werden.

KlientInnen, die sich in einer Hilfemaßnahme von bestimmten Betreuer missverstanden fühlen, blockieren die Hilfsangebote und stellen die vereinbarten Inhalte und Regeln in Frage. Case Manager können in dieser Situation die destruktive Kommunikation zwischen KlientIn und Betreuer mit mediativen Elementen bearbeiten und neue Regelungen erarbeiten.

Zwischen einer therapeutischen Maßnahme und einem Sozialen Dienst der Psychiatrie können in einem Fallgeschehen unterschiedliche Strategien zu Konflikten führen. Die vereinbarte Kooperation weicht einer gegensätzlichen von Konkurrenz getragenen Hilfestellung, in der KlientInnen zu Statisten werden. Case Manager können im Rahmen ihrer Funktion als Controller diese Situation in einer Mediation bearbeiten.

Diese angedeuteten Begebenheiten lassen erkennen, dass Mediation in Ergänzung zu Beratung, Krisenintervention und sozialräumlicher Arbeit ein wichtiges Instrument für Case Manager darstellt, Konflikte offensiv anzunehmen. Sie steht nicht nur für sich allein, sondern kann als vorbereitende oder begleitende Methode eingesetzt werden, die erst weiteres sozialarbeiterisches Handeln ermöglicht. Mit ihrem zeitökonomischen Vorgehen werden Kräfte freigesetzt, die bisher über eher langwierige Arbeitsprozesse der Sozialen Arbeit - wenn überhaupt - zur Entfaltung kamen. Die Integration der Mittlerrolle und damit die Grundprinzipien des Mediationskonzeptes lösen allerdings für die Soziale Arbeit einige zu bearbeitende Fragen aus.

Dazu muss ein Blick auf den Kern des Mediationsverfahrens geworfen werden. Mediation nimmt ihren Ausgangspunkt von einem Menschenbild, in dem alle selbstverantwortlich und kontrolliert handeln. Dieses Potential wird vorausgesetzt, jedoch nicht in dem Sinne, dass es auch jederzeit zur Verfügung steht. Den autonomen Konfliktbeteiligten steht ein neutraler Mediator gegenüber. Strikte Neutralität gewährleistet, den Prozess der Mediation zu gestalten und zu beeinflussen, nicht dagegen die Inhaltsebene. Mediation geht von einer Motivation der gemeinsamen Lösungssuche aus, die andererseits jeweils einzeln freiwillig eingegangen wurde. Fairness und Vertraulichkeit sichern den Mediationsprozess gegen Störfeuer von innen und außen ab.

Das stufenorientierte Konzept beginnt mit einem Arbeitsbündnis zwischen Konfliktbeteiligten und Mediator und klärt im Erstkontakt die Motivation und Eignung ab. Es folgt das gemeinsame Festlegen der zu bearbeitenden Themen, die ideenfördernde Lösungsphase und die Phase des Aushandelns und sich Einigens. Mediatoren fördern und unterstützen dabei das Nachdenken über alternative, bis dahin noch nicht erkannte Konfliktlösungen. Am Ende des Geschehens steht dann, die erarbeiteten Ergebnisse und Regelungen mit differenzierten Absprachen zu versehen und diese noch einmal auf ihre Realisierungschancen zu überprüfen. In vielen Fällen erweist es sich als sinnvoll nunmehr erst eine Erprobungsphase zu vereinbaren, in der erste Erfahrungen mit den gefundenen Regelungen gesammelt und bewertet werden. Die erfolgreiche Mediation endet mit einer (in der Regel schriftlichen) Schlussvereinbarung und der Reflexion des Mediationsprozesses. Wesentlich im Mediationskonzept ist, dass die Konfliktbeteiligten die Ergebnisse selbstverantwortlich erarbeiten, während der Mediator seine kommunikativen Fähigkeiten einsetzt und den Prozess lenkt, damit gemeinsame Lösungen und für jeden Gewinn bringende Vereinbarungen zustande kommen, also keine unter Druck erzeugten faulen Kompromisse. Mediatoren müssen außerhalb des Konfliktgeschehens und in keiner parteilichen Beziehung zu den Konfliktbeteiligten stehen. Damit können sie das Grundprinzip der Neutralität wahren. Für den Mediator sind die Interessen und Bedürfnisse beider am Konflikt Beteiligten gleichrangig. Er hat auch dafür zu sorgen, dass Ungleichgewichte vermieden und unterschiedliche Machtverhältnisse ausgeglichen werden. Er sichert über Gesprächs- und Verhaltensregeln, dass alle sich in gleicher Weise darstellen und einbringen können. Damit entsteht gleichzeitig der Effekt des gegenseitigen Zuhörens und allmählichen Verstehens der jeweils anderen Position. Aus diesem wiederum erwächst die Chance, den Konflikt 'aufzuweichen' und zu lösen. Das erfordert sichere und deutlich formulierte Interventionen und ein Durchsetzungsvermögen des Mediators, das das Einhalten von Regeln sicherstellt.

Autonomie, Neutralität, Freiwilligkeit, Fairness, Offenheit, Vertraulichkeit lösen als Begriffe in der Sozialen Arbeit kritische Nachfragen aus. Sie müssen daher auf die dort herrschenden Bedingungen übertragen, um- oder neuformuliert werden. Die Grundprinzipien stammen vor allem aus der freien Tätigkeit eines (meist Familien-)Mediators, an den sich die KlientInnen mit einem bewussten Vorverständnis wenden und in aller Regel einen Konfliktprozess durchlaufen haben. Die in Organisationen verankerte Soziale Arbeit, mit einem mehr oder weniger festgelegten Arbeitsauftrag, kann oben genannte Bedingungen nicht voraussetzen oder sicherstellen. Konfliktsituationen ihrer KlientInnen sind häufig von gravierenden unterschiedlichen Machtverhältnissen geprägt. Die Erfahrung in Konflikten zu unterliegen oder Konflikte mit Gewalt zu lösen liegt ebenso vor, wie Demotivation durch personelle und soziale Benachteiligung. Selbstbestimmtes Handeln wurde bei vielen KlientInnen durch eine Reihe von Sozialisationsprozessen verschüttet und nicht zuletzt auch durch überfürsorgende Soziale Arbeit verhindert. Insofern kann das Ziel *Autonomie* auch hier gesetzt werden, in der sozialarbeiterischen Mediation bedarf es aber auch inhaltlicher Vorschläge, Ergänzung von Ideen und Alternativen seitens des Mediators, die allerdings sehr strikt nur als solche eingebracht werden und den Aushandlungsprozess und die Vereinbarungen nicht präjudizieren dürfen. All-parteilichkeit statt *Neutralität* trifft die Grundhaltung des Mediators in der Sozialen Arbeit besser. Sie ermöglicht, den schwächeren Konfliktbeteiligten bewusst zu stärken, um ein Gleichgewicht herzustellen. Insofern wird Partei ergriffen. Der Mediator muss dies deutlich machen und gleichzeitig dem Anderen zusichern, dass diese manchmal einseitige Unterstützung auch für ihn gilt. In den wenigstens Fällen werden KlientInnen in der Sozialen Arbeit gleichzeitig und gleich motiviert eine Mediation anfordern. Der Mediator muss sein Angebot überzeugend und offensiv einbringen und den weniger Motivierten in das 'Mediationsboot' aktiv hereinholen. Dies ermöglichen unter anderem wie erwähnt Einzelgespräche mit jeweils beiden Seiten. Diese können darüber hinaus innerhalb des Mediationsverfahrens Blockaden und Widerstände lösen und einen Abbruch der Mediation verhindern. Nicht zulässig wäre ein moralisierendes, fürsorgeorientiertes Vorgehen, denn die *Freiwilligkeit* sollte als tragendes Element nicht verloren gehen. *Fairness* kann nicht vorausgesetzt, sondern in aller Regel als Lernziel des Mediationsprozesses verstanden werden. Der Mediator hat darauf zu achten, dass physische und psychische Verletzungen zumindest während der Mediation unterbunden werden. Mitarbeiter des Allgemeinen Sozialen Dienstes im Jugendamt wissen von der Schwierigkeit, Vertraulichkeit in einer Trennungs- und Scheidungsmediation zu wahren und andererseits die Gefährdung des Kindeswohls nicht nur zu beachten sondern auch bearbeiten zu müssen. Situationen, in denen eine allparteiliche Vorgehensweise nicht möglich ist, stellen sich in der Sozialen Arbeit häufig ein, umso mehr muss diese Möglichkeit mit großer Offenheit mit den KlientInnen besprochen werden.

Die Mediation entwickelt sich in Deutschland ähnlich wie in den USA und anderen Ländern weitgehend aus praktischen Erfahrungen und im Rahmen von in der Praxis formulierten Konzepten. Unverkennbar sind jedoch einige theoretische Linien, die auch andere Konzepte der Sozialen Arbeit prägen und die ihre Methoden und Techniken mit zur Verfügung stellen. In den darüberliegenden Konflikttheorien müssen wir von unterschiedlichen Betrachtungen ausgehen.

Mediation erfordert nach de Bono (de Bono, 1987) eine grundlegende Überprüfung bisheriger Strategien. Das System der dialektischen Argumentation findet in der Mediation keinen Platz, wäre sogar kontraproduktiv. Der Diskurs über gesellschaftliche Grundsatzfragen, über Wege, die eine Gesellschaft und darin verankerte Gruppierungen gehen sollen und über zukunftsorientierte Perspektiven können von der Dialektik profitieren. Im unmittelbaren Konfliktgeschehen ist dieses System eher hinderlich. Edward de Bono führt als Alternative das 'konstruktive Entwurfsidiom' ein, ergänzt durch das 'Explorationsidiom', also die Fähigkeit und Möglichkeit durch kreatives Denken zu gemeinsamen neuen Ideen zu kommen, ohne die alten schlecht machen zu müssen. Im Konflikt führt dialektisches Vorgehen zumeist dazu, die ganze Kraft des Denkens auf die Zerstörung und Diskreditierung der alten Idee auszurichten. In Folge davon weiten sich Konflikte zu Sieg-Niederlage-Auseinandersetzungen aus. Die eigentlichen Interessen und Bedürfnisse der Konfliktbeteiligten rücken in den Hintergrund.

Von einem dialektischen Konfliktmanagement geht dagegen Gerhard Schwarz nach wie vor aus und verlangt für eine Konfliktlösung, den Charakter des Konflikts richtig zu analysieren. Konfliktmanagement ist einzuordnen in den Versuch, einen Weg aus dem Konflikt im Konsens oder über einen beidseitig akzeptierten und erarbeiteten Kompromiss zu finden. Vielfach greifen wir in Konfliktsituationen auf andere in der Menschheitsgeschichte verankerten Grundmuster zurück. Flucht, Vernichtung, Unterordnung und Delegation des Konflikts an einen Dritten sind im Laufe der Zivilisation gewachsene Stadien menschlicher Lernprozesse. Es sind aber auch Verhaltensweisen, auf die einzelne Menschen und Gruppen im aktuellen Konflikt zurückgreifen (vgl. Schwarz, 1997).

Handlungstheoretisch baut die Mediation wie das Case Management und die systemische Beratung ebenfalls auf die System- und Kommunikationstheorie auf. Erkenntlich am Ziel der veränderten Kommunikation, an der unterstellten Autonomie des Klienten, an der Struktur des phasenorientierten Mediationsprozesses, am Ansatzpunkt im Hier und Jetzt und an der Zukunftsorientierung.

Mit Mediation Konflikte zu bearbeiten, bewirkt bei Annahme durch die Beteiligten per se eine Deeskalation. Allein die Tatsache, dass sich die Streitenden an 'einen Tisch setzen', noch völlig unabhängig von einem Ergebnis, schafft nötige Distanz und fördert den Abbau von Aggressionen. Doch wäre es zu einfach, davon auszugehen, dass damit der Eskalation eines Konfliktes schon zu Beginn wirksam begegnet wird. In der Mediation kann der Konflikt sich wieder verstärken. Mediatoren benötigen eine qualifizierte Konfliktanalyse, um einen deeskalierenden Einsatz vorhalten zu können. Paar-, Dreiecks-, Gruppen-, Organisations-, Veränderungs- und Systemkonflikte können von ihrer inneren Substanz her Aufschluss geben, welches Konfliktmuster und Konfliktverhalten Streitende einnehmen könnten und ob Deeskalation notwendig wird. Eine Pause, eine Auszeit, Einzelgespräche können im Mediationsverlauf ebenso Entspannung bewirken, wie Bewegung, Ablenkung oder eine metakommunikative Frage nach Konsequenzen: 'Was passiert, wenn die Mediation jetzt misslingt?' Der Mediator deeskaliert selbst durch konsequentes Einhalten und Vorleben von Allparteilichkeit, Akzeptanz, Anerkennung und Affirmität (vgl. Dulabaum, 1998, S. 18 ff.). Weiter trägt selbstsicheres, kompetentes, gewandtes und in diesem Falle eindeutig direktives Auftreten durch den Mediator zum Abbau von Eskalation entscheidend bei.

MEDIATIONSPHASEN

**ANFANG -
ETABLIERUNG**

- Kontaktaufnahme
- Eröffnung des Erstgesprächs
- Bestandsaufnahme
- Grundregeln etablieren
- Kontrakt - Vereinbarungen

THEMEN ENTWICKELN

- Informationen sammeln
- Über- und Nichtübereinstimmung
  herausarbeiten
- regelungsbedürftige Fragestellungen
  entwickeln

**KONFLIKTE
ERHELLEN UND
BEARBEITEN**

- Bezugspunkte für Entscheidungen
- Übereinstimmungen bestätigen
- Nichtübereinstimmungen erarbeiten
- Konflikte - bearbeiten
- von Positionen zu Interessen
- Ideen sammeln

**REGELUNGEN
ERARBEITEN**

- Optionen prüfen
- Fairnesskontrolle/Realitätskontrolle
- Entwurf einer Vereinbarung
- Überprüfung von außen

ABSCHLUSS

- Inkrafttreten der Vereinbarung
- Klären und Bekräftigen
- Rückblick auf die Mediation
- zukünftige Probleme und Lösungs-
  möglichkeiten besprechen

Abb. 17: Phasen Mediation

Mediation in der Sozialen Arbeit wurde und wird demnach von unterschiedlichen handlungstheoretischen Linien, professionellen Adaptionen und selbst
gesellschaftlichen Gruppierungen, wie der Friedens- und Umweltbewegung
geprägt. Insofern kann noch kein sicheres Bild gezeichnet werden, inwieweit und wie die Mediation als Grundkonzept der Sozialen Arbeit Eingang
findet. Unterschiedliche Organisationen von Mediatoren, divergierende

Fort- und Weiterbildungskonzepte tragen derzeitig nicht zu einer Klärung bei. Erste Anfänge einer Verständigung und Vernetzung sind allerdings zu verzeichnen.

Die Kindschaftsrechtsreform wird die Familienmediation noch stärker herausfordern, als dies ohnehin schon die im KJHG § 17 verankerte Trennungs- und Scheidungsberatung es bewirkt hat. Familienmediation im Allgemeinen Sozialen Dienst des Jugendamtes und in Familien- und Erziehungsberatungsstellen erfährt im Moment große Aufmerksamkeit. Der Aufgabenbereich reicht von Sorgerechts-, Umgangsfragen, Kindes- und Ehegattenunterhalt, Hausrat, Ehewohnung bis hin zu Vermögensauseinandersetzung und Altersvorsorge. Allerdings bedarf es noch eingehender Klärung, inwieweit im ASD und in Beratungsstellen der Sozialen Arbeit der gesamte oben genannte Katalog in die Mediation hereingenommen werden kann. Ein eingeschränkter Auftrag des Jugendhilfeträgers, das Rechtsberatungsverbot, die Scheu seitens der Sozialarbeiterinnen materielle Fragen in der Mediation zu thematisieren verhindern derzeitig, dass diese zum Teil in Abhängigkeit stehenden Probleme ganzheitlich bearbeitet werden können. Noch orientiert sich die Familienmediation vorwiegend an der Trennungs- und Scheidungssituation. Alle anderen Familienkonflikte zwischen Eltern, Eltern und Kindern, zwischen anderen Beteiligten im Familiensystem können ohne weiteres im Rahmen von Mediation aufgegriffen werden und stehen dem Case Manager zur Verfügung.

Die *Mediation in Schulen* verlässt allmählich die Modellphase. Immer mehr Schulen greifen (angeregt durch die weit verbreitete Methode und die Erfahrungen in den USA) auf dieses Konzept zurück, um eine neue Konfliktkultur zu schaffen. Ziel der Projekte ist es, die Schüler zu befähigen, auf Gewalt zu verzichten und in aggressiven Situationen zu deeskalieren. Den Schülern soll eröffnet werden, Konflikte in einem Klärungsprozess konstruktiv umzuwandeln. Unter den Begriffen 'Streit-Schlichter-Programm' und 'Peer-Mediation' werden Schüler selbst als Konfliktlotsen ausgebildet, die Auseinandersetzungen zwischen Schülern aufgreifen. In Trainings werden aber nicht nur Schüler, sondern auch Lehrer zur Schulmediation befähigt. In der Schule und im Netzwerk um die Schule liegt hier ein Betätigungsfeld für die Schulsozialarbeit, um eine der drängendsten Begleiterscheinung des Schulalltags zu bewältigen.

Mediation in der offenen Kinder- und Jugendarbeit wird erst erprobt. Neben Anti-Gewalt-Programmen, die Verhaltensweisen verändern sollen, wird die Mediation in der Jugendarbeit eher unmittelbare Konflikte zwischen einzelnen Jugendlichen, Gruppen von Jugendlichen oder zwischen Jugendlichen und Mitarbeitern in Einrichtungen in den Mittelpunkt rücken. Sind die Mitarbeiter in den Konflikt involviert, wäre ein kollegialer Pool von Mediatoren im Jugendhilfebereich sinnvoll, aus dem unabhängige Unterstützung abgerufen werden kann. Außerhalb von Einrichtungen, also bei

Konflikten auf der Straße, können Streetworker Mediation praktizieren. Vermittlung zwischen rivalisierenden Jugendgruppen ist nicht unbekannt in der Jugendarbeit. Bisherige Strategien könnten mit dem Mediationskonzept qualifiziert werden.

Noch wenig diskutiert und verfolgt wird in Deutschland die Möglichkeit der *Mediation im Stadtteil*. Konflikte zwischen Nachbarn, interkulturelle Rivalitäten, Konflikte zwischen Generationen oder Mietkonflikte eröffnen ein weites Feld für Mediation in der Sozialen Arbeit bieten einen Ansatz für den Case Manager im Rahmen seiner Netzwerkarbeit. Hier besteht die Möglichkeit, im Mikrobereich einer Stadtteilarbeit Unterstützung in Konfliktsituationen anzubieten. Soziale Benachteiligung und strukturelle Rahmenbedingungen können damit nicht aufgehoben werden. Möglicherweise rufen aber die Erfahrungen aus der Mediation erste Schritte zu mehr Beteiligung am Stadtteilleben hervor.

Die *Mediation im Arbeitsleben* steckt ebenfalls noch in den Kinderschuhen. Sie kann zum Beispiel angewandt werden bei Konflikten wie: Einführung neuer Verfahren in Betrieben und Verwaltungen; Umstrukturierungsmaßnahmen; zwischen Mitarbeitern, Gruppen, Führungskräften; Mobbing und sexueller Belästigung. Allerdings sind hierbei wichtige Fragen zu klären, die sich in diesem Feld besonders stellen. Wie wirkt sich die dritte Macht im Hintergrund aus, in Form des die Mediation bezahlenden Arbeitgebers? Welche Stellung nimmt der Betriebs- oder Personalrat ein? Wie kann ein strukturelles Machtungleichgewicht z.B. einer Vorgesetztenfunktion ausgeglichen werden?

Besonders im Arbeitsleben von sozialen und kirchlichen Betrieben, Ausbildungsstätten und Verwaltungen, in der betrieblichen Sozialarbeit kann hier ein neues Tätigkeitsfeld für Sozialarbeiterinnen entstehen.

Zu erwähnen wäre noch, dass der Täter-Opfer-Ausgleich in der Jugendgerichtshilfe, in der Straffälligen- und Bewährungshilfe sich ähnlicher Verfahren und Grundgedanken, wie sie in der Mediation vorkommen, bedient und insofern hier ein weiteres sozialpädagogisches Feld tangiert ist.

Generell ist Mediation in allen Arbeitsfeldern der Sozialen Arbeit einsetzbar und zwar in Konflikten, die nach konkreten Regelungen rufen und weniger eine Konfliktaufarbeitung erforderlich machen. Besonders in der fallorientierten Sozialen Arbeit könnte Mediation zwischen Personen, Personengruppen, Personen und Institutionen und zwischen Institutionen eine hilfreiche Arbeitsweise darstellen.

Mediation muss in der Sozialen Arbeit und im Rahmen von Case Management noch konzeptionell als effektives und befriedigendes Instrument der Konfliktbearbeitung positioniert und auf deren Bedingungen abgestellt werden.

Das Konzept steht in der Reihe vieler systemischer Arbeitsweisen, die sich in letzter Zeit in der Sozialen Arbeit herausgebildet haben. Insofern sollte nicht voreilig von einem Mode-Trend gesprochen werden, sondern Vermittlung als Grundqualifikation und -angebot in die Soziale Arbeit übernommen werden. Soziale Benachteiligung, Unrecht und strukturelle Machtverhältnisse dürfen allerdings nicht durch geschickte Techniken lediglich befriedet werden. Öffentlicher Protest und Widerstand muss als zulässiges Mittel der gesellschaftlichen Auseinandersetzung anerkannt bleiben.

Angesichts der völligen Überlastung des Justizbereiches könnte Mediation zu einem kostenentlastenden Instrument des gesamten Rechtswesen werden. Konflikte zu regeln wird nicht mehr nur dem Staat und seinen Einrichtungen überlassen, sondern von den Konfliktbeteiligten selbst in die Hand genommen. Dies fördert die Autonomie der Einzelnen und stärkt Gemeinschaften. Bisher vorliegende Erfahrungen zeigen auf, dass Regelungen, die in der Mediation gefunden wurden, als effektiver, haltbarer und befriedigender erlebt werden.

Ziel der Mediation ist es nicht, Konflikte zu vermeiden, sondern den Menschen Raum zu verschaffen, Konflikte anzunehmen, in denen sie sich verändern und wachsen können.

Weiterführende Literatur

Besemer, Christoph: Mediation - Vermittlung in Konflikten, Stiftung gewaltfreies Leben, Baden , 1994, 2. Aufl.
Dulabaum, Nina L.: Mediation: Das ABC. Die Kunst, in Konflikten erfolgreich zu vermitteln, Beltz, Weinheim, 1998
Schwarz, Gerhard: Konfliktmanagement, Gabler, Wiesbaden, 1997, 3. Aufl.

4. Systemsteuerung und Netzwerkarbeit

Zwei grundlegende Funktionen beinhaltet Case Management. Die Steuerung des Fallgeschehens einerseits und die Steuerung von Systemen, die Einfluss auf das Fallgeschehen nehmen andererseits. Unterschiedliche Akzente werden auf diese beiden Konzeptteile in der Fachdiskussion gelegt, doch ist unbestritten, dass nur beide Teile Case Management kennzeichnen. Fallmanagement allein wäre wie schon erwähnt eine Reduzierung auf das Fallgeschehen. Andererseits birgt eine übergewichtige Positionierung der Systemsteuerung die Gefahr in sich, den eigentlichen Ausgangspunkt, die schwierige Belastungssituation eines Klienten, aus den Augen zu verlieren. Die Koordination von Unterstützungsmaßnahmen gelingt nur, wenn die KlientInnen mit ihre Wünschen, Bedürfnisse und Befürchtungen in eine vertrauensvolle Beziehung zu ihrem Case Manager einbringen können.

Die Trennung von Case Management als Konzept einerseits und von der unmittelbaren Aufgabe des Case Managers andererseits könnte in diesem

Zusammenhang Klarheit schaffen. Das Konzept muss in unterschiedlichen Dimensionen (vgl., Woodtly, 2004) gesehen werden, wenn es seine volle Wirkung erzielen will. Der Auftrag des Case Managers ist darin zu verankern und es muss festgelegt werden, welche Reichweite und Umfang sein Handeln bestimmt.

Die Fallsteuerung liegt auf der operativen Mikro-Ebene (siehe auch zu Controlling). Case Manager richten ihre Arbeit an dem aufgezeigten Phasenkonzept aus und steuern im Einzelfall die im Hilfe-/Förder-/Pflegeplan festgelegten professionellen und nicht-professionellen Unterstützungsleistungen. Käme ein persönliches Budget des Klienten/Patienten als Unterstützungsrahmens hinzu, wäre die Steuerungsfunktion noch deutlicher und der Einfluss auf das quantitative und qualitative Angebot von Dienstleistungen. Außerdem könnten die KlientInnen direkter in die Festlegung von Maßnahmen eingebunden werden und kreativer und flexibler reagieren. Übernimmt ein Nachbar den Fahrdienst zu einem Physiotherapeuten, könnte dieser entsprechend entlohnt und gleichzeitig könnten teure Taxifahrten eingespart werden.

Auf einer zweiten Meso-Ebene werden in einer Organisation oder einem Organisationsverbund Strukturen bearbeitet und festgelegt, die die Abläufe des Case Management auf der Mikro-Ebene sicherstellen. Konzeptarbeit, Innovation und interorganisatorische Koordination und Kooperation gewährleisten auf dieser Ebene die Qualitätssicherung und Qualitätsentwicklung. In aller Regel liegt dies in der Hand von mittleren Führungskräften. Case Manager müssen diesen Prozess partizipativ mitgestalten oder in einer festgelegten Doppelfunktion selbst übernehmen. Denkbar wäre auch ein Case Management-Team, das diese Doppelfunktion übertragen bekommt. Die Nähe zum Sozial- bzw. Gesundheitsmanagement tritt hier zu Tage und die Aufgaben und Rollen zwischen Case- und Sozialmanagement müssen konzeptionell geklärt sein.

Case Management kann konzeptionell besser implementiert werden, wenn auf einer dritten Makro-Ebene im Rahmen von sozial- und gesundheitspolitischen Gremien, Vorständen von Trägern, gesetzliche und organisatorische Rahmenbedingungen für Case Management geschaffen oder verändert, Maßnahmen definiert und Angebote geplant und initiiert werden. Case Manager wären auch hier unmittelbar einzubeziehen, in dem sie Bedarfe und Planungsdaten weitergeben oder eine Lobbyfunktion (soweit arbeitsrechtlich möglich) für ihre Zielgruppe ausüben. Woodtly nennt auf diese drei Ebenen bezogen verschiedene Vorraussetzungen, mit denen Case Management zum Gelingen gebracht werden kann. Auf der normativen Makro-Ebene: klarer Wille zum Einsatz von Case Management, Strategien, Leistungsaufträge und Definition von Angeboten. Auf der strategischen Meso-Ebene: Regelung der Zusammenarbeit, Versorgungsmanagement, fachliche Konzepte zur Umsetzung von Case Management, Qualifikation der Mitar-

beiter, transparente Kommunikationswege und geeignete Organisations-
strukturen. Auf der operativen Mikro-Ebene: notwendige Qualifikationen,
Bereitschaft und Wille zur Anwendung von Case Management und zur interdisziplinären Kooperation.

Netzwerkarbeit

Im Umfeld, in den sie umgebenden Systemen liegen für die KlientInnen
mehr Ressourcen verborgen, als in der Sozialen Arbeit gemeinhin angenommen wird. Das Konzept Case Management beinhaltet Soziale Netzwerkarbeit in besonderem Maße, von der Analyse eines Falles beginnend,
bis hin zum Controlling in dessen Rahmen konkrete Netzwerkarbeit auszuüben ist.

Inwieweit KlientInnen in Netzen gefangen sind und damit eher Nachteile
erleiden, wird parallel zu beachten sein. Kontrolle durch ein soziales und
institutionelles Netz birgt in sich, wie das Thema Macht, positive wie negative Aspekte. In diesem Sinne muss ein Case Manager im Rahmen seiner
Netzwerkarbeit diese Vielschichtigkeit in einem Fallverlauf berücksichtigen, die Ressourcen besonders herausstellen, Einschränkungen und Behinderungen analysieren und sie mit den KlientInnen aufgreifen und beseitigen
helfen.

Traditionelle soziale Netze wie Familie, Nachbarschaft, Vereine und Verbände, Kirchen, Gewerkschaften verloren im Zuge der Individualisierung
der Gesellschaft an Bedeutung und sind immer weniger identitätsstiftend.
Soweit diese Netze noch bestehen, werden sie von den Einzelnen allenfalls
noch partiell genutzt, ohne eine durchgängige Bereitschaft das Gemeinsame
mit zu tragen. Das Zugehörigkeitsgefühl, die aktive Mitgliedschaft steht
nicht im Vordergrund. Diese Distanz schafft gleichzeitig Freiräume, mit
denen individuelle soziale Bedürfnisse schneller und mit weniger Vorleis-
tungen erfüllt werden können. Indikatoren für diesen Prozess stellen die
Zunahme von Ein-Personen-Haushalten, von Nichtehelichen-
Lebensgemeinschaften, die steigende Zahl von Ehescheidungen, die Zunahme an Mehrfach-Heiraten genannt ‚Serien-Monogamie‘, die steigende
Zahl von Alleinerziehenden dar (Bullinger/Nowak, 1998, S. 45 ff).

Am ehesten können diejenigen Menschen die Freiräume nutzen, die selbst-
bewusst, materiell abgesichert ihr Leben weit gehend autonom bestreiten
und sich entsprechende Dienste leisten können. In der Regel zählt die
Klientel der Sozialen Arbeit nicht zu dieser Gruppe und muss zusätzliche
Anstrengungen unternehmen oder Belastungen auf sich nehmen, um ihren
Alltag in diesem gesellschaftlichen Veränderungsprozess bestreiten zu können.

Jeder gesamtgesellschaftlichen Entwicklung folgt eine Gegenströmung.
Anhand der negativen Erfahrungen der Individualisierung beschäftigen sich

Menschen vermehrt mit der Idee, Menschen wieder für Gemeinschaften zu interessieren und sie dort einzubinden. Die Vertreter des Kommunitarismus fordern anstatt Eigennutz und Egoismus die wiederzugewinnende Verpflichtung des Einzelnen für eine Gemeinschaft. „Wir behaupten, dass unser Ruf nach mehr sozialer Verantwortung nicht auf die Einschränkung individueller Rechte zielt, dass vielmehr starke Rechte und ein hohes Maß an Verantwortung zusammengehören" (Etzioni, 1995, S. 1). In einer neuen Gemeinschaft solle sowohl Pluralismus und Dissens möglich sein und die sie bedingenden Netze nicht zu eng geknüpft sein. Diese Vielfalt in einer Einheit wird von John W. Gardener definiert: „ Damit die Ganzheit nicht die Vielfalt erstickt, brauchen wir eine pluralistische Philosophie, Offenheit für Dissens und die Chance für Teilgemeinschaften, ihre Identität zu bewahren und umfassendere Gruppenziele mit zu definieren" (Gardener, zit. in Etzioni, a.a.o. S. 144).

In eine ähnliche Richtung zeigt die Membershiptheorie von Hans S. Falck. Allerdings entwickelt er seine Vorstellung von Gemeinschaft nicht aus dem Verständnis eines moralisch-ethischen zu verändernden Individualismus, sondern er stellt die positiv verankerte Mitgliedschaft von Menschen in einer Gruppe, in einer Gemeinschaft als Grundbedingung des Lebens. „Im Zentrum der Aufmerksamkeit steht nicht mehr das Individuum mit seinen Unangepasstheiten und Defiziten, sondern ...das System Mensch-Umwelt" (Vorwort in Falck, 1997, S.IX). Die Analyse von zwischenmenschlicher Interaktion steht damit im Mittelpunkt der Membershiptheorie, ebenso wie die Grundannahme, dass Entscheidungen die KlientInnen treffen, immer auch andere tangiert. Dieser im Grunde logische Gedankengang, nämlich Folgen und Verantwortung von Entscheidungen, wird nach Falck in der Sozialen Arbeit noch zu wenig berücksichtigt (vgl. a.a.o., S. 50 und 51).

Die Systemtheorie als auch das Empowerment bieten sowohl für die Soziale Arbeit einen theoretischen wie konzeptionellen Rahmen als auch für die Soziale Netzwerkarbeit. Die Tendenz eines Systems Fehlentwicklungen zu korrigieren und auszugleichen wird im Besonderen in der Netzwerkarbeit aufgegriffen.

Die geschilderten veränderten Lebenslagen fordern die Soziale Arbeit auf, verstärkt bestehende soziale Netze ihrer KlientInnen zu analysieren und sie zu animieren, soziale Netze für sich zu nutzen und neue mit zu gestalten. Die Komplexität von sozialen Problemlagen, eingebettet in soziale Netze, ruft einerseits zur Differenzierung auf, um gleichzeitig im Rahmen von Sozialer Netzwerkarbeit sich sinnvoll auf Wesentliches beschränken zu können.

Die Soziale Arbeit wird sich weit mehr als bisher stärker den Ausformungen der Individualisierung zu widmen haben, ebenso den veränderten Sichtweisen von Pflichten in einer Gemeinschaft, der Mobilität von Menschen und den Brüchen, anstatt eines kontinuierlichen statischen Lebensentwurfes (vgl. Bullinger/Nowak, 1998, S. 60 und 61).

Soziale Netzwerkarbeit bietet für eine stadtteil- oder sozialraumorientierte Soziale Arbeit Handlungsorientierung und konkrete Interventionsmöglichkeiten, an denen es in diesem Aufgabenfeld immer mangelte. Die Stagnation im Interventionsbereich der Stadtteil- und Gemeinwesenarbeit kann mit der Sozialen Netzwerkarbeit überwunden werden, da sie fallspezifisch und fallunspezifisch eingesetzt werden kann, so dass die überholte Fachdiskussion präventive Arbeit gegenüber fallorientierter Arbeit sich auflöst zugunsten von integrativen Ansätzen. KlientInnen benötigen in ihrer individuellen Belastungssituation konkrete Hilfen, die auch Kontrolle beinhalten werden und Verständnis für ihre individuelle Situation. Können sie in dieser Arbeit in soziale Netze wieder eingebunden werden, erhöht sich gleichzeitig ihr Verständnis von Zusammenhängen, die ihre Situation mit prägen. Damit wird eine Brücke gebaut zu mehr Engagement im eigenen Umfeld. Die Beteiligten in Sozialen Netzen, wenn sie sich als Gemeinschaften verstehen, können sich daher deutlicher in kommunale Planungsprozesse einschalten und als Interessenvertreter wirken.

„Ohne den einzelnen in seiner mehr oder weniger ausgeprägten Verknüpfung mit anderen aus dem Auge zu verlieren, bietet sich in der Netzwerkperspektive die Möglichkeit, über den vorherrschenden Individualismus und Familialismus des psychologischen oder pädagogischen Blicks hinaus neben kleinen und engen gesellschaftlichen Bezügen auch weitere und entferntere soziale Strukturen in Analyse und Handlung einzubeziehen (Nestmann, 1989, S.109).

Die Soziale Netzwerkarbeit bietet dem Case Manager die Möglichkeit die Wechselwirkungen zwischen engeren und weiteren sozialen Bezügen analysieren zu können und integrierte Handlungsmodelle zu entwickeln. In mehreren Hamburger ‚Modellprojekten zur flexiblen familiären Krisenintervention' wurde dieser Ansatz konsequent verfolgt. So konnte zum Beispiel die individuelle Krisenintervention bei einer alleinerziehenden Mutter in einem Mütterzentrum dadurch ergänzt werden, dass sie und ihre Kinder gleichzeitig in den offenen Bereich (Mittagstisch, Gruppenangebote, Kinderbetreuung) des Mütterzentrums eingebunden wurden. Die fallzuständige Fachkraft, die die Krisenintervention übernahm, koordinierte diesen Prozess. In der Auswertung der Modellprojekte ergab sich eindeutig, dass weiterführende und eingreifendere Maßnahmen wie Hilfen zur Erziehung vermieden werden konnten (vgl. Neuffer, 2001)

Untersuchungen im Familienbereich (bezogen auf die Subsysteme Verwandtschaft, Freundschaft, Nachbarschaft) ergaben, dass Familien soziale Netzwerke als unterstützende Funktion nur wenig nutzen. „...das geringe Maß an gegenseitiger Hilfeleistung ist weniger ein Produkt fehlender Hilfsbereitschaft, als vielmehr Ergebnis eines Verhaltens, das bestrebt ist, möglichst wenig Probleme nach außen dringen zu lassen und wenn möglich, nie Außenhilfe in Anspruch nehmen zu müssen" (Straus u.a., 1987, S. 188).

Daraus leitet Nestmann die Notwendigkeit ab, dass der Unterstützungscharakter, der Aufbau und die Mitwirkung in sozialen Netzen in einen Lernprozess eingebettet werden muss, um die Kompetenz zu erwerben, soziale Netze zu nutzen und mitzutragen. Insbesondere taucht diese Anforderung des Erlernens in den Übergangsphasen und Krisensituationen des Lebens auf wie beim Schulbeginn, bei Einstieg in das und Ausscheiden aus dem Arbeitsleben, bei Partnerverlust, bei Pflegebedürftigkeit (vgl. Nestmann, 1989, S. 111).

Liegen bei einem Case Manager keine zentralen, überregionalen Aufgabenbereiche vor (wie zum Beispiel Adoptionsvermittlung, Integration ins Arbeitsleben) wird ein Case Management Konzept durch seine Einbindung in einen Sozialraum qualifiziert. In zielgruppenspezifischen als auch arbeitsfeldspezifischen Case Management Konzepten können die Aufgaben und Funktionen von Case Managern institutionsübergreifend und damit zum Beispiel die Controllingfunktion optimaler erfüllt werden, wozu ein abgestimmtes und kontraktiertes Geschehen erforderlich ist. Sozialraumorientiertes Case Management nutzt andererseits stützende soziale Netze für seine Klientel, kann sie aktivieren, reorganisieren oder bildet neue Systeme als Netzwerke hervor.

Fallsteuerung im fallspezifischen Netzwerk

Steuerungsfunktion erhält Case Management in *personenorientierten oder auch primären Netzen*. Sie umgeben ein Klientsystem und werden von den darin agierenden Personen geprägt. Vom einzelnen Klienten her gesehen wäre dies zuvorderst seine Familie. Darüber hinaus oder auch als Ersatz für eine Familie wirken in einem derartigen Netz Personen aus der Verwandtschaft, dem Freundeskreis, aus Peer-Groups, aus der Nachbarschaft und einzelne Personen aus dem Freizeit, Kultur- und Bildungsbereich (z.B. Trainer, Lehrer, Jugendgruppenleiter, ehrenamtliche Mitarbeiter).

Ebenso steuert der Case Manager *fallspezifische institutionelle Netze*. Spätestens nach der Hilfeplanung, in den häufigsten Fällen bereits davor, werden KlientInnen von Institutionen und mit den in ihrem Auftrag handelnden Personen umgeben. Kindertagesstätte, Schule, Jugendhaus, kulturelle Begegnungsstätte, Strafanstalt, Krankenhaus, Psychiatrie, Altenheim, Jugendamt, Sozialamt, Agentur für Arbeit und andere Beratungs- und Sozialdienste stellen eine Auswahl dar. Bei den genannten Institutionen ist unschwer zu erkennen, dass einzelne Aufgabenstellungen darin unterstützend und einengend wirken können. Auch stellen sie nicht selbstverständlich ein Netzwerk für KlientInnen dar. Der Case Manager analysiert die Tätigkeiten der beteiligten Institutionen, bezieht sie zu Beginn und im Laufe der Hilfestellung ein. Sein Ziel wird es sein, in Absprache mit den KlientInnen diese Institutionen vertraglich in das Hilfegeschehen einzubinden. Damit bildet sich ein institutionelles Netz, dessen Koordination und Kooperation im Fallverlauf zu einer Kernaufgabe des Case Managers wird.

Systemsteuerung in fallunspezifischen institutionellen Netzen

Im Rahmen einer Arbeit mit einer Zielgruppe, in einem Stadtteil oder in einem Sozialraum besteht eine wichtige Aufgabe für die dort lebenden Menschen, das bestmöglichste Angebot an Hilfestellungen zu entwickeln. Ein gemeinsames Basisverständnis der Träger, reflexives und prozesshaftes Denken und Handeln fördert gleichzeitig das Verständnis für die Zielgruppen und die kooperative Kommunikation. Ineffektive, kompetenzarme und sich überschneidende Bereiche können durch Konzentration und Aufgabenabsprachen zu sinnvoll kooperierenden Verbünden zusammengefügt werden, sofern sie sich nicht von Konkurrenzdenken leiten lassen. Je komplementärer die Konzepte entwickelt werden, desto geringer wird die Konkurrenzsituation. Konflikte lassen sich produktiv bearbeiten und in Energien umlenken. Institutionelle Netze erhöhen ihren Einfluss im kommunalpolitischen Bereich durch ein überzeugendes Angebot, durch ihre gemeinsamen Erkenntnisse von Not- und Lebenslagen ihrer Klientel. Sie können daher in der Auseinandersetzung um finanzielle Ressourcen Vorteile für die jeweils einzelne Institution und das Gesamtgeschehen einer Zielgruppe erwerben. Ihre Erkenntnisse lassen sich darüber hinaus wissenschaftlich besser auswerten. Ihre Kooperation steigert ihre Qualität und die gesellschaftliche Anerkennung von sozialen Dienstleistungen. So dient die fallunspezifische Netzwerkarbeit der Verbesserung der sozialen und gesundheitlichen Infrastruktur, der Entwicklung von präventiven und niedrigschwelligen Angeboten, der Unterstützung der KlientInnen in der Wahrnehmung von Rechten und Ansprüchen und ihre mögliche Einbindung in gemeinschaftliche Aufgaben. Die professionellen Dienstleister können sich auf ihre Kernaufgaben konzentrieren und gemeinsam Öffentlichkeitsarbeit betreiben.

Der Case Manager muss an diesem Prozess der Systemsteuerung wie oben erwähnt nicht notwendigerweise selbst beteiligt sein. Mit einer indirekten Mitarbeit durch zur Verfügung stellen von (anonym) ausgewerteten Fallverläufen, einschließlich der Rückmeldungen von KlientInnen und durch seine Erkenntnisse aus der fallspezifischen Netzwerkarbeit kann er die fallunspezifische erheblich beeinflussen und fördern. Seine direkte Mitarbeit in Arbeitsgruppen, Stadtteilkonferenzen oder anderen Gremien wird dadurch nicht ausgeschlossen. Er stellt damit sicher, dass das Dienstleistungsangebot qualitativ und quantitativ ständig verbessert und weiterentwickelt werden kann und nimmt teil an der operativen Netzwerkarbeit. Welchen Anteil die fallspezifische Arbeit an einem Case Management Konzept einnimmt und wer die Systemsteuerung übernimmt, wird arbeitsfeld- oder trägerspezifisch zu klären sein.

Strategische Netzwerke umfassen Gremien in denen kommunalpolitische Vertreter und die Leitungsebenen der Träger aus dem Sozial- und Gesundheitswesen Planung und Entwicklungsaufgaben übernehmen (z.B. Jugendhilfeausschüsse, regionale Versorgung im Pflegebereich). Hier kann ein Case Manager häufig nur indirekt mitwirken oder er nutzt Verbindungen, die er im Rahmen seiner Arbeit zu Einzelnen der genannten Vertreter aufgebaut hat und nimmt damit eine Lobbyfunktion ein.

Unterstützungspotentiale für KlientInnen durch Soziale Netzwerkarbeit

Die Unterstützungsaspekte in der Sozialen Netzwerkarbeit sind vielfältig und können wie folgt strukturiert werden.

Verhalten/Interaktion	Vermittlung von Bewusstsein - kognitive Aspekte	Emotionale Aspekte
• personenbezogen (Betreuung) • güterbezogen (Hausarbeit) materielle Leistungen • Unterstützung des Ego von außen • sachbezogene Informationen praktisches Wissen • persönliche Ratschläge Beratung • Aktivitäten in der Freizeit Geselligkeit	• Anerkennung Wertschätzung • Verhaltensmodelle soziale Normen Orientierung • Rückhalt Gewissheit auf Hilfe • soziale Kompetenzen	• Geborgenheit/ Zugehörigkeit • Liebe/Zuneigung • Motivation • Schutz vor Ängsten • Seelisches Gleichgewicht

(vgl. Bullinger/Nowak, 1998, S. 102-104)

Mit anderen Kriterien wird die soziale Unterstützung aufgelistet in:
* *Emotionale Unterstützung* durch:
  Nähe, Vertrauen, Engagement, Akzeptanz und aktives Zuhören
* *Unterstützung beim Problemlösen* über:
  Ansprechen eines Problems, Informationen zum Problem erhalten, Ermutigung finden, Rückmeldung erhalten
* *Praktische und materielle Unterstützung* durch:
  Materielle Hilfe, Beistand und Begleitung in schwierigen Situationen, Befreiung von Aufgaben
* *Soziale Integration* über:
  Übereinstimmung von Werten und Lebensvorstellungen
* *Beziehungssicherheit* über:
  Vertrauen in Beziehungen in Bezug auf Kontinuität und Verlässlichkeit

(vgl. Bullinger/Nowak, 1998, S. 104)

Diese Aspekte der sozialen Unterstützung kommen in unterschiedlicher Form zum Tragen. Sie können eine direkte Hilfe bedeuten, mit der eine Belastung unmittelbar bewältigt werden kann. Sie können die Sichtweise auf ein Problem verändern helfen und damit dem Einzelnen oder einem Klientsystem alternatives Handeln ermöglichen. Sie bieten Schutz vor Selbstzweifeln, unangemessenen eigenen oder fremden Schuldzuschreibungen oder vor existenziellen Nöten.

In der Praxis der Sozialen Netzwerkarbeit werden nichtprofessionelle und professionelle Unterstützung in einem Netzwerk zusammenfließen. Ein Case Manager hat die Chance beide Effekte gezielt und koordiniert aufzugreifen und wirksam werden zu lassen. Für KlientInnen wird per se nicht immer die nichtprofessionelle Unterstützung Vorrang haben. Insofern ist mit ihnen genau abzuklären, wo für sie Unterstützung akzeptabel ist, welches Vertrauen vorliegen muss und welche Vorgehensweisen sie mittragen können. An diesen Linien wird sich entscheiden, ob eine professionelle Hilfe oder eher eine nichtprofessionelle oder eine Kombination Sinn macht.

So ist die Analyse und Beobachtung der sozialen Netze für den Case Manager eine Bereicherung und erweitert seinen Handlungsspielraum. Folgende Kriterien fließen dabei ein:

Quantität: Welches Ausmaß und Dichte hat ein soziales Netz, wie häufig sind die Kontakte und Interaktionen?

Qualität: Welche Gefühle, Sympathien, Antipathien prägen die Kontakte und Interaktionen zwischen den Beteiligten im Netzwerk?

Funktion: Welche Unterstützungsart ist vorrangig? Welche Rollen sind im sozialen Netz festgeschrieben? Gibt es die Möglichkeit des Rollentausches?

Macht: Sind die Beziehung im Netz gleichgewichtig? Welche Formen von Machtausübung finden statt?

Kommunikation: Gibt es Störungen, Konflikte, Koalitionen, Isolation? Sind die Kommunikationsformen konstruktiv oder destruktiv? Findet die Kommunikation nur in Teilbereichen statt?

Diese Kriterien können auf die fallunspezifische institutionelle Netzwerkarbeit übertragen werden. Die Qualität wird nach den Gesichtspunkten der Kooperation, Koordination analysiert und beobachtet.

Um ein soziales Netz zu interpretieren und einzuschätzen, wird nach den Stärken, Kräften und Ressourcen gefragt, ebenso welche Schwächen vorliegen. Weist ein soziales Netz Lücken auf, sind diese in bestimmten Teilbereichen wiederkehrend (z.B. Kommunikation). Im Besonderen ist zu betrachten, inwieweit im sozialen Netz kontrolliert wird und ob daraus sich Einschränkungen ergeben.

Aus der Analyse können sich unterschiedliche Anforderungen für die Netzwerkarbeit ergeben. So reicht es möglicherweise aus, ein bestehendes Netz zu aktivieren oder zu stabilisieren. Der Case Manager begibt sich dann im Auftrag des Klientels in eine Funktion des Netzwerkcoach. Beziehungen werden intensiviert oder vermindert, Personen und Institutionen dichter zusammengeführt oder Lücken aufgefüllt. Im Rahmen der Hilfeplanung werden neue Netzwerke geschaffen, um zum Beispiel Pflegeleistungen der Familie zu ersetzen oder sie zu ergänzen. Bestehen um ein Klientsystem ein personenorientiertes, eher nichtprofessionelles Netz und ein fallspezifisches institutionelles Netz, gilt es diese beiden zusammen zu führen, damit sie sich konstruktiv ergänzen. Nichtprofessionelle Unterstützung aus der Familie oder von Ehrenamtlichen muss beidseitig betrachtet werden. Häufig werden diese Unterstützer überfordert. Um ihre Unterstützungskraft zu erhalten, ist es Aufgabe des Case Managers auch sie zu stützen, ihnen im anstehenden Fallverlauf materielle und immaterielle Entlastung zu organisieren.

Grenzen und Prinzipien Sozialer Netzwerkarbeit

Wie an einigen Stellen bereits angedeutet wirken soziale Netze nicht nur unterstützend. In personellen wie institutionellen Netzen wird über die KlientInnen eine Vielzahl von Daten ausgetauscht. Datenschutz zu organisieren und zu gewährleisten wird in der Sozialen Netzwerkarbeit eine vorrangige Aufgabe sein. So findet in sozialen Netzen auch soziale Kontrolle statt, die in vielen Fallkonstellationen ausdrücklich gewollt ist, sich aber ebenso einschränkend und negativ auswirken kann. Überstülpen von Werten und Normen, Manipulationen und erhöhte Eingriffsmöglichkeiten sind die Folge. Wobei soziale Netze Außeneinflüsse aus- und begrenzen und sich nur auf ihre eigenen Interessen beschränken können. Soziale Netze können überschätzt werden. Vor allem die nichtprofessionellen Netze kommen an Leistungsgrenzen in schwierigeren Belastungssituationen (wie Kriminalität, Psychiatrie, lebensgefährliche Krankheiten) und führen zum Gegenteil von positiver Unterstützung. Die KlientInnen müssen sich zusätzlich mit Ausfallerscheinungen auseinandersetzen. Immer wieder ist zu erkennen, dass soziale Netzwerkarbeit von sozialpolitischer Seite missbräuchlich für nicht validierte Vorstellungen herhalten muss, die sich darum ranken, lediglich Kosten von sozialen Hilfestellungen einzusparen. Einsparpotentiale können sich einstellen, doch bleiben sie das einzige Kriterium, häufig nicht offen genannt, verkehren sich die Bemühungen ins Gegenteil. Reißt der einseitige Abbau von professionellen Leistungen Lücken auf (z.B. Abbau von ambulanter Drogenberatung), die in familiärer oder ehrenamtlicher Arbeit keine Analogie finden. Zielgerichtete Fallverläufe verkehren sich ins Gegenteil, sie dauern länger, sie ziehen im Klientsystem später andere Personen nach (jüngere Kinder fallen in die Hilfebedürftigkeit), die professionellen Eingriffe werden stärker und der ursprünglich erhoffte Kosteneffekt tritt nicht ein, im Gegenteil.

Aus diesen Einschränkungen und Gefahren heraus werden für die Soziale Netzwerkarbeit, sie gelten für die Soziale Arbeit in gleichem Maße, einige Prinzipien erhoben:

- Netzwerkanalysen und Netzwerkinterventionen erfolgen nur im Einverständnis mit den KlientInnen. Sie werden über die Vorgehensweisen verständlich informiert.

- Kontrollierende Aufgaben im Rahmen von Netzwerkarbeit werden den KlientInnen unaufgefordert offen gelegt.

- Die Sichtweisen der KlientInnen haben in der Netzwerkarbeit Vorrang. Divergierende Sichtweisen der Netzwerkarbeiter werden eingebracht und thematisiert.

- Die aktive Teilhabe oder Partizipation steht im Vordergrund des Unterstützungsprozesses.

- Professionelle Interventionen in die sozialen Netze hinein, sollten reflektiert erfolgen, um bestehende Netze nicht zu zerstören.

- Die KlientInnen müssen die Möglichkeit haben, den Interventionsprozess zu stoppen und Veränderungen erwirken zu können.

- Die Freiwilligkeit aller Beteiligten im Netzwerk sollte nicht nur gegeben sein, sondern ausdrücklich überprüft werden.

(vgl. Bullinger/Nowak, 1998, S. 133 und 134; Nestmann, 1989, S. 121)

Weiterführende Literatur

Bullinger/Nowak: Soziale Netzwerkarbeit, Lambertus, Freiburg, 1998

VII. Kompetenzen und Vorgehensweisen in der Fallarbeit

Im vorigen Kapitel wurden wesentliche Schlüsselqualifikationen - beraten, vermitteln, in Krisen intervenieren und vernetzen - vorgestellt, in anderen Zusammenhängen auch *Methodenkompetenz* genannt. Aus diesen grundlegenden Konzepten, die nicht nur im Case Management zum Tragen kommen, leiten sich eine Reihe von konkreten Vorgehensweisen und Techniken ab. Einige, besonders für das Case Management nützliche Vorgehensweisen und Techniken, werden exemplarisch vorgestellt und verbessern die *instrumentelle Kompetenz* des Case Managers.

Umrahmt werden die Schlüsselqualifikationen und die Vorgehensweisen von Kompetenzprofilen, die zumindest in der Sozialen Arbeit zum Berufsprofil gehören. Übernehmen andere Professionen die Funktion eines Case Managers, wie zum Beispiel im Gesundheitswesen (Ärzte, Psychologen, Verwaltungskräfte), wird in Fort- und Weiterbildungen zu klären sein, auf welchen Kompetenzbereichen aufgebaut werden kann.

Case Manager bewegen sich in einer vorrangigen Anforderung, mit ihren KlientInnen, mit Personen aus deren Umfeld und mit Vertretern von Organisationen kommunizieren zu müssen und sie in einen konstruktiven Kommunikationsprozess einbinden zu können. Sie müssen allen gegenüber verständlich, die jeweiligen schicht- und milieuspezifisch geprägten Sprachcodes berücksichtigend, das Unterstützungskonzept darlegen können. Sie befinden sich in einem permanenten Aushandlungsprozess mit ihren KlientInnen. In Helfer- und Hilfekonferenzen benötigen sie die Fähigkeit zielgerichtet und zeitlich strukturiert zu moderieren. In ihrer Netzwerkarbeit steht im Mittelpunkt, die Beteiligten zu befähigen ihre Ressourcen einzusetzen, sie in einen gemeinsamen Unterstützungsprozess einzubinden. Ungleiche Beziehungen, die sich in Konflikten ausdrücken, müssen in symmetrische umgewandelt werden. Die Konflikte offen anzunehmen und mediative Elemente einzusetzen (siehe Schlüsselqualifikation Mediation) erfordern eine ausgeprägte Konfliktfähigkeit. Ihre Controllingfunktion und ihr Einsatz in entstehenden Konflikten zwischen ihren KlientInnen und Mitarbeitern der Maßnahmeträger oder bei Konflikten zwischen Leistungsträgern erfordern eine hohe kommunikative Fähigkeit des Case Managers, die auszubilden und zu schulen ist. Konstruktive Gesprächsführung und Kenntnisse in Kommunikationstheorie bilden daher einen Schwerpunkt in der *Sozialkompetenz* des Case Managers.

Die relative große Gestaltungs- und Machtfunktion eines Case Managers im Fallgeschehen muss mit einer *selbstreflexiven Kompetenz* gepaart sein. Das umfasst „... die Fähigkeit zum Selbstmanagement, das nicht nur Zeitmanagement, Stressbewältigungskompetenz und Planungsfähigkeit umfasst, sondern auch die reflexive Auseinandersetzung mit sich selbst, den eigenen Wertvorstellungen, der eigenen Biographie, der Helferrolle und -mentalität und den eigenen geschlechtsspezifischen Sicht- und Verhaltensweisen miteinschließt" (Bullinger/Nowak, 1998,S. 138). Zu dieser selbstreflexiven Kompetenz zählt die Akzeptanz und Fähigkeit, Handlungsprozesse und Ergebnisse zu dokumentieren und zu evaluieren.

Nicht zuletzt und anhand der Tatsache, dass in der Sozialen Arbeit ein hoher Anteil ethnischer Gruppen als Klientel zu verzeichnen ist, wird eine *interkulturelle Kompetenz* ausschlaggebend sein, die besonderen Bedingungen von Migranten zu erfassen, adäquate Beteiligungsformen und Interventionen zu entwickeln. „Vorherrschend ist eine Haltung, die entweder von Desinteresse gekennzeichnet oder um Liberalität, Empathie und Toleranz auf einer abstrakt moralischen Grundlage bemüht ist, das Selbstverständnis einer Helferrolle, das Machtverhältnisse und Hierarchisierung und damit auch eine Reflexion des eigenen Status weitgehend ausblendet" (Kurz/Plesch, 1998, S. 6). Für einen Case Manager besteht die Aufgabe Konzepte, Strukturen und Rahmenbedingungen von beteiligten Maßnahmeträgern dahin zu überprüfen, inwieweit dort auf die Erfordernisse seiner ausländischen KlientInnen eingegangen werden kann, ob Migranten selbst professionelle Hilfe leisten oder inwieweit deutsche Mitarbeiter auf diese Aufgabe vorbereitet sind (vgl. a.a.O., S. 7).

- Selbstreflexive Kompetenz
- Sozialkompetenz
- interkulturelle Kompetenz
- Methodenkompetenz
- instrumentelle Kompetenz

stellen damit ein grundlegendes Gerüst für das Case Management dar.

Die nachfolgend aufgezeigten Vorgehensweisen oder Techniken stellen eine Auswahl von Handwerkszeugen für den Case Manager dar und qualifizieren und ergänzen die im Kap. VI aufgezeigten Schlüsselqualifikationen.

1. Visualisieren von Systemen

Systemzeichnungen erleichtern die Analyse eines Falles oder den Stand einer aktuellen Situation ‚auf einen Blick' zu erkennen. Das Zusammenfügen von Daten und Ereignissen lassen Aufschlüsse zu über Wechselwirkungen und Prozesse in einem System oder zwischen Systemen. Das Anfertigen von Systemzeichnungen fördert die Transparenz und die Kommunikation über zurückliegende Ereignisse und/oder über Veränderungen in Rahmen eines Hilfeprozesses zwischen allen Beteiligten. Insbesondere KlientInnen erleben Visualisierung als willkommene Abwechslung von ausschließlicher verbaler Interaktion. Symbole für Strukturen und Beziehungen unterliegen keiner Einheitlichkeit, wenngleich sich einige Standards durchsetzen. Nachstehend werden Geno-, Soziogramm und Öko-Map vorgestellt und Beispiele zur Illustration aufgezeigt. Die Symbole können ergänzt werden. Um die inner- und interinstitutionelle Kommunikation über Systemzeichnungen zu erleichtern, wäre es angebracht, dass zumindest in bestimmten Arbeitsfeldern gleiche Symbole angewandt werden.

Genogramm

Informationen über eine Familie/ein Paar/eine einzelne Person können in einem Genogramm so geordnet werden, dass Beziehungsmuster und Veränderungen in diesen Mustern deutlich werden. Gegenwärtige Schwierigkeiten können in Bezug gesetzt werden zu früheren Übergangsperioden. Zukünftige mögliche Beziehungsmuster können mit diesen Erkenntnissen beeinflusst werden.

Muster und Themen, die über Generationen in Familien vorgekommen sind und die gegenwärtige Interaktionen beeinflussen, können beleuchtet werden. Geburt, Tod, Zusammenleben, Heirat, Trennung, Scheidung werden als konkrete Informationen zum jeweiligen Zeitpunkt registriert.

Die veranschaulichten Ereignisse und die Familienstruktur können zusätzlich durch Beziehungssymbole (siehe Abb. 21), Einkreisungen ergänzt werden, die Koalitionen oder Familienverbünde verdeutlichen. Interaktionen zwischen den Personen werden gekennzeichnet, um die Beziehungen zu veranschaulichen. In schwierigen Fallkonstellationen empfiehlt es sich allerdings die Interaktion, das Sichtbarmachen der Beziehungen in Systemen, in einem Soziogramm zu veranschaulichen und dieses neben ein Genogramm zu legen.

Das Genogramm lässt folgende Interpretationen zu, die bereits beim Erstellen und in der Betrachtung mit den KlientInnen gemeinsam vorgenommen werden können:

Anhand von Familienstrukturen bietet sich die Möglichkeit, Hypothesen zu Familienthemen, Rollen und Beziehungen zu bilden, die überprüft, revidiert oder erweitert werden können.

Familien- und Lebenszyklen geben Rückschlüsse auf familiäre Ereignisse, die in Verbindung gesetzt werden können mit normativen Erwartungen. Decken sich diese - auch in Verbindung mit dem Lebensalter- nicht, sollten mögliche Anpassungsschwierigkeiten erwogen und erörtert werden.

Generationsübergreifende, repetitive Muster lassen auf Wiederholungen schließen, die auch in der Zukunft fortwirken können.

Kritische Lebensereignisse bieten die Möglichkeit, systemische Verbindungen zwischen scheinbaren Zufällen herzustellen. Traumatische Erfahrungen lassen für die Zukunft Stresssituationen vorhersehen.

Sofern Beziehungslinien in das Genogramm eingearbeitet sind, decken Beziehungsmuster - z.B. Koalitionen, Dreiecke - intensive Beziehungen in einer Familie auf. Das Entwirren dieser eventuell rigiden Beziehungsmuster wird möglich.

Familiengleichgewichte bzw. -ungleichgewichte weisen auf Rollen, Funktionalität, Ressourcen hin, die vor allem Erkenntnisse schaffen, wie eine Familie in belastenden Situationen mit Symmetrien und Asymmetrien umgeht.

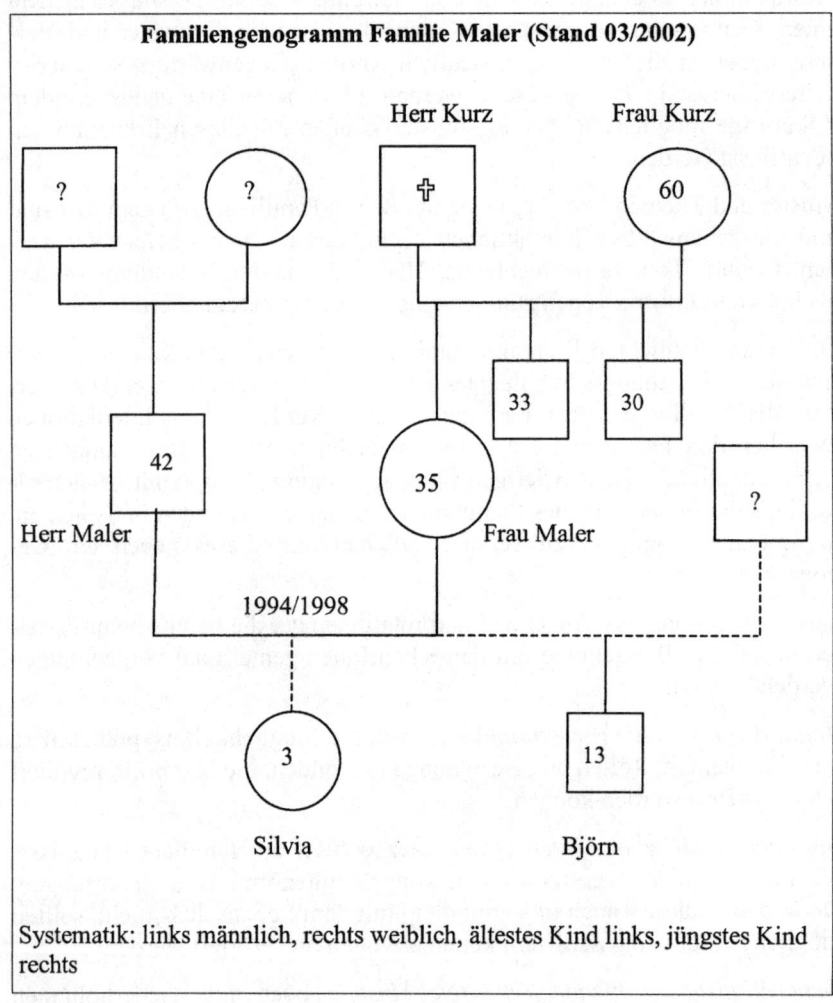

Abb. 18: Familiengenogramm Familie Maler

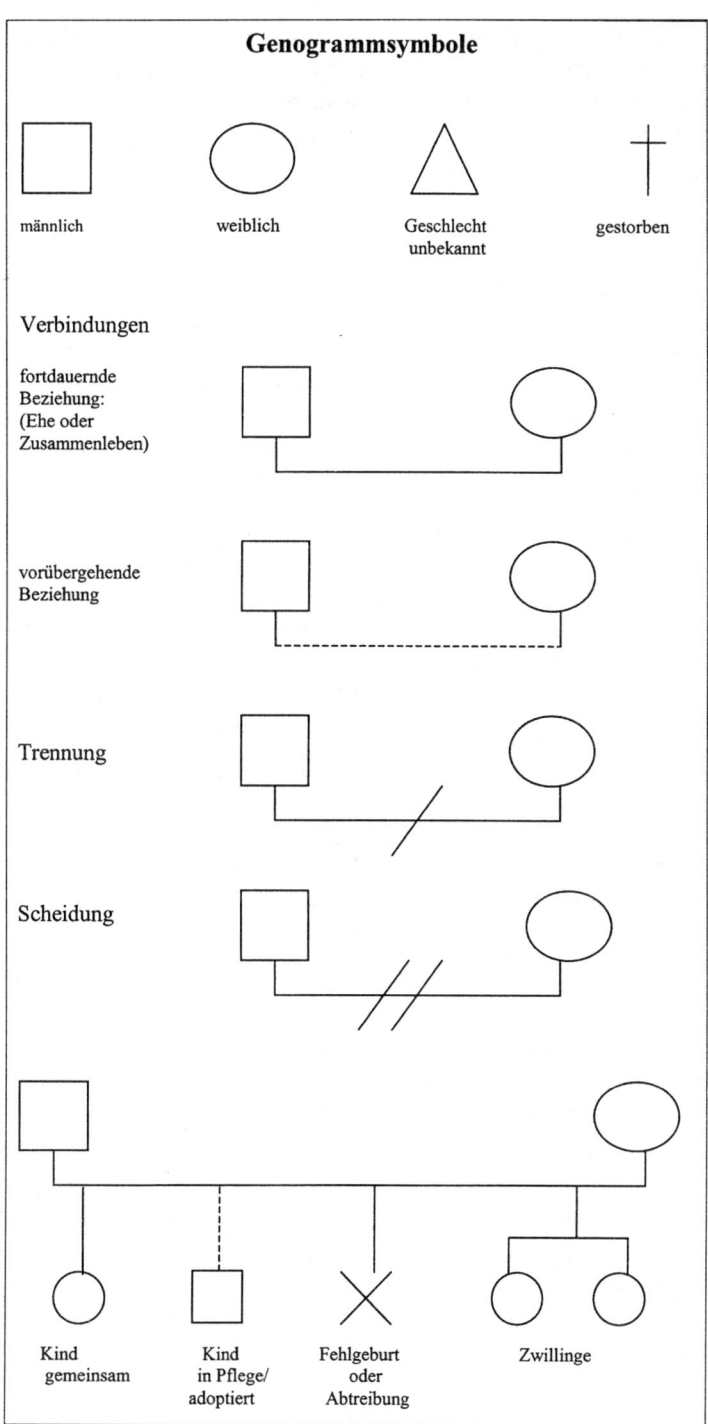

Abb. 19: Genogrammsymbole

Als Beispiel für ein Genogramm wird die Situation der Familie Maler (Abb. 18) aufgezeigt, fehlende Angaben oder n eu auftauchende Konstellationen werden im Verlaufe des Case Management, einer Beratung, einer Mediation so weit wie möglich und nötig ergänzt. In der Abbildung 19 finden sich die gängigen Symbole eines Genogramms.

Soziogramm

Sowohl bei der Arbeit mit Einzelnen als auch mit Familien oder mit anderen Systemen eignet sich das in der Sozialen Gruppenarbeit gebräuchliche Soziogramm als Systemzeichnung. Die von dem Psychiater Jacob L. Moreno entwickelte Soziometrie (Anfang des 20. Jahrhunderts) fand Eingang in die Sozialen Gruppenarbeit. Das Messen von menschlichen Beziehungen erleichtert das Soziogramm über unterschiedlichste Formen wie Aufstellungen, Tabellen, Zeichnungen und Karten.

Im Case Management steht nicht im Mittelpunkt gruppendynamische Prozesse aufzuarbeiten. Aber das graphische Soziogramm, nur für kleinere Gruppenkonstellationen und Netzwerke geeignet, ergänzt das Genogramm insofern, als hier die Beziehungen gesondert betrachtet und bewertet werden können. Ein weiterer Vorteil gegenüber dem Genogramm bietet das Einbeziehen des gesamten personalen Netzes und nicht nur die der Familienbeziehungen.

Beziehungsmuster wie Koalitionen oder Dreiecksverbindungen, ebenso wie Rollenpositionen regen zur Reflexion mit den Beteiligten an. Sie decken Konflikte oder Ressourcen in einer Beziehung auf. Die Isolation von Menschen in einem System kann veranschaulicht werden, ebenso wie ein Überengagement oder eine Überforderung. Im Sinne eines ressourcenorientierten Case Managements sollte ein besonderes Augenmerk auf positive Beziehungen und Strukturen gelegt werden (siehe Fallbeispiel Sabine W., Abb. 20).

Ein Soziogramm bildet die aktuelle Situation ab. Ein Prozess kann nur verfolgt werden, wenn in bestimmten Abschnitten ein Soziogramm wiederholt wird und die Veränderungen gegenüber gestellt werden.

Wenn mit einem Klientsystem gearbeitet wird, kann es sinnvoll sein, für unterschiedliche Teilsysteme gesonderte Soziogramme zu erstellen. Bei der Arbeit mit KlientInnen werden die von ihnen charakterisierten Beziehungen als Grundlage genommen. Abweichende Einschätzungen anderer Beteiligter oder des Case Managers können zum Beispiel farblich gekennzeichnet werden und erweitern das Spektrum der unterschiedlichen Sichtweisen und Interpretationen und damit von Handlungsspielräumen.

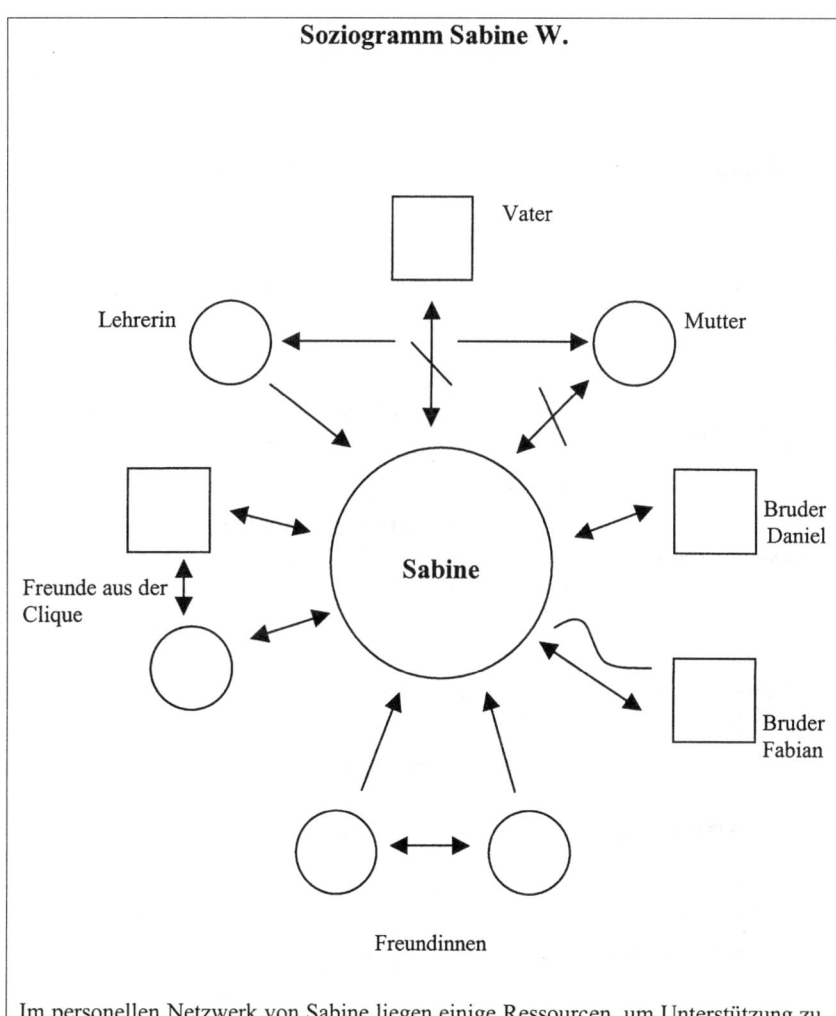

Soziogramm Sabine W.

Vater

Lehrerin

Mutter

Sabine

Bruder
Daniel

Freunde aus der
Clique

Bruder
Fabian

Freundinnen

Im personellen Netzwerk von Sabine liegen einige Ressourcen, um Unterstützung zu bekommen. Aufgabe des Case Managers ist es, vor allem Sabine zu verdeutlichen, dass diese Ressourcen existieren und sie eventuell über eine Netzwerkkonferenz zu aktivieren. Wobei zu klären ist, ob die Freunde aus der Clique im positiven Sinne unterstützend wirken.

Abb. 20: Soziogramm Sabine W.

Öko-Map

Bereits 1901 arbeitete Mary Richmond, eine Pionierin der amerikanischen Sozialarbeit und Begründerin des Case Work, mit einer graphischen Darstellung die Stärken in einer Fallkonstellation heraus. In ihrem ‚Model of Case Coordination' kreisen, in Sektoren aufgeteilt, die Stärken einer Familie, weiterer relevanter Personen, Kräfte in der Nachbarschaft und bei privaten und öffentlichen sozialen Organisationen.

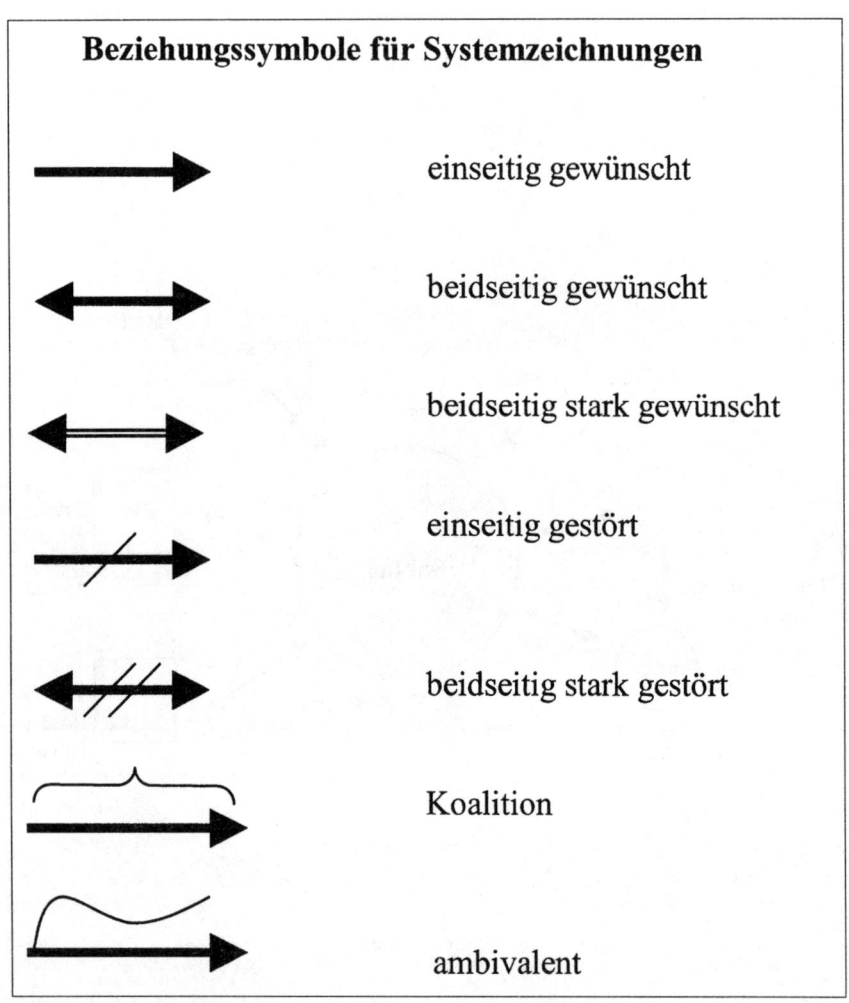

Beziehungssymbole für Systemzeichnungen

einseitig gewünscht

beidseitig gewünscht

beidseitig stark gewünscht

einseitig gestört

beidseitig stark gestört

Koalition

ambivalent

Abb. 21: Beziehungssymbole für Geno-, Soziogramm und Öko-Map

Später wurde die eco-map, eine Art Ökogramm, als Planungs- und Interventionswerkzeug eingesetzt, um die Komplexität von Fällen darzustellen. Inzwischen wird die eco-map in den USA als Standard in der Praxis und Ausbildung verankert. Beziehung, Systeme und Kräfte finden in der Eco-map Platz und erweitern das Soziogramm auf institutionelle Bereiche. Insbesondere wird die Eco-map beim Assessment einer Fallsituation eingesetzt, vorausgesetzt die KlientInnen sind damit einverstanden. KlientInnen und Case Manager können gemeinsam oder gesondert, wie beim Geno- und Soziogramm, ihre Einschätzungen visualisieren und liefern damit eine gute Grundlage, Interpretationen anzustellen (vgl. Meyer, 1993, S. 110 ff.) und sie aufeinander zu beziehen.

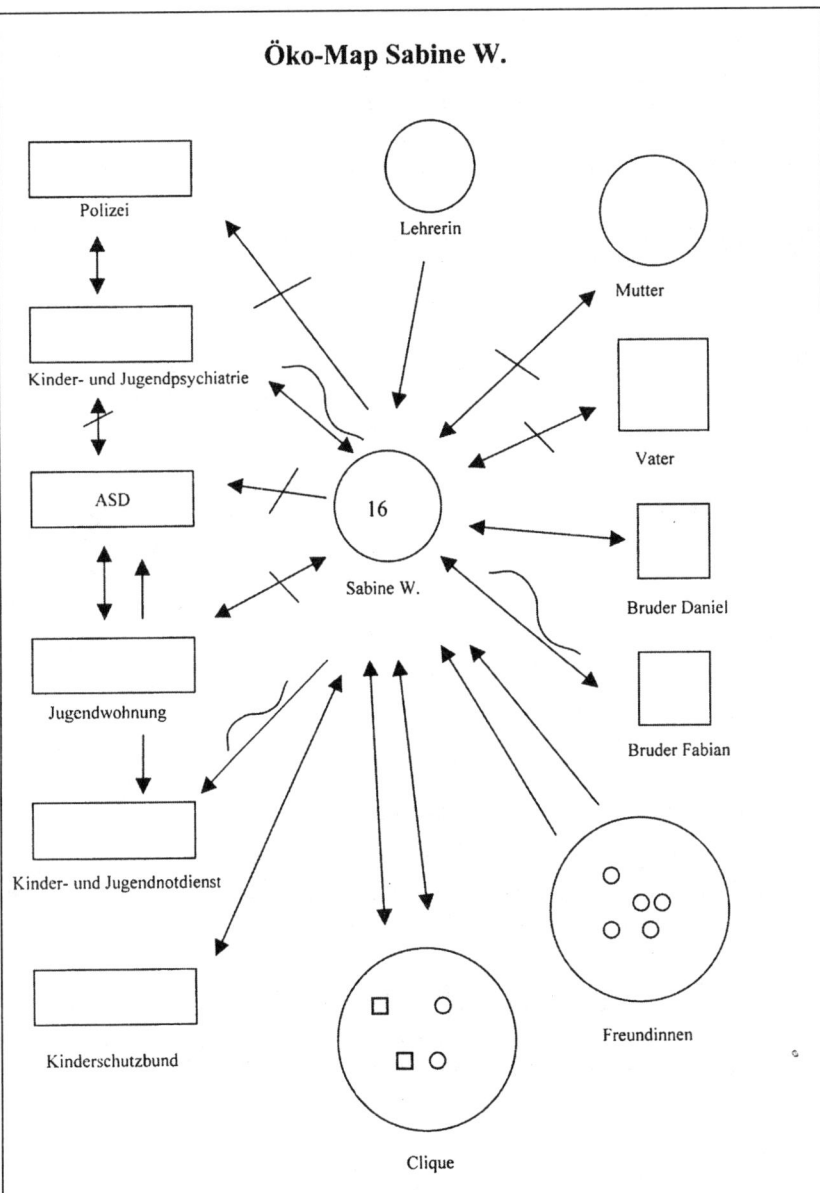

Öko-Map Sabine W.

Polizei

Lehrerin

Mutter

Kinder- und Jugendpsychiatrie

Vater

ASD

16

Sabine W.

Bruder Daniel

Jugendwohnung

Bruder Fabian

Kinder- und Jugendnotdienst

Freundinnen

Kinderschutzbund

Clique

Die Öko-Map von Sabine zeigt auf, dass die Netze um sie sehr umfangreich sind, untereinander wenig kooperierend und für alle wenig durchsichtig, wer macht was und wie. Die Kooperation der Institutionen könnte sehr verbessert werden, ebenso die Verknüpfung von personellen und institutionellen Netzen. Der Case Manager muss hier - insbesondere für Sabine - klarere Verhältnisse herstellen, die Kommunikation und Kooperation fördern und in einer Helfer- und/oder Netzwerkkonferenz Ziele und Aufgaben festlegen.

Abb. 22: Öko-Map Sabine W.

2. Systemisches Fragen

Systemische Fragen dienen dazu, Informationen zu erzeugen. Sie werden nicht nur gestellt, um diagnostische Zwecke zu verfolgen oder Daten für den Hilfeprozess zu sammeln. Die Fragen dienen dazu, dem Case Manager Informationen über das System zu vermitteln, als auch dazu, von sich aus neue Informationen in das System einzuführen. In den Fragen verstecken sich implizite Aussagen, die die gewohnte Art, die Dinge zu sehen, auf Klientenseite oder einem anderen Gegenüber in Frage stellt. Die Fragen erscheinen auf den ersten Blick harmlos. Mit ihnen werden aber Ideen angestoßen. So kann bei einem Erstgespräch eröffnend gefragt werden: Seit wann sind Sie obdachlos? Systemisch würde man das Gespräch eröffnen: Was soll heute in unserem Gespräch erreicht werden, damit sie zufrieden weggehen?

Der Grundsatz besteht immer darin, Fragen zu stellen, die einen Unterschied ansprechen oder eine Beziehung definieren. Fragen nach dem Kommentar von jemandem über die Bereitschaft seiner Eltern fremde Pflegeleistungen anzunehmen, oder Fragen darüber, wer durch die Trennung am meisten gelitten hat, oder wie die Schuldensituation im Klientsystem von den Einzelnen erlebt wird - all dies sind Fragen nach dem Unterschied. Dasselbe gilt für Fragen, die sich mit dem Vorher und dem Nachher befassen.

Solche Fragen lassen die Leute innehalten und nachdenken, statt auf stereotype Weise zu reagieren. Leute, die nicht viel reden, hören aufmerksamer zu und werden zu Reaktionen besser animiert.

In der systemischen Therapie bilden diese Fragen die Grundlage innerpsychische Prozesse mit einer Wirklichkeitsdefinition zu versehen und mit diesen Fragen Systeme zu verstören (vgl. von Schlippe/Schweitzer, 1998, S. 137 ff.).

Die Formen von systemischen Fragen die nachstehend beschrieben werden, lassen sich in allen Unterstützungs- und Beratungsprozessen, aber auch in der Organisations- und Projektentwicklung oder in der Supervision einsetzen.

Einige beispielhafte Frageformen:

Zirkuläre Fragen sind Fragen zu Einschätzungen von nicht anwesenden Personen über Beziehungen im System und/oder fördern das Betrachten von Vorgängen und Beziehungsmustern aus einer Außenperspektive.

Wie sehen Sie als Freund die Beziehung des Vaters zu seiner drogengefährdeten Tochter? Was denken Ihrer Ansicht nach die Arbeitskollegen über die Leistung Ihres Mannes? Welches Interesse hat Ihrer Meinung nach die Schule an einer zusätzlichen Therapie für Sabine?

„Verhalten ist kontextabhängig, wird also nicht immer und überall gezeigt. Zirkuläres Fragen hebt darauf ab, in welchen Situationen ein als Problem betrachtetes Verhalten wie stark, wie wenig oder gar nicht und wem gegenüber es vor allem oder wem gegenüber nicht gezeigt wird. Es soll deutlich werden, wer darauf wie reagiert und welchen Effekt es hat"(Pfeifer-Schaupp, 1975, S. 178).

Wie reagiert Ihr Sohn, wenn Ihr Mann ihn am Wochenende abholt? Wie verhält sich ihr Pflegesohn, wenn ihre beiden eigenen Kinder Geburtstag haben? Was denken Sie, wie wird sich der Lehrer in der Hilfekonferenz gegenüber Sabine verhalten?

Übereinstimmungen und Nichtübereinstimmungen können eruiert werden, wenn KlientInnen und andere Beteiligte nach Einschätzungen über andere Personen gefragt werden.

Stimmen Sie Ihrem Sohn zu, der meint Ihr Mann müsste finanziell entlastet werden? Angenommen Ihre Mutter wäre hier und ich würde sie fragen, ob sie mit der Pflege ihres Vaters durch Sie zufrieden ist, wäre sie auch Ihrer Ansicht, dass dies ganz problemlos ist?

Eigene Einschätzungen von KlientInnen können mit dem jeweiligen gegenläufigen Geschehen relativiert und aufgeweicht werden.

In welcher dieser geschilderten Situationen werden Sie nicht aggressiv, was machen Sie dabei anders? Wann fällt es Dir leichter in die Spielgruppe zu gehen, wenn andere Kinder dort sind?

Denken in Täter-/Opferrollen bzw. in linearen Ursache-Wirkungs-Schemata wird durch Fragen nach rekursivem Verhalten bzw. nach den Möglichkeiten zur Verschlimmerung des symptomatischen Verhaltens bzw. des Problems der Boden entzogen.

Was müssten Sie tun, damit Ihnen Ihre Frau noch weniger in finanziellen Fragen vertraut? Was könnten Sie tun, damit Sie noch unzufriedener mit dem Studium werden? Wie könntest Du Dich vor Gericht verhalten, damit Deine Strafe noch schlechter ausfällt?

„Problematische Verhaltensweisen zeigen meist eingefahrene Muster. Alternativen kommen meist gar nicht in den Blick oder folgen einem Entweder-Oder-Muster ... Solche Muster werden in Frage gestellt durch Ressourcen betonende Fragen" (a.a.O, S. 180)

Wie unterstützt Sie Ihre Nachbarin, was schätzen Sie besonders an ihr? Wann verhält sich Sabine im Unterricht konstruktiv, was könnte dabei verstärkt werden? In welchen Situationen kooperieren Schule und Jugendamt in Ihrem Sinne?

Häufig stehen KlientInnen und der Hilfeprozess vor einer anscheinend unüberwindlichen Situation. Systemische Fragen können animieren in Alternativen und das ‚Unmögliche‘ zu denken. Vergangene Ereignisse verlieren ihre Schwere und neue zukunftsorientierte Handlungsoptionen entstehen. Ein Abbruch einer Unterstützung oder Beratung kann damit verhindert werden oder zumindest in seinen Folgen überlegt werden (vgl. a.a.O., S. 177 ff.).

Was wird sein, wenn alles so weiter geht wie bisher? Was wäre wenn sich die Situation noch mehr verschlechtert? Was wäre, wenn es überraschenderweise eine positive Entwicklung gäbe?

Nichts geht mehr - nichts gefällt einem mehr - alles ist furchtbar - keinerlei Ausnahmen können zugelassen werden, dann könnte die ‚Wunderfrage‘ weiterhelfen.

Wenn das Problem wie durch ein Wunder über Nacht weg wäre, woran könnten sie erkennen, dass eine neue Situation vorliegt, was könnten Sie jetzt erleben?

Die Frage ist unverbindlich (da es ja nur durch ein Wunder geschieht) und lässt daher Phantasie zu. Zum anderen stellt man fest, dass das, was man nach dem Wunder tun würde, nichts Übernatürliches ist, sondern recht schlichte, handfeste Tätigkeiten.

3. Kompetenzdialog

Nach einem qualifizierten Assessment beginnt im Case Management ein Beratungsprozess, in dem vor allem aus Sicht der KlientInnen ein Entwurf der wünschenswerten Zukunft erarbeitet werden muss. Diese Vorstellungen münden mit den damit verbundenen Zielen in die Hilfeplanung ein. Um diesen Prozess gestalten zu können und vor allem die Ressourcen und Eigenkräfte der KlientInnen und ihres Umfeldes zu aktivieren, eignet sich in besonderem Maße der Kompetenzdialog. Norbert Herriger bearbeitete dieses Konzept für die Soziale Arbeit in Anlehnung an die Erkenntnisse der Kurzzeittherapie von DeSchazer. Er verband dieses Konzept mit den Grundprinzipien des Empowerments:

- „Das Vertrauen in die Fähigkeit eines jeden zu Selbstaktualisierung und gelingendem Lebensmanagement.
- Die Akzeptanz des ‚Eigen-Sinn‘ der Klienten und der Respekt auch vor unkonventionellen Lebensentwürfen.
- Das Respektieren der eigenen Wege und der eigenen Zeit der Klienten.
- Der Verzicht auf vorschnelle, entmündigende Expertenurteile über die Lebensprobleme und wünschenswerte Lebenskursänderungen.
- Die Orientierung an der Lebenszukunft des Klienten.“ (Herriger, 1996, S. 190)

Im Kompetenzdialog lassen sich die Grundprinzipien des Empowerments verwirklichen und in die fallorientierte Arbeit einfügen. Sie decken sich mit den Prinzipien und den Arbeitsweisen des Case Managements in vielfacher Hinsicht, müssen aber dem strukturierten Vorgehen angepasst werden. Ein Case Manager wird mit schwierigen Fallkonstellationen konfrontiert, in denen das Ringen um adäquate Lösungen nicht nur besetzt ist mit motivierten, völlig freiwillig ankommenden autonomen KlientInnen. Doch auch im Kompetenzdialog wird das autonome Handeln als Arbeitsziel und nicht als Voraussetzung beschrieben und die Mitwirkung an Lösungen von den jeweiligen Handlungsmöglichkeiten abhängig gemacht. Den Grundsatz, dass KlientInnen über den Hilfeprozess mitentscheiden und ihre Ziele Vorrang haben, sehen beide Konzepte in gleichem Maße. Case Management und Empowerment verfolgen identisch einen zukunfts- und lösungsorientierten Ansatz, abgeleitet aus dem systemtheoretischen Denkgebäude, das die Veränderungsfähigkeit von Systemen als produktives Element annimmt. „Nicht die Rückkehr zu alten Zuständen einer Lebensbalance ist hier Arbeitsziel" (a.a.O., S. 191). Der Kompetenzdialog ermutigt daher, gedanklich und später in der Umsetzung in eine neue wünschenswerte Zukunft zu gehen. Sich auf diesen Prozess einzulassen bedarf der unterstützenden Begleitung.

Der Kompetenzdialog weist folgende Struktur und Herangehensweise auf, die hier auf das Case Management Konzept übertragen werden:

- In einem ersten Schritt werden wünschenswerte Ziele herausgearbeitet (siehe Kap. IV). Die Schwierigkeit besteht häufig darin, die KlientInnen aus ihrer Abwehrhaltung zu lösen, sie aus ihren misslungenen Lebenserfahrungen wegzuführen und ihre Mutlosigkeit in Bezug auf Veränderungen bewältigen zu helfen. Systemische Fragen wie oben beschrieben (z.B. die Wunderfrage) leiten diesen Prozess ein. KlientInnen werden im Kompetenzdialog ausschließlich nach ihren zukünftigen Vorstellungen befragt und negative, rückwärts gewandte Gedanken umgelenkt. Wobei vor allem im Rahmen der Zielformulierung darauf geachtet wird, dass diese Ziele erreichbar sind, nicht zu hoch gesteckt sind. Weitere Negativerlebnisse wären kontraproduktiv.

- In den zurückliegenden Lebensabschnitten von Menschen lassen sich nicht nur gescheiterte Ereignisse und Situationen finden. Diese Annahme greift der Kompetenzdialog im zweiten Schritt auf. Mit den KlientInnen werden nach Lebensereignissen geforscht, in denen sie das jetzt als Problem vorliegende Ereignis bewältigen konnten. „Die gemeinsame Suche gilt dem Auffinden von Zeiten und Lebensarrangements, die dem Betroffenen in der Vergangenheit signifikante Erfahrungen von Kompetenz, Gelingen und Erfolgreich-Sein haben vermitteln können" (a.a.O., S. 193). Mit ihnen wird geklärt, was denn dazu beigetragen hat, diese frühere Situation positiv zu gestalten und was sie dazu eingesetzt haben.

Im Weiteren unterstützt der Case Manager die KlientInnen, wie sie diese Erfahrungen in die jetzige Situation übertragen können.

– Sind die Ziele erarbeitet und die Eigenkräfte der KlientInnen benannt, wird im Case Management die darüber hinaus erforderliche Unterstützung durch den Case Manager und andere Leistungsträger zu klären sein. Hierin unterscheidet sich das Vorgehen von dem von Herriger konzipierten Kompetenzdialog, der sich auf ein duales Geschehen beschränkt. Das Entwerfen und Aushandeln von Lösungswegen in dieser dritten Phase umfasst im Case Management daher einen breiteren Rahmen, der in dieser Phase noch vorläufigen Charakter hat, um dem eigentlichen Hilfeplan nicht vorzugreifen. Die Unterstützung des Case Managers entspricht hier dem Konzept des Kompetenzdialogs, der von einer ‚Co-Konstruktion ausgeht‘ in der eine aktive Rolle und Funktion eines Wegbegleiters und Mentors ausgewiesen ist. Als Profil eines Mentors werden genannt: die Stärken der KlientInnen betonen, Mut machen und aktivieren, Widerstände analysieren, Unterstützung des Veränderungsprozesses (Coping-Strategien), Netzwerkarbeit. Die Parallelen zum Case Manager sind unübersehbar.

Der Kompetenzdialog, nicht nur im Case Management, besticht durch seine klientenorientierte und auf die Stärken eines Menschen bauende Vorgehensweise und kann, wie Herriger ausführt, zu einem wichtigen Instrument auch im Werkzeugkasten des Case Managers werden.

4. Hausbesuch

Der Hausbesuch, das „Auf - Suchen" von KlientInnen in ihrer Lebenswelt, dort wo in der Regel eine Problemsituation oder eine Gefährdung sich manifestiert, könnte eine sinnvolle Vorgehensweise für den Case Manager sein, wobei diese Form unterschiedlichste Aspekte in sich trägt und differenziert betrachtet werden muss.

Der Hausbesuch, die aufsuchende Soziale Arbeit geht bis auf die Armenfürsorge zurück und ist so alt wie die berufliche Soziale Arbeit selbst. Die traditionelle Fürsorge bediente sich dieses Instruments und wird, wenn auch nicht unbedingt unter diesem Begriff, wieder häufiger in Sozialen Diensten, im ASD der Jugendämter und in ambulanten Hilfen (z.B. Sozialpädagogische Familienhilfe, Erziehungsbeistandschaft) praktiziert.

Es ist zu klären, ob der Hausbesuch im Rahmen von Case Management ein fachlich relevantes Vorgehen darstellt, im Unterschied zu einem Termin in der Einrichtung des Trägers, oder ob er lediglich ein fachlicher Ortswechsel ist und insofern periphere Bedeutung hat. Im ersteren Fall wären fachliche Standards und anerkannte Regeln zu entwickeln.

Eine für die Soziale Arbeit hervorstechende Frage wird zu beachten sein. Stellt der Hausbesuch eine Kolonialisierung der privaten Sphäre von KlientInnen dar, also einen unzulässigen Eingriff in die Intimsphäre, oder kann mit diesem Instrumentarium die Lebenswelt einzelner KlientInnen, einer Familie in der Arbeit berücksichtigt werden? Der bekannte Doppelcharakter der Sozialen Arbeit zeigt sich in diesem Zusammenhang in aller Deutlichkeit und fließt damit auch in die Arbeit des Case Managers ein.

Der Hausbesuch wird in unterschiedlichen beruflichen Zusammenhängen ausgewählt, um auf KlientInnen zuzugehen. Im Altenpflege- und Gesundheitsbereich, von Hausärzten, Pastoren und anderen werden Hausbesuche eingesetzt, um bei Krankheit, Behinderung und Notfällen, die jeweilige Dienstleistung und Hilfestellung anzubieten. Alle diese Hausbesuche unterscheiden sich maßgeblich von denen, die im Rahmen der Sozial- und Jugendhilfe stattfinden. Hier liegt nicht nur eine Problemlage vor, sondern häufig auch ein - wie auch immer persönlich oder anders ursächlich ausgewiesenes - „Fehlverhalten". Der Hausbesuch ruft bei den KlientInnen insofern auch Schamgefühl, Unterwürfigkeit, Aggression und Widerstand hervor. Auf der anderen Seite steht das Angebot des Case Managers, von ihm Unterstützung, Beratung und Hilfe zu bekommen.

Im Rahmen von Kindesvernachlässigung geht der Auftrag des ASD darüber noch hinaus, ebenso wie in Fällen der Selbst- oder Fremdgefährdung von KlientInnen. Anhand von in der Regel Fremdmeldungen muss vielfach eine Krisenintervention eingeleitet werden, die möglicherweise ein Aufsuchen in der Wohnung der KlientInnen erfordert. Diese Situation unterscheidet sich von den bisher erwähnten Hausbesuchen. Aufsuchende Soziale Arbeit kann im Rahmen eines Beratungs- und Unterstützungsprozesses Sinn machen. Sie kann aber auch Krisenintervention bedeuten. Ob im letzteren Fall noch von Hausbesuch gesprochen werden kann, soll an dieser Stelle noch offen bleiben.

Bei Hausbesuchen im Unterstützungsfall liegt in aller Regel ein Einverständnis, eine Absprache, also eine freiwillige Bereitschaft der KlientInnen zur Mitarbeit vor.

Bei der Krisenintervention liegt in der Regel der Verdacht auf Kindesvernachlässigung, sexueller Missbrauch, Gewalt in der Erziehung oder im Lebensalltag der Kinder und Jugendlichen, Verwahrlosung, Kriminalität, lebensbedrohliche Krankheiten, Isolation alter und behinderter Menschen vor. Da kaum Selbstmeldungen in diesen Problemlagen zu verzeichnen sind, werden soziale Dienste im Rahmen ihrer eigenen Beobachtungen oder aufgrund von Fremdmeldungen tätig. Auf freiwilliger Basis werden diese Hilfestellungen nicht zustande kommen. Es liegt daher als Einstieg in die Hilfemaßnahme ein einschneidender Eingriff vor, auch wenn das Ziel, die freiwillige Mitarbeit zu erreichen, bestehen bleibt. Ein Case Manager tritt eventuell erst später in das Fallgeschehen ein. Sein Unterstützungskonzept kann die auslösende Maßnahme nicht ignorieren und muss sorgfältig im Erstkontakt mit KlientInnen thematisiert werden.

Hausbesuche werden mit unterschiedlicher Intention, je nach eigenem Arbeitskonzept und Grundhaltung, je nach Arbeitskonzept der Abteilung, je nach örtlicher Ansiedlung der sozialen Dienste im Stadtteil und je nach dessen sozialräumlicher Situation als Handlungsmöglichkeit ausgewählt und ausgeübt.

Im Rahmen einer Untersuchung (Neuffer/Ollmann, 2000, S. 12 ff.) im ASD in Hamburg wurden Pro und Contra-Stimmen zu einem Hausbesuch über Interviews mit Sozialarbeiterinnen gesammelt.

Stimmen pro Hausbesuch: Der Hausbesuch stellt Nähe her, hilft Schwellenängste abzubauen, ist also insofern im Rahmen von Beratung und Betreuung ein niedrigschwelliges Angebot. Gegenüber der Sprechstunde und dem behördlichen Charakter im Amt empfinden KlientInnen zum Teil Scheu, so dass präventive Möglichkeiten verloren gehen. ‚Vor -Ort-Arbeit‘, um diese Zielgruppe über Hausbesuche zu erreichen, wäre dann Prävention im eigentlichen Sinne. Gespräche können leichter in Gang kommen und werden nicht gestört durch das Bürogeschehen (Telefon, Kollegen, andere KlientInnen). Kinder fühlen sich im Amt in aller Regel deplaziert und können über einen Hausbesuch besser einbezogen werden. Manche KlientInnen bevorzugen einen Hausbesuch, weil der Anfahrtsweg ins Amt für sie unbequem und zu weit ist. Möglicherweise können Väter besser einbezogen werden, da der Hausbesuch eher auf deren Arbeitszeiten einzustellen ist.

Regelmäßige Hausbesuche schaffen im Stadtteil Kontakte. Die ASD-Mitarbeiter sind präsent und auch auf der Straße ansprechbar. Sie erleben selbst unmittelbar den Lebensalltag ihrer KlientInnen und deren Veränderungen. Der negative Ruf des ASD kann somit unmittelbar abgebaut werden.

Stimmen contra Hausbesuch: Der Hausbesuch bleibt auch bei schriftlicher oder telefonischer Anmeldung immer ein Eingriff in die Intimsphäre der KlientInnen. Informationen über die Lebenswelt, Alltagsumstände können auch indirekter ermittelt und einbezogen werden. Bei Trennungs- und Scheidungssituationen (außer strittigen) ist die Elternverantwortung vorrangig, die dann auch besser in der geschützten Beratungssituation im Amt thematisiert werden kann. Die Beratung im Amt fördert die Verselbständigung der Erziehungsberechtigten und erfüllt damit die Anforderungen des KJHG, die KlientInnen mündig zu machen. Häufig äußern die KlientInnen selbst den Wunsch, ins Amt zu kommen, sofern sie danach gefragt werden. Der Hausbesuch löst immer noch den Reflex aus, dass die KlientInnen als erstes die Schränke aufmachen wollen und damit die Kontrollfunktion des Hausbesuches bestätigen.

Der Hausbesuch im oben genannten Kontext ist also sehr abhängig von der Einstellung der jeweiligen Sozialarbeiterinnen. Seit Inkrafttreten des KJHG reduzieren ambulante Betreuungsformen die Anforderung an den ASD, die Lebenswelt der Klienten unmittelbarer einzubeziehen. Über die Verfahrensstandards der Hilfeplanung (§ 36 KJHG) ist die Beteiligung der KlientInnen sicherzustellen, so dass die Abwägung, ob ein Hausbesuch sinnvollerweise stattfinden sollte, ausschließlich fallspezifisch geklärt werden kann.

Aus den bisherigen Ausführungen kann abgeleitet werden, dass Hausbesuche in unterschiedlichen Zusammenhängen, mit unterschiedlichen Zielen und mit unterschiedlichen Vorgehensweisen in der Praxis stattfinden. Ebenso wurde deutlich, dass der Begriff Hausbesuch nicht präzise alle Vorgänge kennzeichnet. Aufsuchende Soziale Arbeit umschreibt das gesamte Geschehen treffender, wobei dann allerdings zusätzliche präzisierende Kriterien notwendig werden.

Folgende Unterscheidungen können vorgenommen werden:

Präventiv aufsuchende Soziale Arbeit

Ziele und Funktionen: primärpräventiv - indirekt aufsuchende Soziale Arbeit, um die Stadtteilsituation und das Alltagsleben der KlientInnen unmittelbar kennenzulernen, präsent und direkt ansprechbar zu sein, soziale Netzwerkarbeit vorzubereiten; sekundärpräventiv - direkt, um Kontakt zu KlientInnen bei bestimmten Anlässen aufzunehmen, die Krisen oder Probleme verursachen können und zwar immer dann, wenn eindeutige Anzeichen für Hilfebedarf bestehen könnten.

Hausbesuche im Kontext einer sozialraumorientierten Arbeit hätten die Funktion eines Frühwarnsystems. Dazu wäre eine offensive und gezielte Öffentlichkeitsarbeit der sozialen Dienste notwendig, damit Klientinnen und Netzwerkbeteiligte selbst die Initiative zur Kontaktaufnahme ergreifen können (z.B. alle Schwangeren erhalten einen Informationsbrief). Neben der Öffentlichkeitsarbeit müssten die Mitarbeiter anderer Fach-Institutionen und Berufsgruppen über Informationen, Mittel des Assessment und Kooperationsbereitschaft verfügen, um frühe Anzeichen einer belasteten Situation und Hilfebedarfes zu erkennen und zu signalisieren.

Die Gefahr in dieser präventiven Arbeit liegt in möglichen Fehleinschätzungen und falschen Beschuldigungen, die wiederum Misstrauen und Widerstände auslösen könnten, in datenschutzrechtlichen Fragen und in einer Entwicklung zum sogenannten ‚gläsernen Menschen‘. Schwierig wird es sein, diese vorbeugende Arbeit in ein vorgegebenes Kosten-Nutzen-Denken zu pressen, das das Neue Steuerungsmodell der Sozialen Arbeit zunehmend vorgibt.

Begleitende aufsuchende Soziale Arbeit

Ziel eines Hausbesuches in diesem Kontext wäre es, über einen eventuell nur einmaligen Hausbesuch die Beratungs- und Unterstützungsarbeit anzureichern durch direkte Erkenntnisse im Lebensalltag der KlientInnen, um ein „Gespür" für deren Situation zu bekommen. Mit Kindern kann ein unbefangenerer Kontakt hergestellt werden, als dies in einer Einrichtung in aller Regel möglich ist. Diese Hausbesuche können nur bei völlig freiwilliger Zustimmung der KlientInnen erfolgen. Eine Vermittlung in Konflikten (Mediation) kann vor Ort aufgenommen werden, um Beteiligte schneller und direkter einzubeziehen.

Gefahren können dabei sein: ein Hausbesuch könnte die notwendige professionelle Distanz zu sehr verringern; während des Hausbesuches könnten Erkenntnisse durch ‚Inaugenscheinnahme' anfallen (z.B. eine dem Sozialamt nicht gemeldete Lebensgemeinschaft), die aus datenschutzrechtlichen Gründen nicht in den weiteren Fallverlauf eingebracht werden können, für das Fallverständnis aber relevant sind.

Aufsuchende Soziale Arbeit bei Gefährdungen

Ziel dieser Hausbesuche ist es festzustellen, ob Maßnahmen im Sinne des Kindeswohls getroffen werden können/müssen oder um eine Gefährdung zu vermeiden, zum Beispiel bei: strittigen Sorgerechtsentscheidungen, Anträgen auf Adoption und Erteilung einer Pflegeerlaubnis, Fremdmeldungen über Kindesvernachlässigung, Missbrauch und Gewalt gegen Kinder, drohende Obdachlosigkeit, lebensbedrohlichen Krankheiten, Isolation älterer Menschen. Ziel wird es sein, alle Möglichkeiten zu nutzen, eine freiwillige Mitarbeit bei den KlientInnen zu erreichen. Ein entschiedener und direktiver Einsatz vor Ort kann eine sich abzeichnende Eingriffshandlung oder Fremdunterbringung noch verhindern. Der kontrollierende Teil dieser Tätigkeit schränkt die Freiwilligkeit seitens der KlientInnen ein, da bei Verweigerung ihrerseits weitergehende Konsequenzen drohen.

Eingreifende aufsuchende Soziale Arbeit

Ziel hierbei ist es meist, das Wohl des Kindes durch Herausnahme zu schützen oder durch Fremdunterbringung KlientInnen vor sich selbst oder anderen zu schützen (Einweisung in die Psychiatrie). Ziel muss es aber auch sein, die Familie und/oder das Netzwerk von KlientInnen zu aktivieren, um eine mögliche Zurückführung zu ermöglichen und zu erleichtern. Eine Herausnahme oder Unterbringung als Höhepunkt einer Krise, kann auch gleichzeitig als Chance für Veränderungen genutzt werden. Über eine aktive, direktive Gesprächsführung lässt sich Deeskalation von aggressiven Situationen betreiben. Diese Aufgabenstellung brachte den negativen Ruf der Fürsorge hervor, da nicht immer deutlich genug die schützende Funktion herausgestellt wurde. Die Mitwirkung von Polizei, Gerichtsvollzieher und Familienrichter bewirkt bei ungenügender Kooperation möglicherweise eine Eskalation.

Die Arbeit eines Case Managers und sein Verhältnis zu seinen KlientInnen könnte durch eine eingreifende Maßnahme erheblich beeinträchtigt werden. Institutionell und konzeptionell wäre es daher sinnvoll zu überlegen, eingreifende Tätigkeiten personell von unterstützenden zu trennen, diese aber über eine Kooperation sinnvoll zu verknüpfen.

Andererseits findet sich in jeder sozialarbeiterischen Tätigkeit mehr oder weniger das Doppelmandat und muss konzeptionell gelöst und bewältigt werden. Im ASD der Jugendämter stellt sich dieser Aspekt in aller Deutlichkeit, verwurzelt in der Tradition der Familienfürsorge, und führt zu dem widersprüchlichen, nicht offensiv bearbeiteten Negativbild in der Öffentlichkeit.

Auf diesem Hintergrund muss der Hausbesuch als Teil eines Handlungskonzeptes eingeordnet werden. Eine vorwiegend beratende und unterstützende Tätigkeit kann auf den Hausbesuch verzichten, selbst wenn systemisches Denken und Handeln die Soziale Arbeit in einer Neuorientierung wieder auf die Nahumwelt der Klienten lenkt. Dabei stellt sich allerdings die Frage, ob der Lebensalltag und die Nahumwelt der Klienten nicht auch ohne Hausbesuch wirksam mit indirekten Vorgehensweisen berücksichtigt werden können. Über eine sozialraumorientierte Soziale Arbeit können die sozialen Dienste vor Ort präsent sein und über Netzwerkarbeit die einzel- und familienorientierte Soziale Arbeit qualifizieren.

Bleibt der Hausbesuch im Repertoire eines Case Managers, werden Freiwilligkeit, Datenschutz und Kosten-Nutzen-Abwägung zu diskutieren und zu verwirklichen sein.

Für einen Hausbesuch stellen Gehrmann/Müller hilfreiche Verhaltensregeln auf, die je nach den vorgenannten Formen zu ergänzen sind:

– Termin vereinbaren, eventuell noch an der Haustür
– Warten bis man hereingebeten wird
– Sich vorstellen
– Respektvolles und freundliches Verhalten
– Das Eis brechen, small talk, Dinge und Arrangements in der Wohnung beachten und
– Positive Anknüpfungspunkte suchen
– Erklären, warum man gekommen ist
– Zuhören, was die KlientInnen sagen
– Ruhiges und sicheres Auftreten
– Ich-Botschaften und nicht diskriminierende Aussagen (das Verhalten ansprechen und nicht die Person)
(vgl. Gehrmann/Müller, 1998, S. 116 ff.)

Die eingreifende aufsuchende Soziale Arbeit muss in Fällen von Gefährdung, Vernachlässigung und Verwahrlosung Bestandteil der Arbeit bleiben. Sie stellt eher einen Teil eines Krisenmanagements und Krisenintervention dar (siehe Kap. VI) und sollte als solche auch gekennzeichnet sein, um sich gegen Beratungs- und Unterstützungsarbeit abzugrenzen, in der andere Krisen bearbeitet und gelöst werden.

5. Netzwerkkonferenz

Im Beitrag zur Sozialen Netzwerkarbeit wurden unterschiedliche soziale Netze in ihrer Funktion und Aufgabenstellung vorgestellt. Die Orte der Netzwerkarbeit können sehr unterschiedlich sein und erfordern differenzierte Vorgehensweisen. Auch der Hausbesuch leistet einen Beitrag zur Netzwerkarbeit, in dem der Lebensalltag und die professionelle Unterstützung verknüpft werden, da das Umfeld und die konkreten Lebensbedingungen unmittelbar Einfluss auf die unterstützende Interaktion nehmen. Die Helferkonferenz führt die professionellen, institutionellen und eventuell auch ehrenamtlichen Unterstützungsleistungen zusammen. In der Hilfekonferenz interagieren KlientInnen und Professionelle zielgerichtet auf einen Hilfeplan.

Personell getragene soziale Netze benötigen ebenfalls einen Ort, an dem ihre Aktivitäten erörtert, ausgearbeitet und vereinbart werden. Im Gegensatz zu Deutschland kennen zum Beispiel die skandinavischen Länder seit längerer Zeit die Netzwerkkonferenz. Sie führt alle Personen unabhängig von ihrer Funktion und Rolle in einem Fallgeschehen zusammen, also Familienmitglieder, Freunde, Nachbarn, Lehrer, Ausbilder, Therapeuten, Pfarrer etc.

Im Falle des Case Managements könnte diese Netzwerkkonferenz parallel oder nach einer Hilfekonferenz ein sinnvolles Instrument sein, um die Ressourcen und Aktivitäten im sozialen Netz von KlientInnen offen zu legen, zu mobilisieren und nutzbar zu machen. Entwickelt eine drogensüchtige, allein erziehende Mutter für sich die Perspektive aus der Drogensucht auszusteigen und perspektivisch die Erziehung ihres Kindes verantwortlich zu gestalten, könnte neben dem professionellen Angebot einer Drogentherapie und Hilfe zur Erziehung für das Kind eine weitere Unterstützung durch ihr früheres oder etwas abseits stehendes Netzwerk in Gang gesetzt werden.

– In diesem Falle lädt der Case Manager die Personen zu einer Netzwerkkonferenz ein, die er sorgfältig mit seiner Klientin bestimmt hat. Kriterium für die Auswahl von Personen besteht in der Annahme einer positiven Grundhaltung zur Klientin. Der Case Manager wählt einen Ort und Raum aus, der für alle gut erreichbar und atmosphärisch unterstützend wirkt. Auf einer Netzwerkkonferenz können bis zu 15 Personen anwesend sein.

- Aus diesem Grund muss ein warming-up stattfinden, das eine entspannende Wirkung erzielt (persönliche Begrüßung, Zeit für small-talk bei Kaffee und Kuchen).
- Der Case Manager, der die Netzwerkkonferenz moderiert, eröffnet diese mit einer kurzen Schilderung der Situation seiner Klientin. Da auf einer Netzwerkkonferenz sensible und intime Informationen offen gelegt werden, die auch missbraucht werden können, spricht er die Vertraulichkeit und deren Bedeutung für die Klientin an. Auch sie kann kurz ihren Wunsch nach Unterstützung und ihre Motivation darstellen.
- Danach folgt eine Runde, in der alle Eingeladenen sich vorstellen, ihre Motivation zur Unterstützung ausdrücken, ihre Sichtweise und Analyse der Problemsituation darlegen und ihre Erwartungen, was sie von der allein erziehenden Mutter ihrer Ansicht nach erwarten. Das könnte schwer auszuhalten sein für die Klientin des Case Managers. Insofern achtet er darauf, dass diese Erwartungen nicht unrealistisch und abwertend stehen bleiben, und dass seine Klientin nicht emotional überfordert wird (positive Gedanken - siehe systemische Fragen - einfordern, Äußerungen übersetzen und differenzieren, eine Pause einlegen).
- Nach dieser Runde werden die Teilnehmer aufgefordert ihre Unterstützung zu formulieren und zu konkretisieren (was, wann, wie, wo). Damit beginnt der eigentlich motivierende Teil für die Klientin selbst und das Netzwerk. Sie erfährt die Bereitschaft Anderer, unterschiedlichste emotionale und sachliche Aktivitäten zur Verfügung zu stellen. Sie erkennt, dass ‚ihr' soziales Netz funktioniert. Die Beteiligten im sozialen Netz, die sich vorher möglicherweise nicht einmal kannten, sehen die Konturen des Netzes und gewinnen weitere Motivation oder das Ende ihrer bisherigen Hilflosigkeit. Als Zusatzeffekt können sie zumindest nach dieser Netzwerkkonferenz ihre eigenen sozialen Netze reflektieren, neu bestimmen und die Bedeutung einer solchen Konferenz für sich und andere Situationen verallgemeinern.
- Der Case Manager fasst die Unterstützungsleistungen zusammen, koordiniert sie und hält sie schriftlich fest. In einem Netzwerkkontrakt unterschreiben die Beteiligten ihre konkretisierten Aktivitäten. Der Case Manager vereinbart ein Controlling und streicht zum Schluss die positiven Aspekte der Netzwerkkonferenz heraus mit einem Dank an alle Beteiligten und an die Klientin sich dieser Situation gestellt zu haben.

In ersten Auseinandersetzungen mit dieser Verfahrensweise wird von deutschen Kollegen die Sorge geäußert, dass die Effekte im Alltag verpuffen und den Aufwand nicht rechtfertigen. Abgesehen von der Aufgabe des Case Managers das nachfolgende Geschehen zu reflektieren, eventuell in einer erneuten Netzwerkkonferenz realistische oder neue Unterstützungen zu thematisieren, darf der Mobilisierungseffekt, das große Ressourcenpotential nicht unterschätzt werden und das positive Gefühl von KlientInnen in ein unterstützendes Netzwerk eingebunden zu sein. (vgl. auch Bullinger/ Nowak, S. 195 ff.)

6. Moderation

Case Manager stehen in mehreren Situationen vor der Aufgabe eine Arbeitssitzung oder Ähnliches verantwortlich zu gestalten oder jemand Anderes dafür zu gewinnen und einzusetzen.

Teilnehmer von Arbeitsgruppen oder Teams erfahren häufig, dass Besprechungen unsystematisch, zeitaufwendig und inhaltlich wenig ergiebig ablaufen. Themen werden zu komplex eingebracht und nicht auf Wesentliches konzentriert. Der Erfolg einer Arbeitssitzung oder Besprechung hängt aber von ihrer Vorbereitung und Moderation ab.

Neben anderen Formen von Gremien und Arbeitssitzungen leiten Case Manager Helferkonferenzen, Hilfekonferenzen, Verlaufs- und Abschlusskonferenzen. Sie bieten Netzwerkkonferenzen an oder sind möglicherweise aufgefordert in übergreifenden Gremien wie Stadtteilkonferenzen, Kooperationssitzungen von Institutionen einen Termin zu gestalten.

Diese Formen deuten darauf hin, dass Case Manager keine reine Moderationsfunktion innehaben, sondern häufig eine Mischform übernehmen zwischen Leitung und Moderation. In der Leitungsfunktion agiert der Case Manager als Beteiligter am Hilfegeschehen, gibt Stellungnahmen ab und bringt eigene Beiträge ein. Er nimmt keine inhaltlich unparteiische Haltung ein, sondern handelt im Interesse und Auftrag seiner KlientInnen und seines Trägers.

Trotzdem legt er darauf Wert, über eine gelungene Moderation und Moderationstechniken den Arbeitsprozess positiv zu beeinflussen, Regeln einzuhalten, Ergebnisse festzuhalten und zu visualisieren. „Mischformen können sogar sinnvoll sein. Sie können der von allen gewünschten Zielerreichung dienen oder der Intensivierung von Mitarbeit an Besprechungen" (Hartmann u.a., 1997, S. 23).

Eine gut moderierte Hilfekonferenz mit erarbeiteten Ergebnissen, die sich später im Hilfeplan niederschlagen, steigern die Realisierungs- und Umsetzungschancen des nachfolgenden Hilfegeschehens.

In dieser Mischform benötigt der Case Manager Kenntnisse über den Ablauf eines „Gruppen"-Prozesses, da auch für eine Sitzung in den oben genannten Formen eine Gruppensituation entsteht. Ähnlich der Mediation achtet ein Moderator darauf, dass Lösungen nicht vorschnell gefasst werden, damit genügend Alternativen und Ideen, über ein Brainstorming erstellt, vorliegen, die eine Auswahl zulassen. Gerade in Hilfe- und Netzwerkkonferenzen nehmen Personen teil (Kinder, Jugendliche, Migranten, ältere Menschen, Freunde, Nachbarn), die ihre Wünsche und Interessen möglicherweise weniger gut formulieren können. Mit Hilfe einer gelungenen Moderation erhalten sie eine bessere Chance sich zu beteiligen.

Folgende Regeln und Vorgehensweisen beachtet der Case Manager als Moderator:

- Strukturierter Arbeitsprozess mit Anfangs-, Haupt- und Endphase
- Ziele für die Besprechung (nicht zu verwechseln mit den Zielen für die Fallbearbeitung) werden zu Beginn vorgestellt und diskutiert und im weiteren Verlauf kontrolliert
- Einhaltung von Regeln wie zum Beispiel: Sprich per ich und nicht per man oder wir, ausreden lassen, Störungen haben Vorrang, keine Ab- und Bewertungen Anderer, Vertraulichkeit
- Förderung der Kommunikation untereinander - Meinungen und Beiträge einholen und sie mit anderen Beiträgen verbinden, Blockaden ansprechen, systemische Fragen anwenden
- Wichtige Passagen wiederholen und zusammenfassen als strukturierende Technik
- Ergebnisse visualisieren

Die Vorbereitung einer Konferenz oder anderer Besprechungen liegt im Falle des Case Management vor allem darin, das zu besprechende Fallgeschehen deutlich und knapp darstellen zu können und sich auf die Teilnehmer innerlich einzustellen. Der Ablauf und Zeitrahmen muss strukturiert (siehe oben) und auf die anstehende Situation abgestellt werden, komplexe Situationen müssen notfalls in zwei Abschnitten erfolgen.

In Hilfe- und Netzwerkkonferenzen ist auf die Unterschiedlichkeit der Teilnehmer besonders zu achten. Sie werden so begrüßt, dass eine anfänglich bestehende und verständliche Anspannung seitens der KlientInnen und anderer Teilnehmer sich lösen kann und eine positive Stimmung entsteht. Dazu trägt die Begrüßung und die Raumgestaltung bei: Vorstellungsrunde, Smalltalk, abstecken des Zeitrahmens und der Ziele, runde Tischanordnung, Getränke und Gebäck, Papier und Stifte zum Mitschreiben, keine Störungen durch Telefone und Handys.

Zum Schluss sollten auf jeden Fall die Ergebnisse zusammengefasst und festgehalten werden, visualisiert an Flipchart oder Pin-Wand. Eine kurze Reflexion (Metakommunikation zum Gruppengeschehen und nicht zu den Inhalten) zur abgelaufenen Sitzung ist Standard. Als Arbeitsmittel kommen in Frage: Flipchart, Pin-Wand, Moderationskoffer falls mit Moderationskarten gearbeitet werden soll, Overhead-Projektor.

Im Hauptteil könnte nachfolgende Struktur dazu führen, dass die anliegenden Themen der Fallsituation mit alternativen Überlegungen versehen werden.

Vier Fragebereiche, die auf einer Pin-Wand visualisiert werden, geben dafür Anstöße:

1. Welche Maßnahmen und Hilfestellungen kommen in Frage?
2. Was kann ich (jeder Teilnehmer formuliert für sich) dazu beitragen?
3. Was sollten die anderen Teilnehmer übernehmen?
4. Wer oder welche Institution kommt darüber hinaus in Frage?

Um den Hilfeplan vorzustrukturieren, der in den Hilfeplangesprächen präzisiert wird, sollte der Abschluss ebenso mit einer Fragestruktur gestaltet werden:

1. Was und welche Maßnahmen kommen in Frage? - *Inhalt*
2. Wer macht was? - *Personen und/oder Institutionen*
3. Bis wann (lang-mittel-kurzfristig)? - *Zeitschiene*
4. Erfolgreich wenn? - *Zielerreichung*

Als Moderationstechniken eignen sich im Case Management: Brainstorming, Blitzlicht, Karten-Antwort-Verfahren, Fragenspeicher, Maßnahmeplan (vgl. Hartmann u.a., S. 85 ff.).

Für die Visualisierung von Arbeitsvorgängen auf Papier können folgende hilfreichen Gestaltungspunkte empfohlen werden: Jedes Blatt erhält eine geeignete prägnante Überschrift. Ein einheitliches Layout gibt Ruhe, das heißt wenn nicht nur mit schwarz geschrieben wird, sollten Farbunterscheidungen immer einheitlich vorgenommen werden - wie Überschriften rot unterstrichen, Hervorhebungen in einer Farbe. Mit Farben wird sparsam umgegangen. Die Schrift fällt häufig zu klein aus, der Abstand der Teilnehmer zum visualisierten Teil muss daher beachtet werden. Die Schrift muss so groß sein, dass sie von allen gelesen werden kann (Mindestschriftgröße 35 mm). Geschrieben wird mit der breiten Seite der Stifte in Druckform. Die einzelnen Wörter werden eng angeordnet, aber mit Abstand zu den anderen und mit Groß- und Kleinbuchstaben (vgl. a.a.O., S. 114 und 115).

Bei der Moderation handelt es sich also um eine Verfahrensweise mit einzelnen Techniken, die die Arbeit des Case Managers erleichtern und qualifizieren kann. Mit ihr kann gezielt und ergebnisreich eine Konferenz oder andere Besprechungsarten gestaltet werden. Die Teilnehmer werden eigenverantwortlich mit einbezogen und garantieren damit am ehesten die Umsetzung der Ergebnisse in das weitere Hilfeverfahren.

VIII. Handlungstheorie für das Case Management

Ein Handlungskonzept als Verbindungsglied zwischen Theorie und Praxis kann sich nicht nur auf das praktische Handeln allein richten. Um Arbeitsergebnisse, Arbeitsprozesse und die notwendigen Rahmenbedingungen nach ihren Wirkungen auswerten zu können, müssen Verfahren entwickelt werden, die unterschiedliche Interessen verfolgen. Die Überprüfung von beruflichem Handeln kann mit Evaluationsinstrumenten erfasst und die Ergebnisse unmittelbar wieder an die Praxis zurückgekoppelt werden; beispielsweise die Frage: Können Hilfepläne die Verbindlichkeit der Handelnden erhöhen? Andererseits werden sich im Case Management Fragen ergeben, die einer wissenschaftlichen Bearbeitung bedürfen, wie zum Beispiel: Lassen sich fallorientierte Tätigkeiten in einem zielgerichteten und planvollen Handeln so ansiedeln, dass sie den Einfluss der Case Manager auf das Klientsystem erhöhen, aber gleichzeitig die Autonomie der KlientInnen nicht beeinträchtigen? Dies berührt Grundfragen der Sozialen Arbeit.

Aus diesem Grunde wird nachfolgend die Basis wissenschaftlichen und beruflichen Handelns aufgezeigt, mit dem Ziel, das vorliegende Case Management - Konzept theoretisch zu begründen, es transparent und letztlich einer permanenten Überprüfung und Weiterentwicklung zugänglich zu machen.

Die wissenschaftstheoretischen Ausführungen beziehen sich auf die Diskussion um eine Sozialarbeitswissenschaft. Eine Reihe der Themen kann auf die Pflege- und Gesundheitswissenschaft, ebenfalls neuere Wissenschaftsentwicklungen, übertragen werden. Insbesondere die Ausführungen zur Systemtheorie können in gleicher Weise einen theoretischen Background für Case Manager aus dem Pflege- und Gesundheitswesen darstellen.

1. Anforderungen an eine wissenschaftliche und theoretische Begründung Sozialer Arbeit

Es gilt Begründungslinien aufzuzeigen, die nicht nur eine theoretische Position offen legen, sondern die Möglichkeit schaffen, das eigene berufliche Handeln im folgenden Sinne vertreten zu können.

Sozialarbeiterinnen - in gleichem Sinne Case Manager - sollten sagen können, was sie, warum, mit welchem Ziel, auf welche Weise, mit welchem Aufwand, mit welchen Mitteln und mit welcher Wirkung tun (vgl. Brack/Geiser, 2000, S. 23).

Kaum ein anderer humanwissenschaftlich begründeter Beruf wurde in der Vergangenheit, ob an der Universität oder Fachhochschule, so eindeutig fremdbestimmt, wie die Soziale Arbeit. Diejenigen, die die Soziale Arbeit in Wissenschaft und Ausbildung originär vertreten könnten, akzeptieren an den Fachhochschulen seit längerem das diffuse Fach ‚Methodenlehre'. Teilweise werden Lehrkräfte für besondere Aufgaben, mit vergleichsweise geringerem Status, an den Hochschulen eingesetzt. Neuerdings bewegen sich Studienreformdiskussionen als Konsequenz aus diesen inhaltlichen und strukturellen Fehlentwicklungen immer mehr in die Richtung, ein eigenständiges Fach Soziale Arbeit in den Mittelpunkt der Ausbildung zu rücken und eine Wissenschaft Soziale Arbeit als Ausgangspunkt und Dach zu nehmen.

Im Gegensatz zu anderen Studiengängen an Fachhochschulen orientieren sich nur teilweise die Fachbereiche Sozialarbeit/Sozialpädagogik am eigentlichen Gegenstand der Sozialen Arbeit. Wissenschaft und Beruf, Studieninhalte und Berufswissen stimmen nicht überein. Wissenschaftliche Teildisziplinen, die so genannten ‚Fächer', verfehlen das Ziel, eine *allgemeine* Handlungsfähigkeit für die Soziale Arbeit herauszubilden. Neben seinen Fachinhalten kann das bisherige Fach Methodenlehre nur eingeschränkt bestehende Fremdorientierungen - die Betonung liegt auf Orientierungen - korrigieren. So bleibt es im Wesentlichen den Studierenden überlassen, aus dem Fächerangebot ein integrierendes Bild von Sozialer Arbeit zu gestalten - ihre Klage seit langem. Teilweise gehen die Studierenden mit einer falsch angeeigneten Berufsidentität in die Praxis, als Mini-Psychologe, Mini-Soziologe oder Ähnlichem.

Im Wissenschafts- und Ausbildungsgeschehen wird bei der Sozialen Arbeit immer noch von einer fehlenden anerkannten eigenständigen Disziplin ausgegangen. Diese Auffassungen (insbesondere aus dem universitären Bereich) werden allerdings zunehmend konfrontiert mit inzwischen formulierten deutlichen Konturen einer Wissenschaft und Theorie der Sozialen Arbeit. Einige Autoren, die in den nachfolgenden Ausführungen zu Wort kommen, platzieren die Soziale Arbeit bereits als gleichberechtigten Teil in der Landschaft der Sozialwissenschaften. Der Bezugsrahmen bleibt im Kontext der originären Aufgabe der Sozialen Arbeit: Vor allem zwischen Individuum und Umwelt zu agieren. Umfeldarbeit bedeutet, zusätzlich in angrenzenden personalen und institutionellen Netzen Wirkung für eine soziale Problemstellung zu entfalten. Diese Wechselwirkungen zu überprüfen und sie einer prozesshaft entwickelten Theorie zur Verfügung zu stellen, benötigt einen forschenden Auftrag, der wiederum mit leitenden Fragestellungen aus der Praxis versehen werden muss.

In dieser beschriebenen wissenschafts- und berufspolitischen Situation liegen zahlreiche berufsspezifische Probleme, die, wenn Soziale Arbeit eine Perspektive haben will, dringender denn je bearbeitet werden müssen. Die Diskrepanz der Einschätzungen zwischen anscheinend theorieloser Praxis oder praxisferner Theorie prägt die Soziale Arbeit im Besonderen. Träger der Sozialen Arbeit bemängeln die praxisferne Ausbildung von Sozialarbeiterinnen. Wissenschaftler anderer Bereiche weigern sich ihre bekannte Systematik der Psychologie, Soziologie, Pädagogik, des Rechts zugunsten der Sozialen Arbeit zu verlassen und auf sie Bezug zu nehmen.

Was ist daher zu tun?

- Soziale Arbeit wird ihre Eigenständigkeit nur dauerhaft sichern, wenn die Ausbildung, ähnlich der in den USA, vor allem von Professorinnen und Professoren ausgeübt wird, die eine grundständige Ausbildung und Praxis in Sozialer Arbeit vorweisen und die in ihrem eigenen Fach promovieren können.
- Soziale Arbeit benötigt eine eigenständige Wissenschaft und Theorien der Sozialen Arbeit als Begründung und als Leitlinien für Ausbildung und Praxis.
- Eine Gegenstandsbestimmung der Sozialen Arbeit muss als Ausgangspunkt für eine eigene Disziplin vorliegen.
- Aus Handlungstheorien werden sich Handlungsmethoden oder besser Arbeitsweisen Sozialer Arbeit ableiten lassen, die damit begrifflich Klarheit über wissenschaftliche Methoden einerseits und Methoden Sozialer Arbeit andererseits schaffen.
- Soziale Arbeit hat sich eindeutig und unverwechselbar im Dienstleistungsbereich zu positionieren, wenn sie die notwendige Anerkennung und Ausstattung erringen will.
- Soziale Arbeit wird sich noch mehr, als sich bis jetzt andeutet, der Anforderung stellen müssen, effektiv und effizient zu arbeiten und muss aus eigenem Interesse ihre Arbeit und ihre Ergebnisse evaluieren.
- Berufsethische Prinzipien oder Ethic-Codes der Sozialen Arbeit verhindern die Abkehr von den KlientInnen und ihren Bedürfnissen. Sei es, dass Soziale Arbeit nur für ausschließliche Trägerinteressen oder für eine bloße Ökonomisierung instrumentalisiert wird. Ethic-Codes geben Vorgaben für Werte und Normen. Sie untermauern darüber hinaus ein anerkanntes und überprüfbares Berufsbild.

2. Geschichte und Traditionen

Ein kurzer Blick in die Geschichte der Sozialen Arbeit soll Erreichtes und Verwerfungen beleuchten.

Bereits zu Beginn der Berufsgeschichte formulierten Pionierinnen Gegenstand und Herangehensweisen der Sozialen Arbeit auf eindrucksvolle Art (Alice Salomon, Marie Baum, Ilse Arlt und andere).

So ist das, was wir heute unter Ganzheitlichkeit oder als generalistische Aufgabe bezeichnen, anschaulich von Alice Salomon im Jahre 1926 dargestellt und wird an dieser Stelle bewusst wiederholt:

> „Alle Fürsorge besteht darin, dass man entweder einem Menschen hilft, sich in der gegebenen Umwelt einzuordnen, zu behaupten, zurecht zu finden - oder dass man seine Umwelt so gestaltet, verändert, beeinflusst, dass er sich darin bewähren, seine Kräfte entfalten kann. Persönlichkeitsentwicklung durch bewusste Anpassung des Menschen an seine Umwelt - oder der Umwelt an die besonderen Bedürfnisse und Kräfte des betreffenden Menschen." (zit. in Neuffer, 1990, S. 33)

Kurze Zeit später (1929) unter Einfluss der „Allgemeinen ärztlichen Gesellschaft für Psychotherapie" verengt Siddy Wronsky diese Position zu einer individualisierenden Fürsorge mit dem Blickwinkel auf Soziale Therapie (vgl. Neuffer, S. 37 ff.). Ein Vorgang, der sich parallel in den USA vollzog, in dem die Grundgedanken von Freud, vor allem die Ich-Psychologie, im Konzept der Sozialen Einzelhilfe übernommen wurden.

Welche fatalen Folgen fehlende berufsethische Prinzipien auslösen, lässt sich an der mit wenig Widerstand versehenen Übernahme von nationalsozialistischem Gedankengut in die Ausbildung erkennen. Noch bedrückender, dass und wie sich unter anderem Gesundheitsfürsorgerinnen an der Vernichtung „unwerten Lebens" im Nationalsozialismus beteiligten.

Nach dem Zweiten Weltkrieg fassten allmählich in Deutschland die in den USA und Niederlande konzipierten drei klassischen Methoden der Sozialen Arbeit Fuß: die Soziale Einzelhilfe, die Soziale Gruppenarbeit und die Gemeinwesenarbeit. Sie gaben der Ausbildung und der Praxis Orientierung, kamen aber zu schnell in eine entweder grundsätzlich abwertende Kritik oder überschätzten sich selbst in ihren Handlungsmöglichkeiten. So versuchten Vertreter aller Richtungen Mitte der 70er Jahre ihre Wunden mit therapeutischen Salben zu heilen. Diejenigen aus der Sozialen Einzelhilfe übernahmen, der anscheinend besseren Wirkung wegen, therapeutische Konzepte und fanden sich in deren Zusatzausbildungen ein. Die Stadtteil- und Gemeinwesenarbeiter bearbeiteten ihre eher persönlichen Enttäuschungen zum Teil in denselben Kursen. Um die Sozialen Gruppenarbeiter wurde es still, als die Gruppendynamik ihr Feld übernahm.

Erst Mitte der 80er Jahre besann sich die Fachöffentlichkeit der Sozialen Arbeit wieder auf ihren eigenen Berufsstand. Theoretisch standen unter anderem die Systemtheorie und daraus abgeleitete Handlungsweisen dabei Pate und es bildeten sich Theoriediskussionen und Konzepte heraus, die die Anforderungen in der Praxis berücksichtigten und sich gleichzeitig davon lösten, ausschließlich vom universitären Bereich der Sozialpädagogik determiniert zu werden (zum Beispiel der Lebensweltorientierung von Thiersch).

Insgesamt muss allerdings einschränkend auf die Erkenntnis hingewiesen werden, dass in allen Zeiten die theoretischen Vordenker nur bedingt die Praktiker beeinflussten. Die Übernahme handlungstheoretischer Konzepte in die Praxis darf insofern nicht überschätzt werden. Damit wird deutlich, dass die Kluft zwischen Theorie und Praxis Tradition hat. Umso mehr ist es notwendig eine eigenständige, die Theorie und Praxis verknüpfende Forschung mit Fragestellungen aus der Sozialen Arbeit herauszubilden.

3. Gegenstand und Aufgabe der Sozialen Arbeit

Eine Wissenschaft der Sozialen Arbeit wird sich allgemeinen, in der Wissenschaftslandschaft anerkannten Kriterien stellen müssen. Einige Grundzüge werden hier aufgezeigt.

Die Wissensbasis der Sozialen Arbeit konstituiert sich aus drei Bereichen. KlientInnen, aber auch professionell handelnde Sozialarbeiterinnen, verfügen über *Alltagswissen*. Das was sie alltäglich wahrnehmen, erleben und über einen gewissen Zeitraum erfahren, wird zu Handlungsmustern gebildet, die Ziele bestimmen und Orientierung geben. Dieses Alltagswissen - auch das eigene- zur Kenntnis zu nehmen, zu entschlüsseln und im Hilfeprozess reflektiert einzusetzen ist eine Aufgabe von Sozialarbeiterinnen.

Im Gegensatz zu KlientInnen verfügen sie aber darüber hinaus in Bezug auf soziale Probleme über ein *Berufswissen*. Das berufliche Wissen ergibt sich neben der Ausbildung, anhand von Fortbildungen und aus den im jeweiligen beruflichen Feld gesammelten Erfahrungen Einzelner oder einer ganzen Gruppe. Die Erfahrungen leiten sich wiederum aus den spezifischen Aufgaben und Ergebnissen der beruflichen Arbeit ab.

Die Aufgabe soziale Probleme zu lösen, war von Beginn der Berufsgeschichte der Sozialen Arbeit mit der Forderung verknüpft, dies auf der Grundlage wissenschaftlicher Forschung zu vollziehen. *Wissenschaftliches Wissen*, aus Forschungen erzeugt, führt über „sehen, erkennen und das erkannte Wissen ordnen" (Engelke, 1993, S. 23) zu einer Wissenschaft. Alltagswissen nicht ausblendend, kennzeichnet sich wissenschaftliches Wissen dadurch aus, „dass einerseits Kenntnis erweitert wird, andererseits aber zugleich auch die Bedingungen der Erkenntnisgewinnung hinterfragt werden" (a.a.O., S. 25).

Da sich Wissenschaft einen Gegenstand vornimmt, diesen untersucht und die Ergebnisse das Wissen über den Gegenstand prozesshaft erhöhen, muss sich die Soziale Arbeit auf eine Gegenstandsbestimmung verständigen. Eine schälte sich in den letzten Jahren heraus und erfüllt damit eine wesentliche Bedingung, die Wissenschaft Soziale Arbeit weiter voran zu treiben.

> Soziale Arbeit bezieht sich auf soziale Probleme in ihrem individuell, familiären, gruppenbezogenen und umfeldbezogenen Kontext. Sie widmet sich gelingenden und erschwerten Lebensbedingungen.

Ein Fachausschuss des Fachbereichstages (Zusammenschluss der bundesdeutschen Fachbereiche Sozialarbeit/Sozialpädagogik) legt nach einer intensiven Aufarbeitung der Diskussion um eine Wissenschaft der Sozialen Arbeit, eine auf defizitäre Bereiche eingeschränkte Definition vor:

> „Der Gegenstand der Sozialen Arbeit ist die Bearbeitung von gesellschaftlich und professionell als relevant angesehenen Problemlagen." (Klüsche, 1999, S. 23)

Diese weitformulierten Definitionen unterscheiden sich nicht von anderen Wissenschaftsbereichen. Doch wollen Vertreter aus anderen Bereichen einer Wissenschaft Soziale Arbeit enge Fesseln anlegen (z.B. dezidierte Gegenstandsbeschreibung, Forschungsmethoden, nachzuweisende Wirkungen), die sie aber selbst bedingt erfüllen.

Wichtig erscheint in diesem Zusammenhang, um einem verbreiteten Missverständnis insbesondere in der Praxis zu begegnen: Eine Wissenschaft Soziale Arbeit kann, auch wenn sie oft als Handlungswissenschaft deklariert wird, keine Praxislösungen und -anweisungen vorgeben. Sie bietet eine Systematik im Erarbeiten von Erkenntnissen, definiert den Forschungsgegenstand, untersucht die Bedingungen, unter denen ein Erkenntnisgewinn erzielt wird, legt die Forschungsmethoden fest und erzeugt Theorien.

Hier liegt der Pferdefuß vieler bisheriger Forschungen, die im wohlmeinenden Sinne für die Soziale Arbeit zur Verfügung gestellt wurden. Untersuchungsgegenstand und leitende Fragestellungen kamen zumeist aus dem Kontext der Nachbargebiete oder es handelte sich um eine eingeengte Praxisforschung, die die konzeptionelle Umsetzung bereits implizierte.

Unverkennbar zeigt sich die Nähe des hier eingebrachten Gegenstandsbegriffs Sozialer Arbeit zur frühen Aufgabenbeschreibung bei Alice Salomon. Das Unverwechselbare an der Sozialen Arbeit und damit abgegrenzt zu anderen Professionen im Humandienstleistungsbereich steht fest:

Soziale Arbeit beschäftigt sich mit einem Individuum, einer Familie, einer Gruppe und immer gleichzeitig mit deren Umfeld.

Beziehungsarbeit und die Arbeit an strukturellen Bedingungen schließen sich nicht aus, sondern stellen in der Sozialen Arbeit eine aufeinander bezogene Klammer dar. Dabei kann die Ausrichtung mehr stärker auf der einen oder der anderen Seite liegen. Wird dieses Paradigma verlassen - Modeerscheinungen, Trends und gesellschaftlicher Wandel haben dies in der Berufsgeschichte mehrfach ausgelöst - entfernt sich Soziale Arbeit von ihrem professionellen Auftrag und ihren ureigensten Möglichkeiten. Die Therapeutisierung der Sozialen Arbeit, die mit der Individualisierung gesellschaftlicher Entwicklung einherging, belegt dies in eindeutiger Weise.

4. Soziale Arbeit - eine Disziplin

In der Wissenschaftstheorie werden vier Organisationselemente genannt, die zu einer Wissenschaftsdisziplin führen. Neben der konkreten *Gegenstandsbestimmung* stehen die *wissenschaftlichen Methoden*, mit denen Erkenntnisse gewonnen werden. Diese unterscheiden sich von den Methoden des beruflichen Handelns, die in der Sozialen Arbeit klassisch Methoden der Sozialen Arbeit (Einzelhilfe, Gruppen- und Gemeinwesenarbeit) genannt, wobei, wie erwähnt, die Begriffe Arbeitsweisen oder Arbeitsformen der Sozialen Arbeit die angemesseneren wären. *Theorien* fassen die über die wissenschaftlichen Methoden erworbenen Erkenntnisse ordnend zu Aussagesystemen zusammen, wobei sich durchaus unterschiedliche Theoriekonzepte einer Wissenschaft zuordnen und ihr Verhältnis zu übergeordneten metatheoretischen Ansätzen klären. *Forschung* bildet den vierten Bereich einer Wissenschaft, wobei unterschiedliche Forschungsverfahren zu benennen sind: die Grundlagenforschung, die angewandte Forschung und die Praxisforschung. Wobei nicht zu übersehen ist, dass die Wertigkeit der Forschungstypen noch unterschiedlich zugunsten der Grundlagenforschung ausfällt. Die Soziale Arbeit und die Wissenschaft Soziale Arbeit haben durch ihren Praxisbezug die angewandte Forschung in ihren Mittelpunkt gestellt. Praxisforschung widmet sich in Abgrenzung zu den anderen beiden Forschungstypen dem unmittelbaren Handeln in der Praxis (vgl. Engelke, S. 30ff).

Klüsche u.a. skizzieren das Wissenschaftsgebäude anders: In der oben erwähnten *Gegenstandsbestimmung* als ein Teil, die *Gegenstandserklärung* in der Theorien und Forschung zum Tragen kommen, der *Gegenstandsbereich* mit den gesellschaftlichen Rahmenbedingungen, Institutionen, Akteure und Adressaten und die *Gegenstandsbearbeitung*, sie beinhaltet Handlungskonzepte, fachliche Standards und Evaluation (vgl. Klüsche, 1999, S. 18).

In den Wissenschaften kommen unterschiedliche wissenschaftliche Methoden zum Tragen, die häufig in einem Methodenstreit gipfeln. In der Ausbildung von Sozialarbeiterinnen wirkt sich dieser Methodenstreit besonders problematisch aus, da nicht nur mehrere Bezugswissenschaften zu belegen, sondern auch deren unterschiedlichen Methoden einzuordnen sind und Studierenden damit jeglichen Zusammenhang verstellen.

So kann Folgendes unterschiedliches Methodenverständnis zum Tragen kommen:

- Die *phänomenologische* Methode, die sich der Sinngebung widmet,

– die *hermeneutische* Methode, die sich dem Verstehen und Deuten von Dokumenten verschreibt,
– die *kritisch-rationale* Methode, die Hypothesen zum Vernunfthandeln bildet,
– die *kritisch-theoretische* Methode, die den Diskurs wählt, um sich emanzipativ von den gesellschaftlichen Verhältnissen distanzieren zu können und
– die *historisch-materialistische* Methode, die von den ökonomischen Gesetzmäßigkeiten als Determinante aus geht.

Auch Theorien zur Sozialen Arbeit wurden aus diesen Methodenverständnissen entwickelt, aber immer auf dem Hintergrund anderer Wissenschaftsbereiche.

Für die Entwicklung der handlungsorientierten Wissenschaft Soziale Arbeit nimmt die *handlungstheoretische Methode* immer mehr Bedeutung ein. „Handlungen weisen mehrfache Deutungsspielräume auf. Der Mensch nimmt seine Handlungen nicht nur wahr, wie einen außerhalb von ihm ablaufenden Prozess, wie eine objektiv feststellbare und intersubjektive nachprüfbare Ereignisfolge, sonder er erlebt sein Handeln auch als von ihm gesetzte, gewollte und zumeist bewusst initiierte zielorientierte Tätigkeit." (Engelke, S. 62)

In diesem Verständnis ergeben sich drei Ebenen der methodischen Betrachtung, die theoretisch- objektgebundene, das praktische Handeln und der Vorgang des Erkennen und Denkens. Die von Lenk (Lenk, 1988) vorgestellte handlungstheoretische Konzeption legt sich nicht auf einen wissenschaftlichen Ansatz fest, sondern das Spezifische besteht für ihn darin, für ein jeweiliges Konzept eine eigene Handlungstheorie zu erarbeiten.

Die Systemtheorie als metatheoretischer Bezugsrahmen für eine Handlungstheorie hebt dagegen diese Beliebigkeit auf und gibt für Deskription und Interpretation Anleitung.

Eine Handlungstheorie hat dabei den Sinn, die Theorie und Praxis wieder zusammen zu führen.

Dieser Aspekt ist für die Soziale Arbeit von besonderer Bedeutung. In der Ausbildung an Fachhochschulen besteht traditionell eine Klammer durch die grundsätzliche Berufsorientierung, die Praktika, durch Praxisprojekte und deren Auswertung. Fragen aus der Praxis können hier unmittelbar aufgegriffen werden und die Praxis ist in der Lage, die gelehrten Theorien zeitnah zu kontrollieren. Diese Ausbildungskonstruktion ist immer wieder der Kritik ausgesetzt, die sich aber weniger an dem strukturellen Geschehen festmacht, sondern an den jeweiligen einzelnen Erfahrungen, der nicht erfolgten Umsetzung in die Praxis oder in Vermittlungsschwierigkeiten. Weitere Schwierigkeiten bestehen darin Forschungen anzusiedeln, die die Wissenschaft Soziale Arbeit vorantreiben und das Theorie-Praxis-Verhältnis verstärkt qualifizieren könnten.

Zu einer Wissenschaft zählt eine Scienty community, in der sich Forschungen, Tagungen und Veröffentlichungen konzentrieren. Unter anderem erfüllen seit etwa zehn Jahren die verstärkten Aktivitäten der Deutschen Gesellschaft für Sozialarbeit, in der sich vorwiegend Fachhochschullehrer versammeln, ein weiteres Kriterium für ein anzuerkennende Wissenschaft. In gleichem Maße die Initiativen des oben erwähnten Fachbereichtages.

Diese Veränderungen zeigen inzwischen Ergebnisse auf, die noch 1993 von Engelke in Frage gestellt wurden (vgl. Engelke, 1993, S. 78 ff.):

– Das Konstrukt Wissenschaft Soziale Arbeit nimmt eindeutige Konturen an und erfüllt die vorgenannten Kriterien.

– Die Gegenstandsbestimmung ist bearbeitet und verdichtet sich.

– Die gesellschaftliche Funktion und Rolle der Sozialen Arbeit wird im internationalen Kontext immer einheitlicher und eindeutiger heraus gearbeitet.
„Soziale Arbeit ist eine Profession, die sozialen Wandel, Problemlösungen in menschlichen Beziehungen sowie die Ermächtigung und Befreiung von Menschen fördert, um ihr Wohlbefinden zu verbessern. Indem sie sich auf Theorien menschlichen Verhaltens sowie sozialer Systeme als Erklärungsbasis stützt, interveniert Soziale Arbeit im Schnittpunkt zwischen Individuum und Umwelt/Gesellschaft. Dabei sind die Prinzipien der Menschenrechte und sozialer Gerechtigkeit für die Soziale Arbeit von fundamentaler Bedeutung." (Staub-Bernasconi, 2001, S. 4)

– Soziale Arbeit stellt nicht nur einen zusammenfassenden Begriff für Sozialarbeit und Sozialpädagogik dar, sondern wird zur eigenständigen Disziplin, sie ist damit nicht mehr eine Subdisziplin der Pädagogik oder Psychologie oder eine lediglich integrierende Instanz.

– Eine Gemeinschaft der Wissenschaftler hat sich gebildet.

Die Universitäten verfügen über ungleich bessere Ressourcen zur Forschung, doch die in aller Regel deutlichere Distanz zur Praxis geben Theoriekonstrukten keine Bodenhaftung, insbesondere von Wissenschaften die keinen direkten Bezug zur Sozialen Arbeit haben. Der Schwerpunkt Sozialpädagogik im universitären Diplompädagogik - Studiengang verengt die Blickrichtung auf erziehungswissenschaftliche Aspekte und kann die Breite der Sozialen Arbeit nicht erfassen. Trotzdem kommen von dort immer wieder Impulse in die Theoriediskussion (hier im positiven Sinne das Beispiel der Lebensweltorientierung von Thiersch). Leider bestehen nur wenige Berührungspunkte zwischen den Hochschultypen, obwohl sie unter Nutzung beiderseitiger Ressourcen dem gesamten Feld sehr dienlich sein könnten.

Theorie und Praxis müssen in der Sozialen Arbeit zusammengeführt werden „Jeder Versuch, die beiden voneinander zu trennen oder sie gar als unversöhnliche Gegensätze darzustellen, ist künstlich." (Engelke, 1993, S. 74)

5. Systemtheorie - ein metatheoretischer Rahmen für die Soziale Arbeit

In der Sozialen Arbeit stehen Wissenschaftler und Praktiker vor einigen Grundfragen:

- Welche Wirklichkeit bestimmt das berufliche Handeln, so wie sie die KlientInnen sehen oder wie sie von Sozialarbeiterinnen analysiert wird oder spielen Erkenntnisse aus einem bestimmten Wissenschaftsbereich eine Rolle, eine Wirklichkeit zu erfassen?
- Aus welchem Verständnis heraus werden Kenntnisse gesammelt?
- Gibt es eine Wahrheit, die zum Beispiel ein soziales Problem unverwechselbar darstellen ließe?
- Welches Wissen wird überhaupt benötigt, um einen Prozess der Hilfe gestalten zu können und welches Wissen wird erzeugt?
- Welchen Einfluss nimmt Soziale Arbeit auf die strukturelle Hilfegestaltung und inwieweit kann sie auf das Handeln des Einzelnen einwirken? Oder anders gefragt wie autonom verhält sich ein Einzelner, eine Familie, eine Gruppe?

Die geschichtliche Rückbindung heutiger systemtheoretischer Diskussionen an ein Paradigma System - Umwelt wurde mehrfach erwähnt. Obwohl sehr unterschiedliche Positionen in der Diskussion zu finden sind, gibt es einige Gemeinsamkeiten. So können die Entwicklung und Lebenslage, die sozialen Probleme und Ressourcen kleinräumiger Systeme - Individuen, Familien, kleine Gruppen - systemtheoretisch analysiert und beschrieben werden. Deren Verhältnis und Interaktion zu den sie umgebenden Systemen und ihre organisatorische Einbindung bildet eine weitere Ebene, wobei Organisationen wie Kindertagesstätte, Jugendhaus, Schule, Altenheim, Nachbarschaft, Milieu selbst wieder als System Ausgangspunkt Sozialer Arbeit werden können. Die Interaktion zwischen Klientsystemen und professionellen Hilfesystemen erhalten eine zusätzliche besondere Bedeutung. Die gesellschaftliche Funktion Sozialer Arbeit auf lokaler, nationaler und internationaler Ebene erweitert das Spektrum der systemischen Betrachtung.

Die anspruchsvolle Theoriediskussion über die Ausrichtungen und handlungstheoretischen Übersetzungen der Systemtheorie sollen hier nicht in Breite wiederholt werden. Um Praxiskonzepte, wie das Case Management, dessen Verbindung zu Aus-, Fort- und Weiterbildung und Wissenschaft abzuleiten, ist es allerdings notwendig, die Grundlinien so nachzuzeichnen, damit Anschlussdiskussionen möglich werden und das Handlungskonzept Case Management theoretisch begründet wird.

Herausgegriffen werden zwei Positionen der Systemtheorie, die sich im Wesentlichen unterscheiden in der Betonung auf die innere Organisation eines Systems und das Verhältnis des Systems zu seiner Umwelt (vgl. Hollstein-Brinkmann, 2000, S. 49).

Was wir nicht sehen, existiert nicht - der radikale Konstruktivismus

Grundaussage dieses theoretischen Konstruktes ist es, dass das Erkennen und Beschreiben eines Zusammenhanges oder Gegenstandes mit der Logik und den Fähigkeiten des Beobachtenden sinnerzeugend wirkt und dann als seine Wirklichkeit beschrieben wird. Eine objektive Wirklichkeit gibt es demnach nicht. Das was erkannt wird, ist eine Konstruktion.

Dieser systemtheoretische Ansatz geht allgemein davon aus, dass Systeme geschlossen sind und Anregungen aus einer Umwelt nur nach ihren Gesetzen, Regeln und Überzeugungen aufnimmt. Geschlossene Systeme in diesem Sinne verändern sich selbstbezüglich oder selbstreferenziell, die Auswirkungen von Veränderung tangieren lediglich ihre interne Beziehung. Die Übernahme von Einflüssen, Informationen aus der Umwelt ist wiederum durch eine innere Struktur begrenzt und erzeugt selbst Grenzen (eine Familie als System entwickelt eine eigene Kommunikationskultur, ausgeübt in verschiedenen Rollen, die die Kontakte z.B. mit Nachbarn beeinflusst).

Diese Geschlossenheit führt zu einer eingrenzenden ausschließenden Wahrnehmung: „Wir sehen nicht, was wir nicht sehen, und was wir nicht sehen, existiert nicht" (Maturana/Varela, zitiert in Heiner, 1995, S. 429).

Die Autonomie eines Systems und seine zirkuläre Selbstorganisation wird in diesem Konzept in dem bedeutungsreichen Begriff der Autopoiesis zusammengefasst (gr. Autos = selbst, poeiin = machen, erzeugen).

Niklas Luhmann geht in diesem Verständnis weiterführend von der Annahme aus, dass Systeme sich lediglich aus Kommunikationsprozessen bilden und aus Kommunikation bestehen. Einzelne Menschen, eine Gruppe von Menschen, stehen zu diesem sozialen Kommunikations-System nur als Umwelt in Beziehung. „Wir behandeln soziale Systeme, nicht psychische Systeme. Wir gehen davon aus, dass die sozialen Systeme nicht aus psychischen Systemen, geschweige denn aus leibhaftigen Menschen bestehen. Demnach gehören die psychischen Systeme zur Umwelt sozialer Systeme" (a.a.O., S. 436).

Systeme sind demnach in dieser Position von außen nicht beeinflussbar. Es kann nicht planvoll in ein System hinein gewirkt werden. Es ist nicht vorhersehbar, wie ein System Informationen und Anregungen aus seiner Umwelt aufnimmt. Systeme haben in diesem Verständnis keine materielle Basis.

Unterschiede erkennen, die einen Unterschied machen - der kritische Konstruktivismus

Das Subjekt (System) schafft sich in einem Austausch und in Auseinandersetzung mit der Umwelt, zusammen mit Anderen, sein Verstehen und seine materielle Basis - diese Position kennzeichnet eine dem zuvor beschriebenen Ansatz gegensätzliche theoretische Auslegung der Systemtheorie.

Eine materielle Welt wird in diesem Ansatz als gegeben gesehen, ohne den Anspruch, diese wirklich abbilden zu können. Allerdings besteht grundsätzlich seitens von Systemen der Versuch „durch sprachliche und andere Symbole, die Welt zu erschließen, sie kommunizierbar und verfügbar zu machen" (a.a.O., S. 431).

Systeme verfolgen inhaltliche Ziele und streben Strukturveränderungen an. Gemeinsamkeiten werden kommunikativ gesucht. Das Suchen von Gemeinsamkeiten mit der sozialen und materiellen Umwelt, kennzeichnet soziale Tätigkeit in ihrem Kern.

Nicht zuletzt bestehen Abhängigkeiten, Machtkonstellationen. „Setzt man dagegen die Existenz einer realen Welt voraus, so können Menschen in dieser realen und materiellen Welt immer nur relativ unabhängig von störenden und beschränkenden Bedingungen leben. Sie sind dabei auf andere Menschen angewiesen und müssen sich auf deren Ziele und Wünsche in einer Weise einlassen, die in der Theorie der Autopoiesis nicht vorgesehen ist." (a.a.O., S. 439)

Die Kritik am radikalen Konstruktivismus aus den vorgenannten Positionen des kritischen Konstruktivismus kann wie folgt zusammengefasst werden und deutet damit gleichzeitig die Relevanz dieser konstruktivistischen Position für die Soziale Arbeit an:

- Im Konzept des radikalen Konstruktivismus sind Prognosen über menschliches Verhalten und gesellschaftliche Entwicklungen nicht möglich.

- Diese Theorie könnte zur Untätigkeit beitragen, eine beliebige Praxis und die Deregulation von Arbeitsprozessen legitimieren.

- Verantwortung zu übernehmen für gezieltes fachliches Handeln ist nicht mehr notwendig.

- Abhängigkeit, Ungleichheit und Macht sind in selbstreferentiellen Systemen nicht gegeben.

- Materielle Lebensgrundlagen und soziale Einflüsse werden nicht berücksichtigt.

6. Semi-Profession Soziale Arbeit

Soziale Arbeit als Disziplin und Profession muss sich einer weiteren behaupteten Beschränkung stellen. Immer wieder wird Soziale Arbeit lediglich als Semi-Profession bezeichnet. Ihre Dienstleistungen im Rahmen staatlicher oder staatlich finanzierter Organisationen seien als eigenständiges Handeln der Profession begrenzt und eingeengt. Kritisiert wird weiter die Allzuständigkeit der Sozialen Arbeit, einhergehend mit einer fehlenden eigenen Beurteilung, welches Problem vorliegt und welche Hilfestellung anzudenken ist. Zuletzt wird unter dem Stichwort Semi-Profession, die Abhängigkeit von anderen Wissensbeständen (Recht, Gesundheit, Soziologie, Psychologie) reklamiert, ohne die die Soziale Arbeit nicht eigenständig vorgehen könne.

Der Systemtheoretiker Merten widerspricht diesen Einwänden:

– Die Autonomie über die Fallkonstellation ergibt sich aus einer sozialpädagogischen Diagnose (im Case Management Analyse und Einschätzung). Anhand dieser Fallbeurteilung werden eigenständig Leistungen (zum Beispiel Hilfen zu Erziehung) ausgewählt und eingesetzt.

– Die linearen Einflussmöglichkeiten von Organisationen kommen nur bedingt zum Tragen. Administrativem Handeln steht sozialpädagogisches Handeln gegenüber, das getrennt davon zu betrachten ist.

– Unterstrichen wird diese Entgegnung durch die Annahme, es handele sich in der Sozialen Arbeit lediglich um eine lose Koppelung der beiden Handlungsstränge (Organisation und Profession), da es sich bei sozialen Organisationen um ‚people-chancing‘ oder ‚people-processing‘ Organisationen handelt.

– Funktionen anderer Professionen werden nicht übernommen. Soziale Arbeit wird auch nicht auf Anordnung dieser tätig. Sie erbringt zum Beispiel keine medizinische oder pflegerische Leistungen. Als Teilsystem wirkt sie in unterschiedlichsten Bereichen autonom und erfüllt damit wie Andere eine gesamtgesellschaftliche Funktion (vgl. Merten, 1997, S. 149 ff.).

7. Methoden

Die seit Mitte der 80er Jahre in der Sozialen Arbeit verstärkt zur Kenntnis genommenen systemtheoretischen Ansätze und davon ableitbaren Handlungstheorien der Sozialen Arbeit bieten -trotz aller diskutierten Unterschiede- den Background für eine Reihe von Konzepten und Arbeitsweisen der Sozialen Arbeit (Systemische Beratung, Mediation, Case Management, Soziales Management, Soziale Netzwerkarbeit) und fordern spezifische berufliche Rollen an wie Berater, Vermittler, Case- oder Sozialmanager,

Netzwerker. Diese Rollen basieren aber auf einem generalisierten oben beschriebenen Grundverständnis und kennzeichnen damit Soziale Arbeit als unverwechselbaren Beruf.

Im Wissenschaftsbereich bedeutet in aller Regel ‚Methode' ein Regelsystem zur Erlangung von wissenschaftlichen Erkenntnissen. In der Sozialen Arbeit verstanden und verstehen wir darunter planbare Arbeitsweisen und produzierten wie erwähnt damit ständig Missverständnisse. Zusätzlich verwirren Begriffe wie Interventionen und Techniken. Insofern müssen wir in der Sozialen Arbeit den Methodenbegriff, auch wenn er berufsgeschichtlich große Bedeutung einnimmt, an die Seite stellen. Handlungstheorien und Arbeitsweisen, in Vorgehensweisen und Techniken in denen Gesprächsführung, Rollenspiele etc. enthalten sind, finden sich in einer Handlungslehre des Faches Soziale Arbeit aufgehoben.

Soll verdeutlicht werden, welche Wirkungen Soziale Arbeit erzielt, also inwieweit das Handeln der Profession, der Kollegen, der Träger, der Finanziers und der KlientInnen transparent gemacht wird, muss ein theoretischer Bezugsrahmen hergestellt werden. Praktiker begründen ihre ablehnende Haltung zu dieser Forderung mit dem Hinweis, Erfolg und Wirkung seien nicht darstellbar. Sie könnten den Prozess ihrer Arbeit verfolgen, in aller Regel aber nicht mehr das Ergebnis. Diese Unfähigkeit kann unter anderem auch im Zusammenhang mit einem ziellosen Vorgehen und mangelnden wissenschaftlichen Instrumenten stehen, wodurch es nicht möglich ist, selbst seine Ergebnisse zu evaluieren. Es ist zu vermuten, dass eine zunehmende Theorieresistenz, die das ‚aus dem Bauch heraus arbeiten' fördert, mit dem zusätzlichen Hinweis versehen ist, die Arbeitsbedingungen lassen anderes nicht zu. Eine theoretische und wissenschaftliche Ergründung von notwendigen Arbeitsmitteln und -strukturen, ließe eine Auseinandersetzung um Ressourcen in den Haushalten qualifizieren. Unschwer ist der jeweilige gegenseitige Bedingungsfaktor für Veränderungen erkennbar. In einer anerkannten Profession reicht es nicht mehr aus, lediglich beobachtete und ausgewertete Erfahrungen als Aussagesystem heranzuziehen. Ein derartiges Vorgehen lässt ein überprüfbares, standardisiertes fachliches Handeln nicht zu, wenngleich im fachlichen Handeln Erfahrungswissen aufgearbeitet einfließen muss. Überprüfbarkeit und Transparenz und damit die Möglichkeit professionelles Handeln reflexiv zu qualifizieren, zeichnet eine anerkannte Profession insbesondere im Dienstleistungsbereich aus.

Soziale Arbeit stützte sich lange Zeit auf Fachwissen vor allem der Psychologie, Pädagogik und Soziologie, deren wissenschaftlichen und theoretische Konzepte und Interventionen. Dadurch wurde verhindert, dass ein eigenständiges Wissensrepertoire erzeugt und fachliches Handeln unverwechselbar zu identifizieren ist und eine sinnvolle Abgrenzung - nicht Abschottung - zu den genannten anderen Fachwissen möglich wird. Metatheoretische und handlungstheoretische Aussagen wurden unsystematisch zusammengefügt zu einem Mix, der leitende Fragestellungen nicht ermöglichte, Interventionen und Techniken zum Spielball von Moden verkommen ließ. Diese zusammengefügten Versatzstücke brachten Widersprüche hervor, die insbesondere KlientInnen zum Nachteil gereichten. Therapeutische Teil-Interventionen wurden in die Beratung der Sozialen Arbeit eingefügt, ohne dass das entsprechende Setting oder gar ein Auftrag vorhanden war. Eher politisch zu verfolgende Ziele im Rahmen der Stadtteil- und Gemeinwesenarbeit überforderten den Hilfeprozess. Die KlientInnen und die Professionellen wurden in ein vorhersehbares Misslingen geführt, das Burn-out und Demotivation im Schlepptau mit sich zog.

Anhand dieser Beispiele wird deutlich, dass für die Soziale Arbeit ein handlungstheoretischer Bezugsrahmen notwendig ist, der der Profession die notwendige Anerkennung, Eigenständigkeit und Aussagekraft verschafft.

8. Systemtheorie - ein handlungstheoretischer Rahmen für die Soziale Arbeit

Am weitesten und aktuellsten entwirft Obrecht auf der Basis des kritischen Konstruktivismus, oder wie er selbst erkennen lässt, eines materiellen Systemismus, einen theoretischen Rahmen für die Soziale Arbeit und einer Wissenschaft Soziale Arbeit.

Ein System weist in dieser Theorie durch die Zusammenhänge seiner Teile Charakteristika aus, die seinen Teilen alleine fehlen (Emergenz). Über interne Verbindungen entstehen *konkrete* Systeme, ebenso durch ihre externe Verbindungen mit der Umwelt.

Von folgenden Hypothesen (eine Auswahl) geht Obrecht aus:

- Die Welt besteht unabhängig von der jeweiligen eigenen Wahrnehmung und aus verschiedenen konkreten Dingen.
- Ein System ist immer zugleich Teil eines Anderen und ist zumindest mit Komponenten mit seiner Umwelt verbunden.
- Es orientiert sich im Aufbau und Verhalten nach Regeln.
- Es gibt weder ganz geschlossene noch ganz offene Systeme. Sie unterscheiden sich im Grad ihrer Offenheit.
- Man unterscheidet verschiedene Arten von konkreten Systemen: soziale Systeme, chemische Systeme, physikalische Systeme.
- Die Komplexität von Systemen muss erfasst werden, um in den Differenzierungen Veränderungsmechanismen zu erkennen.

„Kein Ding entsteht aus nichts und kein Ding verschwindet ohne Spur in andern; Systeme zerfallen in ihre Komponenten und verändern darüber hinaus durch die dabei frei werdende Energie ihre Umgebung, oder sie werden als Komponenten in neue Systeme einbezogen; je komplexer ein System ist, desto zahlreicher sind die Schritte bei dessen Bildung und desto zahlreicher die Wege, auf denen es zusammenbrechen kann." (Obrecht, 1999, S. 7)

Soziale Systeme haben als Teile konkrete Individuen und diese sind nicht ausschließlich nur Rollenträger, nur Handlungen oder nur Kommunikation. „... das menschliche Zusammenleben ist ein Prozess innerhalb sozialer Systeme und soziale Systeme sind konkret." (a.a.O., S. 15)

Wichtig für eine ethisch ausgerichtete Soziale Arbeit ist das zugrunde gelegte Menschenbild. „Menschliche Individuen sind in der Sicht des sozialwissenschaftlichen Systemismus neugierige, aktive, mitgliedschafts- und beziehungsorientierte, lern- und selbstwissensfähige Biosysteme" (a.a.O., S. 20). Ebenso bedeutungsvoll für die Soziale Arbeit ist in diesem Ansatz, dass davon auszugehen ist, Individuen sind Mitglieder von sich überschneidenden Systemen. Eine Jugendliche wie Sabine W. lebt noch im Familiensystem, doch ist sie gleichzeitig Mitglied ihrer Peer Group, bei Sabine überschneiden sich die beiden Systeme.

Soziale und individuelle Probleme, mit denen sich die wissenschaftliche Soziale Arbeit als Gegenstand beschäftigt, entstehen, wenn Bedürfnisse nicht befriedigt werden. Ihre Bewältigung ist überlebensnotwendig und für das Wohlbefinden und die soziale Integration ausschlaggebend. Die Lösung von sozialen Problemen wird beeinflusst von der möglichen Teilhabe an Produktion und Reproduktion (Kultur, Konsum etc.).

Um die Bedeutung der Systemtheorie (Obrecht verwendet durchgehend den Begriff Systemismus) für die Soziale Arbeit herauszustellen, bedarf es Brücken in Form von handlungstheoretischen Abklärungen.

Theorie, also hier die Systemtheorie, die in einer Disziplin, hier die Soziale Arbeit, verankert ist, ermöglicht es, Interventionswissen für berufliche Verfahren zu entwickeln (Gegenstandsbearbeitung). Diese Verfahren weisen dann keine Bruchlinien auf, die ansonsten entstehen, wenn Interventionswissen, häufig therapeutische Verfahren, aus einer anderen Disziplin übernommen werden oder zumindest nicht theoretisch geklärt wird, ob sie in das Handeln von Sozialarbeiterinnen und ihren professionellen Bedingungen passen. Die disziplinäre Theorie der Sozialen Arbeit ist daher nicht nur Ausgangspunkt und sozialer Klärungshintergrund für nachvollziehbares und überprüfbares Handeln, sondern notwendig für die integrative Einbeziehung anderer Wissensbestände. Die Systemtheorie als Metatheorie hat darüber hinaus die Funktion, einzelne systemische Handlungstheorien zusammenzuführen und ein gegenseitiges Verständnis zu produzieren.

Nach Obrecht wurden drei Modelle von Handlungswissen innerhalb der Systemtheorie für die Soziale Arbeit entwickelt.

- Psychologische und biologische Erkenntnisse führen über entsprechendes theoretisches Wissen zu einem sozialarbeiterischen Handlungswissen und zu einer allgemeinen Handlungstheorie Soziale Arbeit.
- Die prozessual-systemische Denkfigur (siehe Kap. IV) vereint diese Erkenntnisse in einer Struktur und Handlungsdimension.
- Beides sind Konstruktionselemente für spezielle Handlungstheorien und wirken als Erklärungswissen. Weitere Elemente sind Beschreibungswissen, das Wissen über Probleme, Wertewissen, um Ziele zu formulieren und Verfahrenswissen, um intervenieren zu können (vgl. Staub-Bernasconi, 1998, S 11).

Zusammengefasst bilden sich folgende Strukturen und Funktionen einer systemischen Sozialen Arbeit nach Obrecht ab (vgl. Obrecht, 1999, S. 39 ff.):

- Bei KlientInnen, die Bedürfnisse nicht mehr befriedigen können, ihre Situation nicht mehr alleine verbessern können, die die Kontrolle über diese Situationen verloren haben und marginalisiert werden, sollen über wirksame Interventionen interne und externe Ressourcen wiedererlangen. Kontrollierende Tätigkeiten können erforderlich werden. Die Würde der KlientInnen - Bedürfnis nach Autonomie und sozialer Anerkennung - steht über diesen Interventionen. Soziale Arbeit löst soziale und individuelle Probleme im Spannungsfeld zwischen den Bedürfnissen der KlientInnen und den Möglichkeiten der sozialen Institutionen (Gegenstandsbereich).
- Im Doppelcharakter der Sozialen Arbeit - Hilfe und Kontrolle - besteht ein Machtgefälle zwischen Sozialarbeiterinnen und KlientInnen. Diese Macht zu begrenzen und weitest mögliche Teilhabe anzustreben, ist nicht nur ethisch geboten, sondern wirkt sich auf die Effektivität und Effizienz sozialer Dienstleistungen aus.
- Die „Profession ist ein soziales System ..., dessen Mitglieder ... praktische Probleme auf der Grundlage von Interventionsregeln lösen ..., die ihrerseits auf der Grundlage von wissenschaftlichen Theorien ... entwickelt worden sind" (a.a.O., S. 42).
- „Makroorientierte Soziale Arbeit versucht, die Struktur von Systemen ... mit dem Ziel einer verbesserten Bedürfnisbefriedigung von Individuen zu ändern, mikroorientierte Soziale Arbeit interveniert mit dem selben Ziel bei Individuen und verändert, im Fall, in dem sie erfolgreich ist, ebenfalls die Struktur, wenn auch nur punktuell" (a.a.O., S. 42).
- Ohne eine systemische Theorie Sozialer Arbeit wird Soziale Arbeit wie bisher von anderen Disziplinen kolonialisiert, von methodischen Moden überrollt, denunziert von selbst ernannten Leitdisziplinen.
- Die Wissenschaft Soziale Arbeit entwickelt eine Theorie sozialer und individueller Probleme, Methoden zur Verhinderung, Lösung dieser Probleme und Interventionen im Mikro-, Meso- und Makrobereich.

Abgeleitet aus dieser allgemeinen systemtheoretischen Struktur und Funktion einer Disziplin der Sozialen Arbeit können spezifische Handlungskonzepte entwickelt und begründet werden, die sich gleichzeitig an einem gemeinsamen handlungstheoretischen Rahmen ausrichten

9. Handlungstheoretischer Rahmen für das Case Management

Die systemischen Konzepte der Sozialen Arbeit zeichnen sich durch das Grundverständnis aus, neben den planbaren Arbeitsweisen -ausgedrückt in Phasen oder Bausteinen-, die Ressourcen/Stärken von Menschen, Gruppen, Organisationen und des (sozioökologischen) Umfeldes in den Vordergrund professionellen Handelns zu rücken. Das Konzept Empowerment greift den ressourcenorientierten Gedanken in zwingender Konsequenz auf. Alice Salomon sprach bereits von den Kräften der Menschen und ein alter Grundsatz der Sozialen Arbeit war ‚mit den Stärken der Klienten' zu arbeiten.

Trotzdem richtete sich die Soziale Arbeit in aller Regel, zum Teil auch gezwungen durch Gesetzesvorgaben (z.B. erzieherischer Bedarf nach dem KJHG), an den Defiziten einer Fallsituation aus. Ein Umdenken in Richtung Ressourcenorientierung, auch als ethisches Prinzip, erfordert in Theorie und Praxis völlig neue Zielformulierungen und Herangehensweisen.

Die professionelle Expertenmacht einzuschränken, aber zu nutzen, Partizipation zu ermöglichen und überprüfbare Ergebnisse auszuweisen, als weitere Grundprinzipien systemischer Arbeit, fallen, zunächst einmal widersprüchlich erscheinend, in die heutige Zeit der Ökonomisierung der Sozialen Arbeit. Effektivität und Effizienz, identische Schlagworte im Neuen Steuerungsmodell, einzuhalten, gebietet sich allein aus Verantwortung dem Klientel gegenüber. Nämlich nur so lange wie unbedingt nötig in deren Lebenswelt einzugreifen und sie so schnell wie möglich selbst handlungsfähig zu machen. Dem standen und stehen der Fürsorge- und Helfergedanke, die politische Bevormundung, therapeutische Settings und, wie es sich immer noch deutlich zeigt, Träger- und Professionsinteressen entgegen. KlientInnen in der eigenen Hilfestellung oder Einrichtung so lange wie möglich zu halten, nicht zu geeigneteren Hilfen zu vermitteln, stand und steht nicht obenan in der Landschaft der Sozialen Arbeit. Die unbegründete Angst Arbeitsplätze zu verlieren oder Aufgaben und Konzept eines Trägers aufzugeben, blockieren nach wie vor Überlegungen, Soziale Arbeit vorrangig auf die KlientInnen und deren Interessen und Bedürfnisse abzustellen. Wenn allerdings Soziale Arbeit sich eindeutig im Dienstleistungsbereich positioniert und ihren Auftrag professionell ausrichtet, wird es ihr in unseren gesellschaftlichen Verhältnissen nicht an Aufgaben und Arbeit mangeln. Sie muss aber alles tun, um ihre qualifizierte Arbeit Schritt für Schritt in den vorbeugenden Bereich oder letztlich in die gelingende Lebenswelt der KlientInnen hineinzutragen.

Hier hinken Theorie und Praxis in Deutschland den angloamerikanischen und einigen europäischen Ländern hinterher.

Das Case Management wurde in Deutschland von Wendt als ein sozioökologisches Konzept eingeführt (Wendt, 1991). Der Schwerpunkt liegt hier auf der Analyse der Wechselwirkungen und der Strukturen sozialer Bereiche und Organisationen, dem Nutzbarmachen dieser Erkenntnis für die KlientInnen über eine Vernetzung sozialer Dienstleistungen. Die Interventionen beziehen sich im Wesentlichen in der unterstützenden Funktion und in der Herausbildung von qualifizierten Dienstleistungen im Rahmen eines entsprechenden Managements.

Die systemische Familientherapie stellt einen anderen Ausgangspunkt systemischen Vorgehens in der Sozialen Arbeit dar. Im Mittelpunkt steht hier die Kommunikation und die kommunikativen Prozesse von Individuen, Familien und Gruppen. Mit systemischen Kommunikationstechniken wie das systemische Fragen wird versucht, destruktive Situationen in kommunikative umzuwandeln.

Mit dem dritten Ansatz, dem prozessual-systemischen Modell, verknüpft Staub-Bernasconi beide Stränge, den eher strukturellen und den eher auf individuelles Geschehen ausgerichteten (Staub-Bernasconi, 1986 und 1998).

10. Fachliche Standards im Rahmen systemischer Handlungskonzepte

Die Systemtheorie bietet, wie im Case Management dargestellt, die Möglichkeit, unter bestimmten Gesichtspunkten die unterschiedlichen Aufgaben und Funktionen der Sozialen Arbeit zu vereinheitlichen, gleichzeitig variabel spezifische Anforderungen einzuordnen.

Die *Analyse und Einschätzung* von sozialen und individuellen Problemen erfolgt offen. Im System liegende und im Umfeld liegende werden grundsätzlich erfasst und in Beziehung zu einander gesetzt. Damit wird verhindert, dass nicht nur ein Problem linear, eindimensional betrachtet wird, sondern Interventionen werden darauf abgestellt und ausgewählt, das heißt Arbeitsweisen Sozialer Arbeit richten sich nach den Anforderungen des einzelnen Problems und nicht nach feststehenden fachlichen Ausrichtungen. Im Gegensatz zu einer fachlichen Diagnose wird im systemischen Konzept die Einschätzung der KlientInnen und anderer Beteiligten aktiv mit einbezogen, die keine professionelle Diagnose abgeben können. Gerade therapeutische Konzepte und Interventionen bevorzugen oft ausschließlich ihre eigenen Kriterien und Deutungen und berücksichtigen wenig andere Erkenntnisse. Wie im Falle Sabine W. aufgezeigt, kommt es daher in Fallkonstellationen zu fachbornierten Diagnosen und Interventionen, die letztlich zu Blockaden führen, eine Fallbearbeitung verlängern und Fehlentwicklungen begünstigen. Die verbreitete Haltung, sich nicht in die fachliche Karten gucken zu lassen, geht einem falsch verstandenen Diagnostikverständnis voraus.

Interventionen der Sozialen Arbeit werden unter systemischen Prämissen so angelegt, dass sie die Veränderungsresistenz durchbrechen. Potentiale im System und seiner Umwelt werden aufgezeigt, ohne sie gleichzeitig voreilig und zweckgebunden einzusetzen. Die Autonomie und Selbsthilfepotentiale bleiben so erhalten. Die Beteiligten erhalten damit die Möglichkeit selbst zu reflektieren, zu sich selbst in Distanz zu gehen - sich aus der Vogelperspektive zu betrachten. Die Energie von Widerständen wird positiv umgelenkt (siehe Kap. VII - Kompetenzdialog) und der Focus wird auf die Zukunft gelenkt.

„Systemisch denken heißt in Beziehungen denken." (Heiner, 1995, S. 533) Wobei Beziehungen nicht nur personal sondern auch strukturell zu sehen sind, diese sich aber in Personen manifestieren. Insbesondere legt die Systemtheorie den Schwerpunkt auf Wechselbeziehungen ausgedrückt in Kommunikationsstrukturen. Damit erweitern sich Erklärungspotentiale und Vorgehensweisen.

Der immer wieder zu findende Zusammenhang von System und Umwelt weist auf das prozesshafte Geschehen hin. In diesem Kontext hängt es davon ab, ob die Akteure so ausgestattet sind, dass sie Belastungen, soziale und individuelle Probleme erkennen und bewältigen können oder aber, ob sie hier Unterstützung benötigen. Die erwähnten Wechselbeziehungen sind abhängig von einem gleichgewichtigen Austausch. Ausstattungs- und Austauschprobleme (Staub-Bernasconi, 1998, S. 15 ff.) kennzeichnen neben Macht- und Normenprobleme soziale Probleme wesentlich. Wobei zu beachten ist, dass einzelne Menschen und Gruppen Fähigkeiten besitzen, bestimmte Probleme mit ihren eigenen Ressourcen zu bewältigen, aber in anderen Problemstellungen erweisen sich diese Ressourcen als nicht ausreichend. „Eine solche Betrachtungsweise entspricht dem Bemühen der Sozialen Arbeit, von personenbezogenen Defizitbeschreibungen zu situations-, bedingungs- und beziehungsorientierten Kräftefeldanalysen zu gelangen." (Heiner, 1995, S. 534)

Allerdings sind hier Analyse und Intervention getrennt zu betrachten. Soziale Systeme handeln nicht, Institutionen ebenso wenig. Es sind immer Individuen, die die Akteure darstellen und insofern richtet sich systemisches Vorgehen darauf, Individuen zu befähigen in Systemen und ihren Umwelten selbstbestimmt handlungsfähig zu werden, aber gleichzeitig ihre Handlungen innerhalb von Situationen und gesellschaftlichen Mitgliedschaften zu betrachten und einzuordnen. Eine defizitäre Situation kann nur durch menschliches Handeln, sei es nun von Einzelnen oder Gruppen, geschaffen und verändert werden.

Der *Funktion eines Problems* wird in systemischen Konzepten größere Bedeutung zugeschrieben. Während im radikalen Konstruktivismus Handlungen des Systems immer funktional sind, werden in anderen systemischen Richtungen auch dysfunktionale Erscheinungen analysiert. Abgesehen von der normativen Bedeutung eines problembehafteten Verhaltens, die in der Sozialen Arbeit besonders beachtet werden muss, wird im systemischen Konzept gefragt, inwieweit ein Problem zur Entstehung und Erhaltung einer Situation genutzt wird. Es wird davon ausgegangen, dass ein Verhalten so lange beibehalten wird, wie es zum Erhalt des Systems notwendig ist. In diesem Sinne kann ein problematisches Verhalten auch positiv gewertet werden. Die in der Mediation vertretene Ansicht, dass Konflikte notwendig sind, Situationen offen zu legen und ein Kräftefeld darstellen, geht auf diese Grundannahme zurück. Im Hilfeprozess wird es daher von großer Bedeutung sein, herauszufinden, welche Interessen zugrunde liegen, die Menschen hindern Veränderungen einzugehen. Die Systemtheorie legt der Fachkraft also nahe, sich vor jeder Interventionsphase noch einmal zu fragen, wer was als ‚Problem' ansieht, wer daran direkt oder indirekt beteiligt ist und was die Funktion eines Problems für welche sozialen Systeme ist.

Ein weiterer für das Case Management wichtiger Gesichtspunkt ergibt sich aus der systemtheoretischen Sicht. Zur Lösung eines Problems muss das Klientsystem herangezogen werden, da es immer den Ausgangspunkt für das sozialarbeiterische Handeln darstellt. Möglicherweise geht es aber in einer Problemsituation darum, das Helfersystem so zu beeinflussen, dass das Klientsystem Hilfe findet oder im besten Falle selbst die Angebote nutzen kann. Auch im Klientsystem, am besten vergleichbar mit einer Familie, muss zuerst geklärt werden, mit wem gearbeitet werden kann und inwieweit später Andere mit einzubeziehen sind. Es reicht also im Case Management nicht aus, lediglich an geeignete Einrichtungen zu überweisen, sondern diese Einrichtungen müssen eventuell ihre Angebote so formulieren und ausrichten, dass eine Überweisung erst Sinn macht. Diesen Prozess steuert ein Case Manager. Gleichzeitig drückt sich in diesen verschiedenen Funktionen aus, dass im Laufe eines Hilfeprozesses die Funktionen der Sozialen Arbeit sich ändern. Immer mehr schälen sich die Aufgaben heraus, innerhalb von Systemen und zwischen ihnen und ihrer Umwelt zu vermitteln, sei es in Konflikten oder im Aushandeln bestimmter Leistungen. Vor der Koordination von Dienstleistungen könnte es notwendig werden, bestimmte Dienstleistungen erst zu initiieren. Ohne auf Case Management einzugehen beschreibt Heiner eine zentrale Aufgabe der Sozialen Arbeit: „Sie plant Hilfeprozesse und sie organisiert, koordiniert und kontrolliert die Leistungserbringung. Sie klärt, welche Hilfe der Klientin angeboten werden könnten, wie sie genutzt wurden und wie sie gewirkt haben ... Sie inszeniert Gelegenheiten, gestaltet Kontexte und schafft Akzeptanz." (Heiner, 1995, S. 539

und 540) Hier wird deutlich, dass Case Management, das diese Aufgaben in seinem Konzept aufführt, zu einer zentralen Aufgabenstellung der Sozialen Arbeit zählen wird.

Zusammenfassung und Kritik

Soziale Arbeit befindet sich in einem Prozess der wachsenden Verwissenschaftlichung. Im Vergleich zu anderen Wissenschaftsbereichen kann sie allerdings sehr wohl den Anspruch erheben bereits jetzt im Praxis-, Theorie-, Ausbildungs- und Forschungsbereich eigenständig zu agieren.

Der Praxis muss ein partizipativer Umstellungsprozess auf nachvollziehbare Prinzipien, Konzepte und Arbeitsweisen, die Effektivität und Effizienz aufweisen, ermöglicht werden.

Die Systemtheorie bietet für die Disziplin und die Profession Soziale Arbeit einen Bezugsrahmen, der von Metatheorie bis zu Alltagspraxis reicht und gerade die für die Soziale Arbeit notwendigen Handlungskonzepte wie Case Management, Beratung, Mediation, Soziale Netzwerkarbeit professionsspezifisch herausbildet.

Die Systemtheorie bietet mit ihrem Grundverständnis den Boden für einen reflexiven Hilfeprozess, in dem zukünftige Veränderungen im Vordergrund stehen, sei es im eigentlichen Klientsystem, sei es in der ihn umgebenden Umwelt oder im Helfersystem selbst.

Da das Ziel die Wiedererlangung oder Festigung der Autonomie vorrangig ist, bietet die Systemtheorie am besten Gewähr, den alten Grundsatz der Sozialen Arbeit ‚Hilfe zur Selbsthilfe' offensiv anzustreben. Inwieweit Hilfeprozesse planbar sind ist in der systemtheoretischen Auseinandersetzung umstritten. Doch in der Sozialen Arbeit kann vor allem aufgrund berufsethischer Grundsätze eine Beliebigkeit nicht akzeptiert werden. Die Komplexität von individuellen und gesellschaftlichen Verhältnissen, mit denen sich Soziale Arbeit auseinandersetzen muss, gebietet es sich Ziele zu setzen.

„Die Frage nach der *Gerechtigkeit* aufgeben hieße, die Sozialarbeit aufzugeben." (Pfeifer-Schaupp, 1995, S. 104) So offen das Gerechtigkeitsprinzip formuliert sein muss, so wenig kann Soziale Arbeit in ihren Hilfeprozessen dieses Ziel aus den Augen verlieren. Was gerecht ist kann in einem Familienkonflikt ausgehandelt werden. Vermittlungsergebnisse und Dienstleistungen können von den Betroffenen danach beurteilt werden, Ressourcen daran überprüft, eingefordert und geplant werden.

Verantwortung in einem Hilfeprozess zu übernehmen, greift ebenfalls in die systemtheoretische Diskussion ein. Im Gegensatz zu vielen therapeutischen Situationen muss in der Sozialen Arbeit, in der Krisenintervention schnell, abgewägt werden, ob ein Mensch, ein Klientsystem sich selbst oder Anderen schadet. Und inwieweit dann eingegriffen werden muss, zum Schutze der KlientInnen selbst, stellt eine der schwierigsten Handlungen der Sozialen Arbeit dar und widerspricht der konstruktivistischen Autopoiesis. Der Eingriffshandlung hat im systemischen Verständnis allerdings die sofortige Wiederbemächtigung zu folgen und nicht die Stabilisierung der Abhängigkeit.

Der radikale Konstruktivismus blendet die aktive politische Beteiligung von Sozialarbeiterinnen aus, die mit Stellvertreterhandlungen teilweise in die Autonomie von KlientInnen eingreift. Ein Verzicht darauf unterstützt und verfestigt die politische Randstellung der Sozialen Arbeit in der Gesellschafts- und Sozialpolitik. „Im realen gesellschaftlichen Leben wird doch sehr kräftig auch direkt interveniert, dass und oft ganz ohne Anspruch auf ein ‚Verstehen' der Gegenposition - Macht ausgeübt wird, dass Konflikte auch durchaus mit illegitimen Mitteln ausgetragen werden, dass die Reflexion durchaus instrumentell eingesetzt werden kann und keineswegs immer zum Handlungsverzicht führt, dass es unumgänglich ist, Handlungsakte zu koordinieren und Kooperation gelegentlich auch zu erzwingen." (Bühl, zitiert in Pfeifer- Schaupp, 1995, S. 134)

Weiterführende Literatur

Engelke, Ernst: Soziale Arbeit als Wissenschaft. Eine Orientierung, Lambertus, Freiburg, 1993, 2. Aufl.

Heiner, Maja: Nutzen und Grenzen systemtheoretischer Modelle für eine Theorie professionellen Handelns, Teil I und II, in: neue praxis, Heft 5/95 und 6/95

Heiner, M./Meinhold, M/Spiegel, H. von/Staub-Bernasconi, S: Methodisches Handeln in der Sozialen Arbeit, Lambertus, Freiburg, 1998, 4. Aufl.

Merten/Sommerfeld/Koditek (Hrsg.): Sozialarbeitswissenschaft - Kontroversen und Perspektiven, Luchterhand, 1996

Obrecht, Werner: Ontologischer, sozialwissenschaftlicher und sozialarbeitswissenschaftlicher Systemismus, in: Symposium „Systemtheorie Sozialer Arbeit, Hänsenberg u.Langnau, 1999

Klüsche, Wilhelm (Hrsg.): Ein Stück weitergedacht ... Beiträge zur Theorie- und Wissenschaftsentwicklung der Sozialen Arbeit, Lambertus, Freiburg, 1999

IX. Ausblick auf strukturiertes, zielorientiertes und planbares Handeln in der Sozialen Arbeit

Ob ein Autor selbst die Antwort geben kann, inwieweit sein formuliertes Konzept etwas Neues bringt, sei dahin gestellt. Case Management fängt erst an, sich in Deutschland zu etablieren. Die gesamte Soziale Arbeit befindet sich wieder einmal in einer Umbruchphase. Das ist zu mindestens für sie nicht neu und es liegt in ihrem Gegenstand begründet. Gesellschaftlich wie professionell erkannte und relevante Problemlagen müssen immer wieder neu definiert werden. Der Trend, staatlich/kommunale Dienstleistungen auf freie Träger zu verlagern, gebietet allein das Subsidiaritätsprinzip und ist nicht nur eine ökonomische Frage. Die Individualisierung der Gesellschaft und der Versuch als Reaktion auf deren Auswirkungen wieder mehr Gemeinsinn, Verantwortung für Andere einzufordern entspricht ebenso berufsethischen Prinzipien der Sozialen Arbeit. Markt und Ehrenamtlichkeit in der Sozialen Arbeit bedeuten keinen Angriff auf professionelle qualifizierte Dienstleistungen. Werden allerdings, insbesondere von konservativen Sozialpolitikern, soziale Problemlagen in ausschließlich individuell zu verantwortende umdefiniert, werden Haushaltsrestriktionen und - verschiebungen benützt, notwendige und sinnvolle sozialen Dienstleistungen zu kappen, sind die Soziale Arbeit und die in ihr Tätigen aufgefordert, im Sinne einer von Silvia Staub-Bernasconi definierten Menschenrechtsprofession sich offensiv und öffentlich als Anwalt ihrer KlientInnen zu äußern.

Case Management nimmt in diesem Kontext eine gewichtige Rolle ein und eine fallorientierte Soziale Arbeit nach diesem Konzept kann das gesamte Geschehen erheblich verändern, da von dieser Arbeit Erkenntnisse anfallen, die in der Sozial- und Jugendhilfe dringend benötigt werden.

Als Resümee und Ausblick werden abschließend mögliche Auswirkungen auf die verschiedenen Ebenen der Sozialen Arbeit und angrenzenden Bereichen aufgezeigt.

KlientInnen

Gelingt es über ein qualifiziertes Case Management die belasteten Situationen von KlientInnen so zu bearbeiten, dass in einer von ihnen überschaubaren Zeit sich positive Veränderungen einstellen, erhöht sich ihre Chance, in einer wiederkehrenden Situation, Gelerntes und Eigenkräfte einzusetzen und weniger oder keine professionelle Hilfe mehr zu benötigen. Dies gewährleistet Case Management dadurch, dass im Hilfeprozess die Beteiligung der KlientInnen mit all ihren Folgen, im Vordergrund steht. Die Erfolge werden konsequent nicht nur am Ende dokumentiert und evaluiert. Bereits während der Hilfe kann auf erste, auch kleine positive Veränderungen reagiert und dies im Sinne von Empowerment umgemünzt werden in eigenverantwortliches Handeln im Lebensalltag der KlientInnen. Andererseits können sich KlientInnen darauf verlassen, dass eine verantwortliche Fachkraft für sie zur Verfügung steht und ihnen in ihrem Veränderungsprozess Sicherheit gibt, Neues ausprobieren zu können, in wieder auftauchenden Schwierigkeiten und Krisen einen Rückhalt zu haben. KlientInnen werden in der Sozialen Arbeit viel zu häufig von einer Maßnahme in die andere verschoben, ohne dass ihnen der Vorgang transparent gemacht wird. Sie müssen sich mit wechselnden Bezugspersonen auseinandersetzen und ihre Ausgangssituation zum wiederholten Male schildern, die sie in die Abhängigkeit einer Unterstützung gebracht hat. Ein stigmatisierender Vorgang, der durch Case Management vermeidbar ist. Der Case Manager übt über den Verlauf des Hilfeprozesses Kontrolle aus. Er spricht seine KlientInnen auch auf Abweichungen von getroffenen Vereinbarungen an. Nur so können KlientInnen ihre eigene Verantwortung erkennen und aufgreifen und nur so können sie überhöhte Anforderungen, die sich an sie richten, korrigieren. Diesen ehrlichen Umgang begreifen selbst Kinder. So bewegt sich Case Management für die KlientInnen zwischen einem an sie gerichteten Anspruch auf Übernahme von eigener Verantwortung und dem gerechten Zugriff auf Ressourcen auf Seiten der sozialen Dienstleistungen. Case Management stellt mehr Verteilungsgerechtigkeit her. Ein für die Zukunft, in der es im sozialen Bereich eher weniger zu verteilen gibt, nicht hoch genug einzuschätzender Vorgang.

Personen im Umfeld

Die Soziale Netzwerkarbeit des Case Managers verfolgt den Zweck, für eine Problemsituation Ressourcen zu aktivieren, die für die KlientInnen oder ein Klientsystem unterstützend wirken. Weniger wird in diesem Zusammenhang thematisiert, dass Unterstützer selbst von ihrem Engagement und ihren Initiativen profitieren. Die Lehrerin von Sabine W. zum Beispiel, kann ihren Bildungsauftrag besser und befriedigender erfüllen. Gelingt es ihr, Sabine in die Schule zu integrieren, unter Umständen sogar mit Hilfe der Klassengemeinschaft, können sich aus diesem Prozess Erkenntnisse für die Schule, die Lehrerschaft und die Mitschüler ergeben, die sich auf andere Situationen übertragen lassen. Ohne die Netzwerkarbeit und die Wirkung der anderer Hilfestellungen wird die Lehrerin in dieser Situation überfordert sein. Erreicht ein Case Manager, dass ein Kontakt zu einer früheren Freundin von Sabine hergestellt wird, kann diese für sich die bleibende Kraft einer Freundschaft erleben und zusätzlich in einen professionellen Hilfeprozess Einblick bekommen. Frank Nestmann nennt dies die Qualifizierung zur Netzwerkarbeit. Im weitesten Sinne werden hier die Grundgedanken des Kommunitarismus oder der Membershiptheorie in einen Lebensalltag gelegt und konkret erfahrbar gemacht.

Case Manager - Sozialarbeiterinnen

Langjährige Arbeit in mehrfach belasteten Fallsituationen bedarf der Supervision und der kollegialen Beratung (Intervision). Ein Standard, den die Kollegen in der Praxis häufig vermissen, andere allerdings auch nicht engagiert einfordern. Erkenntnisse aus der Supervision deuten daraufhin, dass nicht allein die Fallsituationen Fragen und Schwierigkeiten auslösen, sondern in gleichem Maße unstrukturiertes Handeln, in dem der rote Faden nicht gesehen wird. Zusätzlich erschwert wird diese Arbeitssituation durch oberflächliche Konzepte und zu gering ausgeprägte methodische Kompetenzen. Case Management kann eine Fallarbeit selbst durch seine einzelnen Teile qualifizieren. Dokumentiert eine fallzuständige Fachkraft ihre Arbeit, ermöglicht sie für sich selbst eine Reflexion, die ihr Aufschlüsse über ihr eigenes Handeln und den sie umgebenden Kontext gibt. Aus dieser Reflexion lassen sich Konsequenzen ziehen. Arbeitet eine Sozialarbeiterin konsequent mit Zielvorgaben, kann sie den Erfolg ihrer Arbeit messen. Allein diese beiden Aspekte deuten darauf hin, dass im Case Management Chancen verankert sind, ein befriedigenderes berufliches Handeln zu erreichen. Das gesamte Konzept im jeweiligen Arbeitsbereich durchzusetzen, kann nicht allein die Aufgabe einer Sozialarbeiterin sein, dazu benötigt sie eine Rahmenstruktur. Eine Sozialarbeiterin, die die Vorteile von Case Management erkennt, wird auf Veränderungen in ihrem Arbeitsfeld drängen und auf eine entsprechende Strukturveränderung Einfluss nehmen.

Träger sozialer Dienstleistungen

Soziale Dienstleistungen differenzieren sich immer stärker. Der Versuch multikomplexe Problemsituationen in einzelne und damit überschaubare Bereiche aufzuteilen, spezifische Fachkompetenz einzusetzen und den Erfolg besser messen zu können, kann seit längerer Zeit beobachtet werden. Träger sozialer Dienstleistungen spezialisieren sich auf einzelne Fachgebiete und professionalisieren ihr Angebot, oft in der Erwartung, sich damit am ‚sozialen Markt‘ behaupten zu können. KlientInnen und Klientsysteme profitieren nicht immer von dieser Entwicklung. Sie werden von einem Spezialdienst zum anderen verwiesen oder im besten Fall vermittelt. Die dort erfolgte Hilfestellung reicht oft nicht aus, so dass weitere Hilfeleistungen eingesetzt werden. In der Jugendhilfe spricht man bei Jugendlichen von dem Durchlaufen der Kette der Hilfen zur Erziehung - von ambulant, teilstationär bis stationär - und in jeder Station geht ein Potential von Eigenkräften verloren. Die einzelne Maßnahme muss nicht in der Kritik stehen, sondern das bereits zu Beginn fehlende qualifizierte Assessment, mit dem Weichen gestellt werden. Im weiteren Verlauf spielen fallunabhängige Faktoren eine nicht unbedeutende Rolle. Das Eigeninteresse eines Trägers seine Einrichtungen und Maßnahmen ausgelastet zu haben, verstellt den Blick auf erfolgreiche Veränderungen bei den KlientInnen und richtet ihn mehr auf die vorhandene Konkurrenz der Träger untereinander. Fehlende selbstkritische Einschätzungen in Bezug auf die Wirksamkeit der eigenen Maßnahme verhindert ein rechtzeitiges Vermitteln in andere Dienstleistungen. Hochspezialisierte Angebote nehmen in aller Regel keinen Bezug zum Umfeld eines Klientels und beziehen Soziale Netzwerkarbeit nicht ein. Meist fehlt dazu das geeignete Finanzierungssystem, das Fachleistungsstunden für diese Netzwerktätigkeiten ausdrücklich ausweist. Spezifische Kompetenzen der Mitarbeiter bergen die Gefahr in sich, eine Problemsituation auf diese Kompetenz hin zu verengen.

Andererseits werden spezifische Fachkompetenzen, Arbeitsformen und Konzepte benötigt, um einzelne Aspekte einer Fallsituation professionell bearbeiten zu können. Sie im notwendigen und im fallbezogenen richtigen Sinn einzusetzen ist originäre Aufgabe des Case Managers.

Aus dieser Analyse ist zu erkennen, dass die Umsetzung von Case Management durch Eigeninteressen eines Trägers erheblich behindert werden kann und dort der größte zukünftige Veränderungsbedarf liegt. Träger von sozialen Dienstleistungen werden sich zukünftig zwei Anforderungen zu stellen haben. Können sie die Wirksamkeit ihrer einzelnen Maßnahme im Kontext der Fallkonstellation verdeutlichen, wird ihnen ihre spezialisierte fachliche Kompetenz nicht streitig gemacht. Die Wirksamkeit ist aber in hohem Maße von anderen Hilfeleistungen abhängig und muss in Relation zu diesen gesetzt werden. Die Mittelvergabe für soziale Dienstleistungen wird immer stärker von diesen Gesetzmäßigkeiten geprägt sein. KlientInnen werden in diesem Kreislauf von spezialisierten Maßnahmen nicht zufrieden gestellt und reagieren entsprechend. Widerstand, Abbruch von Maßnahmen, Symptomverstärkung, bis hin zur Mitnahme anderer in den Problemkreis kennzeichnet viele Arbeitsbereiche der Sozialen Arbeit.

Die Notwendigkeit von Case Management wird daher immer mehr erkannt. Die Nachfrage nach Konzepten, Fort- und Weiterbildungen steigt in dem Maße, in dem die oben genannten Erscheinungen transparent (Evaluationen, Tätigkeitsnachweise, Ziel- und Leistungsbeschreibungen) werden. Eine ähnliche Diskussion findet im ärztlichen Versorgungssystem in Bezug auf eine neue Rolle und Funktion des Allgemeinarztes (im Sinne von Case Management) statt.

In Ämtern und ihren sozialen Diensten (Jugendamt, Sozialamt, Gesundheitsamt, Arbeitsamt) bestehen Rahmenbedingungen, die den Einsatz von Case Management erleichtern können. So ist als Beispiel der Allgemeine

Soziale Dienst des Jugendamtes prädestiniert für diese Aufgabe und wird durch das KJHG ausdrücklich dazu aufgefordert. Ähnliches finden wir im Rahmen der Aufgaben nach § 72 BSHG - Überwindung soziale Schwierigkeiten.

Wollen Träger von sozialen Dienstleistungen die Vorteile des Case Managements aufgreifen, müssen sie sich dazu durchringen einen Trägerverbund zu bilden, in dem diese Aufgabenstellung konzeptionell verankert wird. Eine weitgehende Autonomie des Case Managers wird darin zentraler Bestandteil sein müssen. Da soziale Dienstleistungen in Deutschland zu hohem Maße öffentlich finanziert sind, können Maßnahmeträger in die Pflicht genommen werden, Case Management zu akzeptieren und einen Verbund einzugehen, wenn sie weiter an der Fallzuteilung partizipieren wollen. So können sich mehrere Modelle herausschälen:

Organisationseinheiten in den Sozialen Diensten von Ämtern, die nach dem Case Management Konzept arbeiten oder diese Aufgabe wird einem Trägerverbund übertragen.

Ob sich in Deutschland spezielle Dienste für Case Management in freier Trägerschaft bilden in Form von Sozialagenturen oder einzelne Case Manager sich freiberuflich in dieser Funktion anbieten ist abzuwarten. Das Sozial-, Gesundheits- und Jugendhilfesystem in Deutschland unterscheidet sich noch sehr deutlich von den angloamerikanischen Ländern, in denen diese Konstruktionen bereits vorzufinden sind.

Sozialpolitik

Kann eine einzelne Arbeitsform der Sozialen Arbeit sozialpolitische Impulse geben? Findet eine Verschränkung zwischen den Leistungszuwendungen und der Umsetzung in Hilfen statt, kann dies eindeutig mit ja beantwortet werden. Sozialpolitiker in Parlamenten unterschiedlicher Couleur verfolgen einerseits Ziele ihrer jeweiligen Parteizugehörigkeit, sitzen aber in den einzelnen Ressortauseinandersetzungen im Boot der Sozialen Arbeit. Schon allein aus diesem Grund müssten sie interessiert sein an Konzepten, die ihre Mittelvergabe mit den Grundsätzen von Effektivität und Effizienz gewährleisten und über die es gelingt Profil zu gewinnen. Soziale Arbeit führt in der Sozialpolitik eher ein Schattendasein, nur einzelne Haushaltsposten, wie die der Hilfen zur Erziehung in der Jugendhilfe, reizen zum politischen Diskurs.

Case Management ist in der Jugendhilfe, der Sozialhilfe, bei der Wiedereingliederung in den Arbeitsmarkt, der Behinderten- und Altenhilfe, der Drogenhilfe, der Obdachlosenhilfe, der Pflege (siehe auch Kap. III) und anderen einsetzbar. Wird es qualifiziert ausgeführt, profitieren die Bürger in erheblichem Maße von diesem Konzept. Allein diese Gründe müssten ausreichen, Sozialpolitiker für dieses Konzept zu interessieren, ohne dass sie nur auf den Aspekt der finanziellen Effizienz blicken.

Immer mehr zeigt sich im Rahmen von evaluierten Fallverläufen und Erkenntnissen aus Modellprojekten, dass das kurzfristige Schielen auf Einsparpotentiale eher langfristig das Gegenteil auslöst. Nachhaltigkeit von Maßnahmen sollte ebenso in die Vergabe von Dienstleistungsaufträgen Eingang finden, wie der Aufwand für Ausgleichsmaßnahmen (geschlossene Heimunterbringung von Kindern und Jugendlichen im Vergleich zu präventiven Maßnahmen, Kriseninterventionetc.), wie die Frage, wer Ausfallzeiten übernimmt, wenn Case Manager zum Beispiel mit zu hohen Fallzahlen versehen werden.

Soziale Arbeit

Arbeitsformen und Arbeitsweisen der Sozialen Arbeit lösen sich zunehmend von den klassischen Methoden der Sozialen Arbeit (Soziale Einzelhilfe, Soziale Gruppenarbeit, Stadtteil- oder Gemeinwesenarbeit). Integrative Konzepte werden seit langem diskutiert und praktiziert. Systemtheoretische Konzepte geben zunehmend Impulse für Handlungsweisen auf mehreren Interventionsebenen. Trotzdem werden methodische Schwerpunkte Ausgangspunkt für Hilfestellungen und deren Arbeitsformen bleiben. Case Management steht dafür exemplarisch. Aus der Sozialen Einzelhilfe stammend, verbindet Case Management in der Arbeit mit Einzelnen und Familien die sie umgebenden soziale Netze und wirkt damit unmittelbar und umgekehrt in deren Systeme hinein. Selbst wenn Case Management in einer mehr strukturellen und koordinierenden Aufgabe gesehen wird, verändern sich die einzelnen Leistungssysteme - personelle wie institutionelle, professionelle wie nichtprofessionelle - in erheblichem Maße.

Case Management bringt daher der Sozialen Arbeit eine neue Qualität (oder eine verloren gegangene Grundidee wieder zurück) und verwirklicht das unverwechselbare Profil (Wechselbeziehung von Individuum und Umfeld) in Bezug auf andere Professionen in hohem Maße. Das zielorientierte Arbeiten, der Auftrag effektiv und effizient zu arbeiten, trägt die Chance in sich, Soziale Arbeit aus dem Geruch der Beliebigkeit zu befreien. Sie kann die Wirksamkeit professioneller Hilfe deutlicher darstellen. Nicht zuletzt wird die Arbeit damit für Forschungen transparent und interessant.

Aus-, Fort- und Weiterbildung

Analog zum Sozialmanagement, das ebenfalls auf eine Bedarfslücke stieß, da Leitungsfunktionen fachfremd besetzt oder nur Aufstiegsbereiche waren, kann von einem ähnlichen Bedarf bei Case Management ausgegangen werden, insbesondere wenn man die Entwicklungen in anderen Ländern beobachtet. Sozialmanagement wird immer mehr in Zusatzausbildungen oder Masterstudiengängen angeboten. Da eine Ausbildung für Leitungsfunktionen einen beruflichen Background haben sollte, kommt Sozialmanagement in der grundständigen Ausbildung zur Sozialarbeiterin zu früh. Case Management unterscheidet sich hier in einigen Punkten vom Sozialmanagement. So können bzw. müssen Grundqualifikationen wie Analyse und Einschätzung eines Falles, zielorientiertes Arbeiten, dokumentieren und evaluieren, um einige Beispiele zu nennen, jedem Berufsanfänger zur Verfügung stehen. Aus diesem Grund wird die grundständige Ausbildung an Fachhochschulen ein Curriculum benötigen, das die Elemente des Case Managements beinhaltet, um nicht in einzelne Teile zu zerfallen. Studierende die mit dem System Case Management vertraut sind, können dann äußerst flexibel unterschiedlichste Arbeitsbereiche in der Praxis übernehmen. Silvia Staub-Bernasconi weist einer Sozialarbeiterin die Funktion und Rolle eine spezialisierten Generalistin zu. Case Management focussiert genau auf diesen Typus.

Darüber hinaus werden für einzelne Arbeitsbereiche der Sozialen Arbeit spezifische Case Management Konzepte und Kompetenzen gehören. Dies ist das Feld für Fort- und Weiterbildungen, einschließlich der Notwendigkeit bereits berufstätige Sozialarbeiterinnen und Fachkräfte aus dem Gesundheitsbereich mit diesem Konzept vertraut zu machen.

Die Fachgruppe Case Management in der Deutschen Gesellschaft für Sozialarbeit (DGS) erarbeitete Anfang 2003 ,Standards und Richtlinien für die Weiterbildung: Case Management im Sozial- und Gesundheitswesen'. Diese Richtlinien wurden gemeinsam mit dem Deutschen Berufsverband für Soziale Arbeit (DBSH) und dem Deutschen Berufsverband für Pflegekräfte (DBfK) verabschiedet. Eine von diesen drei Organisationen eingesetzte Anerkennungskommission entscheidet über die Anerkennung von Ausbildungsinstituten und Ausbildern, die im Rahmen dieser Richtlinien und in Anerkennung der beruflichen Ethic-Codes der beiden Berufsverbände eine Weiterbildung anbieten wollen. Die Weiterbildung gliedert sich in ein Basis- und ein arbeitsfeldspezifisches Modul, beinhaltet Supervision und die Arbeit in selbstorganisierten Lerngruppen. Insgesamt umfasst die Weiterbildung mindestens 210 Unterrichtsstunden. Die Inhalte, die Didaktik und Methodik entsprechen dem Anspruch, qualifizierte Fall- und Systemsteuerung als Case Manager übernehmen zu können. Aufgrund eines hohen Bedarfes und Nachfrage wurden die Standards und Richtlinien auch auf den Bereich der Beschäftigungsförderung erweitert. Zugelassen werden können Absolventen mit einem Hochschulstudium im Sozial- und Gesundheitswesen oder mit einschlägiger Berufsausbildung und mindestens zweijähriger Berufserfahrung. Die Geschäftsstelle zur Zertifizierung von Case Management (GZCM) dient Interessenten als Anlaufstelle (GZCM@kfh-mainz.de).

Ein auf Dokumentation und Evaluation beruhendes Handlungskonzept bietet sich in besonderem Maße für Forschung und Theoriebildung an. Forschungsaufträge, die die Wirksamkeit der Sozialen Arbeit und Pflege in den Mittelpunkt stellen, werden dringend benötigt. Case Management bietet sich von seiner Praxislogik geradezu an. Eine Reihe von Themen und Fragen können erforscht werden zum Beispiel: der professionelle Einfluss auf Systeme, die angenommene systemische Wechselwirkung mit ihren Synergieeffekten, das Verhältnis von Effektivität und Effizienz, der Unterstützungseffekt von personellen und institutionellen Netzen, die Übernahme von strukturierten Vorgehensweisen in alltäglichen unstrukturierten Situationen.

Nicht nur bei diesem Handlungskonzept stecken in den Möglichkeitsräumen gleichzeitig die Grenzen. Bekommen Case Manager keinen klaren Auftrag von ihren KlientInnen, arbeiten diese wenig motiviert mit und fühlen sich gar gedrängt, Veränderungen auf sich zu nehmen, wird es Hauptaufgabe sein, diesen Widerstand zu bearbeiten. Oder eben den Weg, den die KlientInnen einschlagen wollen zu akzeptieren. Werden andere davon benachteiligt oder verletzt (zum Beispiel in Gewaltsituationen) kommen Sanktionen zum Tragen, die den Einsatz eines Case Managers erschweren. In diesem Zusammenhang bekommen die beschriebenen Schlüsselqualifikationen eine besondere Bedeutung. Ein Case Management befindet sich dann in einer Warteschleife, bis eine Krise oder ein Konflikt bewältigt ist und setzt danach ein oder versteht sich von vorneherein als Krisen - Case Management.

Ämter, größere Wohlfahrtsverbände und Organisationen der Sozialen Arbeit und Pflege sind gekennzeichnet von einem bürokratischen Aufbau und passen sich schwer notwendigen Veränderungen an. Dieser Strukturkonservatismus ist gepaart mit einem schwerfälligen Finanzierungssystem. Damit Case Management zur Entfaltung kommen kann, muss ein größerer Innovationsschub in Gang gesetzt werden, in dessen Rahmen eine Organisationsentwicklung gelingt.

Forschung und Theoriebildung steht nicht im Mittelpunkt an den Fachhochschulen und eine enge Kooperation mit den universitären Bereichen ist eher selten.

So werden Möglichkeiten und Grenzen über den Einsatz von Case Management entscheiden. Die Erfahrungen in anderen Ländern und in einer Reihe von Projekten bei uns, die beginnende Diskussion um eine klienten (kunden-)gerechte Soziale Arbeit und der Aufbruch in eine Wissenschaft der Sozialen Arbeit, lassen allerdings hoffen, dass diese Qualifizierung Raum greift.

Verzeichnis der Abbildungen

Literatur

Austin, Carol D.: Case Management: Myths and Realities, in Families in Society, 1990

Beck, Gregor: Controlling, Sandmann, Alling, 1998

Becker, Patric N.: Welche Qualität haben Hilfepläne, Deutscher Verein für öffentliche und private Fürsorge, Frankfurt, 1999

Behörde für Schule, Jugend und Berufsbildung, Amt für Jugend (Hrsg.): Arbeitshilfe zur Hilfeplanung, Hamburg, 1999

Belardi, Nando (Hrsg.): Beratung. Eine sozialpädagogische Einführung, Beltz, Weinheim, 1996

Benöhr, Kerstin/Golla, Christian: Computerunterstütztes Case Management - eine Ressource für die Arbeit im Allgemeinen Sozialen Dienst, Diplomarbeit, Fachhochschule Hamburg, Fachbereich Sozialpädagogik, Hamburg, 1999

Besemer, Christoph: Mediation - Vermittlung in Konflikten, Stiftung gewaltfreies Leben, Baden, 1994, 2. Aufl.

Brack, Ruth/Geiser, Kaspar (Hrsg.): Aktenführung in der Sozialarbeit - Neue Perspektiven für die klientbezogene Dokumentation als Beitrag zur Qualitätssicherung, Haupt, Bern, 2000, 2. Auflage; 2003, 3 Auflage.

Brunner, Ewald Johannes/Schönig, Wolfgang (Hrsg.): Theorie und Praxis von Beratung, Lambertus, Freiburg, 1990

Bullinger, Hermann/Nowak, Jürgen: Soziale Netzwerkarbeit, Lambertus, Freiburg, 1998

Bundesministerium für Familie, Senioren, Frauen und Jugend (Hrsg.): Qualitätsentwicklung und Qualitätssicherung in der Jugendverbandsarbeit: Bedarf und -Anforderungen an Konzepte des Controlling und der Selbstevaluation, Bonn, 1996, 2. Aufl.

Bundesministerium für Familie, Senioren, Frauen und Jugend, QS Materialien zur Qualitätssicherung in der Kinder- und Jugendhilfe, Heft QS 19, Bonn, 1998

Bundesministerium für Familie, Senioren, Frauen und Jugend: Zielfindung und Zielklärung - ein Leitfaden, Heft QS 21, Materialien zur Qualitätssicherung in der Kinder- und Jugendhilfe, Bonn, 1999

Bundesministerium für Familie, Senioren, Frauen und Jugend, Zielgeführte Evaluation von Programm – ein Leitfaden-, Heft QS 29, Materialien zur Qualitätssicherung in der Kinder- und Jugendhilfe, 2000

Culley, Sue: Beratung als Prozess, Beltz, Weinheim, 1996

DeBono, Edward: Konflikte. Neue Lösungsmodelle und Strategien, Econ, Düsseldorf, 1987

Deutscher Berufsverband für Sozialarbeit, Sozialpädagogik und Heilpädagogik e.V. (Hrsg.): Professionell handeln auf ethischen Grundlagen. Berufsethische Prinzipien des DBSH, Essen, 1997

Dulabaum, Nina L.: Mediation: Das ABC. Die Kunst, in Konflikten erfolgreich zu vermitteln, Beltz, Weinheim, 1998

Engelke, Ernst: Soziale Arbeit als Wissenschaft. Eine Orientierung, Lambertus, Freiburg, 1993, 2. Aufl.

Etzioni, Amitai: Die Entdeckung des Gemeinwesens. Ansprüche, Verantwortlichkeiten und das Programm des Kommunitarismus, Schäffer-Poeschel, Stuttgart, 1995

Fachbereich Sozialwesen der Fachhochschule Ravensburg-Weingarten, Hochschule für Technik und Sozialwesen (Hrsg.): Menschenrechte und Sozialarbeit. Ein Leitfaden für Ausbildungsstätten der Sozialen Arbeit und für den Sozialarbeitsberuf, Reihe: Arbeitsmaterialien, Weingarten, Heft 1, 1997 2. Aufl.

Falck, Hans S.: Membership. Eine Theorie der Sozialen Arbeit, Enke, Stuttgart, 1997

Frommann, Anne/Schramm, Dieter/Thiersch, Hans: Sozialpädagogische Beratung, in: Zeitschrift für Pädagogik, Heft 5 1976, S. 715 ff.

Galuske, Michael: Methoden der Sozialen Arbeit. Eine Einführung, Juventa, Weinheim und München, 2001, 3. Aufl.

Gehrmann, Gerd/Müller, Klaus D.: Sozialarbeit nicht Therapie! Eine Krisenintervention zur Vermeidung von Fremdplatzierung „gefährdeter" Kinder, in: Sozialmagazin, Heft 5/1994, S. 38 ff.

Gehrmann, Gerd/Müller, Klaus D.: Praxis Sozialer Arbeit: Familie im Mittelpunkt, Walhalla, Regensburg, 1998

Geiser, Kaspar: Problem- und Ressourcenanalyse in der Sozialen Arbeit. Eine Einführung in die Systemische Denkfigur und ihre Anwendung, Soziale und Kulturelles, Luzern, 2004, 2. Auflage

Harnach-Beck, Viola: Psychosoziale Diagnostik in der Jugendhilfe. Grundlagen und Methoden für Hilfeplan, Bericht und Stellungnahme, Juventa, Weinheim und München, 1995

Hartmann, Martin/Rieger, Michael/Pajonk, Brigitte: Zielgerichtet moderieren, Beltz, Weinheim, 1997

Heiner, Maja: Nutzen und Grenzen systemtheoretischer Modelle für eine Theorie professionellen Handelns, Teil I und II, in: Neue Praxis, Heft 5/95 und 6/95

Heiner, Maja (Hrsg.): Qualitätsentwicklung durch Evaluation, Lambertus, Freiburg, 1996

Heiner, Maja: Reflexion und Evaluation methodischen Handelns in der Sozialen Arbeit - Basisregeln, Arbeitshilfen und Fallbeispiele, in: Heiner/ Meinhold/ Spiegel, von/Staub-Bernasconi: Methodisches Handeln in der Sozialen Arbeit, Lambertus, Freiburg, 1998, 4. Aufl.

Heiner, Maja/Meinhold, Marianne/Spiegel, Hiltrud von/Staub-Bernasconi, Silvia: Methodisches Handeln in der Sozialen Arbeit, Lambertus, Freiburg, 1998, 4. Aufl.

Hekele, K.: Qualitätssteuerung sozialer Arbeit, in: Forum Erziehungshilfe, 1997, Heft 3

Herriger, Norbert: Kompetenzdialog. Empowerment in der sozialen Einzelhilfe, in: Soziale Arbeit, Heft 6/96, S. 190 ff.

Herriger, Norbert: Empowerment in der Sozialen Arbeit. Eine Einführung, Kohlhammer, Stuttgart, 1997

Hollstein-Brinkmann, Hein: Systemische Perspektiven in der Sozialen Arbeit, in: Blätter der Wohlfahrtspflege, Heft 3+4/2000, S. 49 ff.

Joint Committee on Standards for Educational Evaluation, Sanders, James R. (Hrsg.): Handbuch der Evaluationsstandards, Leske+Budrich, Opladen 1999

Kähler, Harro Dietrich: Erstgespräche in der sozialen Einzelhilfe, Lambertus, Freiburg, 1997, 3. Aufl.

Klüsche, Wilhelm (Hrsg.): Ein Stück weitergedacht ... Beiträge zur Theorie- und Wissenschaftsentwicklung der Sozialen Arbeit, Lambertus, Freiburg, 1999

Klug, Wolfgang: Mit Konzept planen-effektiv helfen. Ökosoziales Case Management in der Gefährdetenhilfe, Lambertus, Freiburg 2003

Kurz, Ingrid/Plesch, Meike: Antirassistische und/oder interkulturelle Orientierung für Ausbildung und Praxis der Sozialen Arbeit, in: standpunkt:sozial, Heft 2/1998, S. 3 ff.

Lenk, H.: Handlung(stheorie), in: Seiffert, H./Radnitzky, G. (Hrsg.): Handlexikon zur Wissenschaftstheorie, München, S. 119 ff.

Kappeler, Manfred/Liebl, Manfred: Praxisberatung im Klima des Berufsverbots, in: deutsche jugend, Heft 5/1973, 228 ff.

Löcherbach/Klug/Remmel-Faßbender/Wendt(Hrsg.): Case Management. Fall- und Systemsteuerung in Theorie und Praxis, Luchterhand, Neuwied, 2002

Löcherbach, Peter/Ningel, Rainer: Case Management im Team, in: Sozialmagazin, Heft 2/2001, S. 12 ff.

Mangold, Jürgen: Immer mehr neue Methoden werden uns nicht weiterhelfen, in: Sozialmagazin, Heft 5/1981, S. 50 ff.

Mennemann, Hugo: Krise als ein Zentralbegriff der (Sozial-)Pädagogik - eine ungenutzte Möglichkeit, in: Neue Praxis, Heft 3/2000, S. 207 ff.

Merchel, Joachim (Hrsg.): Qualität in der Jugendhilfe. Kriterien und Bewertungsmöglichkeiten, Votum, Münster, 1999, 2. Aufl.

Merten, Roland/Sommerfeld, Peter/Koditek, Thomas (Hrsg.): Sozialarbeitswissenschaft - Kontroversen und Perspektiven, Luchterhand, 1996

Merten, Roland: Autonomie der Sozialen Arbeit. Zur Funktionsbestimmung als Disziplin und Profession, Juventa, Weinheim und München 1997

Meyer, Carol H.: Assessment in Social Work Practice, Columbia University Press, New York, 1993

Moxley, David P.: The Practice of Case Management, Sage Publications, Newbury Park, 1989

Müller, Burkhard: Fachlichkeit und Controlling, in: Sozialmagazin, 1995, Heft 7-8, S. 18 ff.

Müller, Burkhard: Qualitätsprodukt Jugendhilfe. Kritische Thesen und praktische Vorschläge, Lambertus, Freiburg, 1998, 2. Aufl.

Neuffer, Manfred: Die Kunst des Helfens. Die Geschichte der Sozialen Einzelhilfe, Beltz, Weinheim, 1990

Neuffer, Manfred: Case Management - alte Fürsorge im neuen Kleid? in: Soziale Arbeit, Heft 1/1993, S. 10 ff.

Neuffer, Manfred: Der Mittelpunkt Sozialer Arbeit. Neue Anforderungen an Rolle und Funktion des Allgemeinen Sozialen Dienstes, in: Sozialmagazin, Heft 10/1993

Neuffer, Manfred: Der psychosoziale Majordomus. Beraten und Vernetzen über Case Management, in: Sozial Extra, Heft 3/1995, S. 7 ff.

Neuffer, Manfred: Fallarbeit in einer Hand. Case Management in Sozialen Diensten, in: Sozialmagazin, Heft 7-8/1998, S. 16 ff.

Neuffer, Manfred: Die Grammatik des Konflikts verstehen - Mediation ist eine Herausforderung für die Soziale Arbeit, in: Blätter der Wohlfahrtspflege, Heft 3+4/1999, S. 49 ff.

Neuffer, Manfred: Beratung als Kernkompetenz Sozialer Arbeit, in: Blätter der Wohlfahrtspflege, Heft 5+6/2000, S. 100 ff.

Neuffer, Manfred: Krisenintervention in der Sozialen Arbeit, in: Blätter der Wohlfahrtspflege, Heft 6+7/2001, S. 145 ff.

Neuffer, Manfred (Hrsg.): Modellprojekte zur flexiblen familiären Krisenintervention, ZEPRA, Hochschule für Angewandte Wissenschaften, Fachbereich Sozialpädagogik, Hamburg, 2001

Neuffer, Manfred/Ollmann, Rainer: Der Hausbesuch, in: Sozialmagazin, Heft 9/2000, S. 12 ff.

Nestmann, Frank: Förderung sozialer Netzwerke - eine Perspektive pädagogischer Handlungskompetenz, in: Neue Praxis, Heft 2/1989, S. 107 ff.

Obrecht, Werner: Ontologischer, sozialwissenschaftlicher und sozialarbeitswissenschaftlicher Systemismus, in: Symposium „Systemtheorie Sozialer Arbeit, Hänsenberg u. Langnau, 1999

Otto, Hans-Uwe/Schreiber, Robert: Gegen verkürzte Perspektiven - Anmerkungen zu einigen scheinbaren und tatsächlichen Widersprüchen zwischen Sozialarbeit und Therapie, Sonderheft Neue Praxis, 12/1978

Pantuček, Peter: Lebensweltorientierte Individualhilfe. Eine Einführung für soziale Berufe, Lambertus, Freiburg, 1998

Pfeifer-Schaupp, Hans-Ulrich: Jenseits der Familientherapie. Systemische Konzepte in der Sozialen Arbeit, Lambertus, 1995

Pitzler, Sophie/Essbach, Jens/Schweikart, Rudolf: Mietwidriges Verhalten. Eine Herausforderung für die Sozialarbeit oder: was passiert, wenn kein fachlich fundiertes Case Management zur Verfügung steht? in: Sozialmagazin, Heft 9/2001, S. 18 ff.

Projektgruppe WANJA: Handbuch zum Wirksamkeitsdialog in der Offenen Kinder- und Jugendarbeit - Qualität sichern, entwickeln und verhandeln, Votum, Münster, 2000

Rothmaler, Christiane: Die Sozialpolitikerin Käthe Petersen. Zwischen Auslese und Ausmerze, in: Ebbinghaus, Angelika: Opfer und Täterinnen, Delphi, Nördlingen, 1987

Salomon, Alice: Soziale Diagnose, Carl Heymanns, Berlin, 1926

Schwarz, Gerhard: Konfliktmanagement, Gabler, Wiesbaden, 1997, 3. Aufl.

Seibert, Ulrich: Soziale Arbeit als Beratung, Beltz, Weinheim, 1978

Staub-Bernasconi, Silvia: Soziale Arbeit als eine besondere Art des Umganges mit Menschen, Dingen und Ideen. Zur Entwicklung einer handlungstheoretischen Wissensbasis Sozialer Arbeit, in: Sozialarbeit, Heft 10/1986

Staub-Bernasconi, Silvia: Soziale Arbeit als „Menschenrechtsprofession", in Hochstraßer, F., von Matt H.-K., Grossenbacher, S., Oetiker H. (Hrsg.): Die Fachhochschule für Soziale Arbeit. Bildungspolitische Antwort auf soziale Entwicklungen, Haupt, Bern, 1997

Staub-Bernasconi, Silvia: Definition of Social Work, in: Deutsche Gesellschaft für Sozialarbeit, Heft 1/2001 S. 4 ff.

Staub-Bernasconi, Silvia: Soziale Probleme-Soziale Berufe-Soziale Praxis, in: Heiner/Meinhold/Spiegel, von/Staub-Bernasconi: Methodisches Handeln in der Sozialen Arbeit, Lambertus, Freiburg, 1998, 4. Aufl.

Spiegel, Hiltrud von (Hrsg.): Jugendarbeit mit Erfolg - Arbeitshilfen und Erfahrungsberichte zur Qualitätsentwicklung und Selbstevaluation, Votum, Münster, 2000

Spiegel; Hiltrud von: Selbstevaluation - Qualitätsentwicklung und Qualitätssicherung „von unten", in: Merchel, Joachim (HG): Qualität in der Jugendhilfe, Votum, Münster, 1999, 2. Aufl.

Vourlekis, Betsy S./Greene, Roberta R.: Social Work Case Management, Aldine de Gruyter, New York, 1992

Wendt, Wolf Rainer (Hrsg.): Unterstützung fallweise. Case Management in der Sozialarbeit, Lambertus, 1991

Wendt, Wolf Rainer: Auf dem Weg zur lernenden Organisation, in: Blätter der Wohlfahrtspflege, Heft 9/1998

Wendt, Wolf Rainer: Case Management im Sozial- und Gesundheitswesen. Eine Einführung, Lambertus, Freiburg, 1999, 2. Aufl.

Woodtly, Roland: Dimensionen des Case Management, Vortragsmanuskript, Hochschule für Soziale Arbeit, Luzern, 2004